Des sanctions imposées
à l'Iran et de leurs effets

COLLECTION L'IRAN EN TRANSITION

Dirigée par Ata Ayati

Les dernières parutions

TRISTAN CHALON, *Sang et terreur, le shah eunuque. La vie d'Agha Mohammed Khan.* 2020.

Chants patriotiques d'Iran. Traduits et présentés par REZA AFCHAR NADERI, bilingue, 2020.

FARHAD AHMADI, *Grandir sous la Révolution iranienne,* 2020.

FABIEN KOUTCHEKIAN ET NICOLAS FERNANDEZ-LE FOLLIC, *L'héritage de la colère. Récit de la Révolution iranienne au Moyen-Orient actuel,* 2020.

Parvine E'tessâmi.Pionnière de la poésie des femmes iraniennes. Traduit du persan par JALAL ALAVINIA. 2019.

ESTHER PARISI, *Juifs et Iraniens. La communauté judéo-persane depuis la Révolution en Iran et en Israël.* Préface de Daniel Meier, 2019.

JEAN-CLAUDE VOISIN, *La Perse et l'Occident chrétien. Histoire des martyrs perses Abdon et Sennen,* 2019.

MIRZA MOHAMMAD MASSOUD (DEHATI), *Les fleurs qui poussent en enfer.* Traduit du persan par Christophe Balaÿ, 2019.

M. F. FARZANEH, *Le mariage d'Azraël ou la jeune fille et la mort,* 2019.

SHAHLA NOSRAT-WOLFF, *La chevalerie iranienne. Samak-é 'Ayyâr.* Préface d'Hossein Beikbaghban, 2018.

Alexandre Austin

DES SANCTIONS IMPOSÉES À L'IRAN ET DE LEURS EFFETS

Préface de Pierre Berthelot

L'Harmattan

5-7, rue de l'École-Polytechnique, 75005 Paris
http://www.editions-harmattan.fr
ISBN : 978-2-343-21663-8
EAN : 9782343216638

Victimes à la fois de l'autoritarisme et de l'impérialisme ;
ils sourient, ils dansent, ils vivent.
À mes amis iraniens.

Je tiens aussi à remercier chaleureusement mes très chers amis Célestin et Ramtin dont les contributions respectives m'ont aidé à finaliser ce livre.

Ô cœur en pleurs, tu ne guériras nul désespoir,
Cet esprit frénétique s'apaisera, ne pleure pas ;

Lorsqu'à nouveau, dans les prés, s'installe le printemps fertile,
Une couronne de fleurs tu porteras, oiseau chanteur, ne pleure pas ;

Si sur ces temps décisifs notre volonté d'aujourd'hui n'a nul effet,
L'état des choses ne saurait être constant, ne pleure pas ;

Ne perds pas espoir, car la conscience ne peut percevoir ce qui est dissimulé,
Derrière le voile d'invisibles forces sont à l'œuvre, ne pleure pas ;

L'ici peut être périlleux et l'ailleurs hors d'atteinte,
Mais toute odyssée a une fin, ne pleure pas.

Hafez

ای دل غمدیده حالت به شود دل بد مکن
وین سر شوریده باز آید به سامان غم مخور

گر بهار عمر باشد باز بر تخت چمن
چتر گل در سر کشی ای مرغ خوشخوان غم مخور

دور گردون گر دو روزی بر مراد ما نگشت
دائما یکسان نباشد حال دوران غم مخور

هان مشو نومید چون واقف نه‌ای از سر غیب
باشد اندر پرده بازیهای پنهان غم مخور

گر چه منزل بس خطرناک است و مقصد بس بعید
هیچ راهی نیست کان را نیست پایان غم مخور

حافظ

Préface

En cette année d'élection présidentielle américaine, les sanctions internationales semblent plus que jamais au cœur de l'actualité. Traditionnellement utilisés par les États dans le cadre des conflits armés, à titre d'alternative aux moyens strictement militaires, les embargos et les sanctions internationales sont aujourd'hui très fréquemment mis en œuvre en temps de paix. Hors du cas particulier des sanctions décidées par le Conseil de sécurité de l'ONU, elles émanent aujourd'hui tant des organisations régionales (notamment l'Union européenne) que de pays agissant unilatéralement (comme les États-Unis), et se fondent sur des motifs très divers : lutte contre la prolifération des armes de destruction massive, contre le terrorisme, contre des États jugés coupables de violations des droits de l'homme, etc. Leur légitimité est fréquemment l'objet de questionnements, et leur mise en œuvre ne manque pas de soulever des problèmes majeurs, qui peuvent être appréhendés tant du point de vue du droit international, que de celui de l'étude des relations internationales, deux disciplines qui connaissent une interpénétration de plus en plus soutenue, phénomène trop ignoré.

Ainsi, il apparait que les sanctions sont en réalité adoptées par les instances politiques plutôt que par des organes judiciaires, dans un monde où le droit devrait en principe régner et régir les rapports de la communauté internationale, et à cet égard, il conviendrait que les autorités qui décident de la mise en place de sanctions définissent et délimitent les objectifs de ces dernières d'une manière prudente et objective pour éviter les aléas de la subjectivité politique et que ces sanctions soient uniquement imposées dans le respect du droit international public, et ce, en préservant les droits fondamentaux auxquels il n'est nullement permis de déroger.

S'agissant des sanctions adoptées dans le cadre du chapitre VII de la Charte des Nations Unies par le Conseil de sécurité, il convient d'observer que les décisions de ce dernier demeurent soumises dans une certaine mesure aux limites découlant de la Charte elle-même et des principes généraux du droit international : en particulier le principe de proportionnalité, le principe de discrimination entre combattants et non combattants et le principe du réexamen des programmes de sanctions suivant une périodicité régulière. Ainsi, en dépit de l'existence d'organisations internationales, et en particulier du système onusien, la pratique des sanctions reste en réalité du ressort discrétionnaire des États. En ce sens, chaque pays peut théoriquement appliquer des sanctions unilatéralement.

Selon des études récentes, l'effectivité des sanctions ne dépasse pas 31 % des cas d'application, toutes catégories de sanctions confondues. Les efforts visant à imposer ou modifier un comportement par la contrainte des sanctions sont les moins efficaces avec un taux de succès de 13 % seulement. Ceux visant à prévenir une cible de ne pas s'engager dans une activité interdite sont trois fois plus efficaces (42 %) comme ceux simplement destinés à stigmatiser la violation d'une norme internationale (43 %)[1]. Les sanctions internationales sont une « arme de guerre »

1 Voir à cet égard, *Les sanctions internationales : entre légalité et réalité* (sous la codirection de Pierre Berthelot), *Orients Stratégiques,* n° 1, Paris, L'Harmattan,

contre les pays qui ne sont pas dans la « ligne » et dont on veut changer le gouvernement. Le mécanisme même de sécurité collective est contrarié dans son essence par la multiplication des actions unilatérales. La crise de légitimité du Conseil de sécurité est renforcée par l'application fréquente de la règle du « double standard ». En effet, le Conseil de sécurité prône souvent des solutions différentes pour des situations similaires, selon les intérêts particuliers des États membres permanents, et cela donne un arrière goût d'arbitraire aux décisions prises. Si les sanctions sont un substitut à la guerre, il s'avère qu'elles sont désormais souvent un substitut à la politique. En ce sens, elles tendent à s'imposer comme une sorte d'« orthodoxie », alors même qu'elles compliquent considérablement la résolution des conflits internationaux.

Les sanctions internationales, qui sont en réalité des sanctions occidentales déguisées, peuvent dans de nombreux cas être caractérisées comme l'un des multiples volets de l'ingérence, c'est-à-dire en définitive de l'agression d'une souveraineté étatique. Elles aboutissent le plus souvent à un effet inverse de celui recherché : non pas l'affirmation définitive de la toute puissance de ceux qui décident des sanctions, mais au contraire l'émergence de blocs alternatifs et contestataires qui ébranlent la société internationale. Ce qui apparait de façon flagrante tout au long des développements consacrés aux sanctions internationales, c'est que le Moyen-Orient occupe une place privilégiée, en particulier depuis la chute de l'URSS. Des sanctions subies par l'Irak après la première guerre du Golfe (1991) à celles imposées à la Libye après Lockerbie (1993), en passant par celles touchant

janvier 2015, 136 pages (Avant-Propos de Roland Dumas, Préface de Boutros Boutros-Ghali). Actes du *Colloque international, Embargos et sanctions internationales au Moyen-Orient*, Faculté Libre de Droit de Paris, 1er février 2013 (sous la présidence et présence effective de M. Boutros Boutros-Ghali).

l'Iran après le vote de « loi » d'Amato-Kennedy (1996, le fameux « double endiguement »), ou aux controverses juridiques nées suite aux attentats du 11 septembre 2001, sans oublier à nouveau l'Iran depuis quelques années autour de la question nucléaire, ou enfin la Syrie depuis le déclenchement de la guerre civile en 2011, cette partie du monde mobilise plus que jamais une « communauté internationale » le plus souvent virtuelle et chimérique, puisque ne représentant en réalité qu'une partie plus ou moins restreinte de la population mondiale, selon les circonstances. Cette question des sanctions est également un enjeu de plus en plus stratégique des relations internationales, fait trop souvent oublié, dans un contexte où les grandes puissances sont désormais prudentes dans l'usage de la force, les fiascos des guerres d'Irak et d'Afghanistan ayant laissé un traumatisme profond, comme l'ont montré les postures d'Obama voire de Trump ces dernières années, « guerriers réticents », préférant lorsque c'est possible « diriger des lignes arrières » ou utiliser des modes de représailles n'engageant pas la vie de leurs soldats, à savoir les drones, les armes cybernétiques et les sanctions.

L'ouvrage proposé par Alexandre Austin, *Des sanctions imposées à l'Iran et de leurs effets*, illustre parfaitement ces considérations. Outre qu'il s'intéresse au pays qui est probablement le plus associé aux sanctions internationales dans l'imaginaire collectif, il a l'avantage d'être écrit par quelqu'un qui a observé de l'intérieur l'impact des sanctions, puisqu'il a vécu en Iran. Il confirme que celles qui sont imposées au régime iranien, de plus en plus adossées à l'extraterritorialité du droit américain, et en vigueur depuis des décennies, n'ont pas réussi à parvenir aux résultats espérés, à savoir un changement de régime ou encore l'effondrement économique du pays et qu'elles fragilisent surtout les plus modestes, qui des lors, n'ont plus les moyens de contester le pouvoir en place.

Ces sanctions, et comme le souligne fort à propos Alexandre Austin, apparaissent de plus en plus iniques dans le contexte sanitaire dégradé lié au Covid-19, qui touche particulièrement l'Iran, si bien que le pays n'a pas accès à tous les médicaments qu'il est légitimement en droit de solliciter pour soigner sa population. En effet, l'auteur rappelle que si le pays produit 97 % de ses besoins en médicaments localement, plus d'un tiers desdits médicaments produits en Iran sont en réalité dépendants de produits d'importation.

Cependant, si l'Iran souffre et a souffert des sanctions cet Etat plurimillénaire à l'histoire très riche a réussi à trouver des solutions pour en contourner les effets les plus pernicieux. Pire, la place laissée vacante par les Occidentaux, qui ne peuvent presque plus investir sans risquer des représailles terribles de leur membre le plus éminent, les Etats-Unis, est progressivement occupée par leurs principaux rivaux, la Chine et la Russie, si bien que l'on ne saisit pas bien en quoi elles sont une réussite. De même les autres objectifs revendiqués, stopper l'enrichissement de l'uranium ou espérer que l'Iran abandonnera ses alliés régionaux au Liban, en Syrie, en Irak, au Yémen et à Gaza sont des échecs patents. Dès lors, pourquoi maintenir les sanctions ? Un changement d'administration à Washington pourra peut-être permettre d'apporter un début de réponse à cette question lancinante.

Pierre Berthelot[2]

2 Directeur de la rédaction de la revue *Orients Stratégiques*, Professeur de relations internationales à la Faculté libre de Droit, d'Économie et de Gestion de Paris, chercheur-associé à l'IPSE.

Avant-propos

Je souhaiterais consacrer les premières lignes de cet ouvrage au témoignage personnel que je suis en mesure d'apporter concernant l'impact des sanctions en Iran et que je trouve à propos de livrer ici. À l'heure où ces lignes sont écrites je me trouve à Téhéran où je vis depuis maintenant près d'un an. Le mois de Muharram 1399 s'achève, et les nuits se font plus fraiches, caressées par les vents de l'Alborz annonciateurs de l'automne. Le trafic automobile, un temps ralenti, a recouvré sa densité ordinaire et, dans ses journées les plus intenses, enveloppe la Milad Tower d'une brume épaisse la masquant de moitié et donnant à la capitale cette atmosphère impénétrable qui la caractérise. Cependant que, des restaurants aux bazars, la routine reprend peu à peu ses marques, les esprits eux restent préoccupés. Cette année (grégorienne) fut en effet particulièrement riche en mésaventures pour les Iraniens et restera peut-être pour la postérité synonyme de désastre. Démarrée sur les chapeaux de roues avec l'assassinat du général Soleimani et la destruction du vol de la UIA, elle fut suivie par une crise sans précédent qui, si elle devint rapidement internationale, toucha très tôt et très durement l'Iran. Elle s'imposa comme la charge de trop qui brisa l'économie du pays, déjà ô combien en souffrance, et le mis à genoux. Cette année s'achèvera avec le – probable – verdict de l'élection présidentielle américaine qui ne sera pas une panacée si le candidat démocrate était élu mais sera certainement le coup fatal si le président actuellement en exercice venait à être réélu. Aussi, au cœur du marasme, symboles de la détresse d'une nation et de sa lente agonie, gisent les sanctions.

Les mois passants, j'ai observé la situation en Iran se dégrader à vue d'œil. Le prix relatif du rial a quotidiennement dépassé son niveau historique le plus bas en atteignant plus de 290 000 rials pour un dollar à la fin du mois de septembre 2020, faisant de la monnaie iranienne la devise la plus faible au monde. Des taux si dramatiquement bas signifient qu'une course en taxi d'une trentaine de minutes dans les plus grandes villes du pays se monnaye à moins de 50 centimes d'euro, quand un trajet équivalent à Paris aurait coûté 100 fois plus cher. Le taux de change continue de plonger heure par heure, ce qui amène souvent les Iraniens à souligner que chaque soir, en allant se coucher, ils se réveilleront plus pauvres le jour venu. Certains des ménages les plus modestes s'efforcent de régulièrement changer leurs maigres économies pour ne pas voir la dépréciation les faire s'évaporer. J'ai moi-même vu, dans les bureaux de change, plusieurs personnes repartir avec un simple billet de 20 dollars. Par ailleurs, l'inflation est l'effet subsidiaire le plus dévastateur de la dépréciation monétaire. Les commerces sont contraints d'augmenter leurs prix de vente pour faire face à la hausse de leurs coûts de revient au grand dam des consommateurs qui se paupérisent de jour en jour et se voient contrains de limiter leurs dépenses, y compris alimentaires et sanitaires, alors qu'elles sont souvent déjà réduites au maximum.

Les sanctions limitent par nature les marchandises qu'il est possible d'importer dans le pays. Nous verrons comment cela se manifeste, particulièrement dans le domaine de la santé. Mais un restaurateur, par exemple, qui utiliserait un type de four spécifique dont les pièces ne sont pas disponibles en Iran serait contraint de fermer boutique – ou tout du moins de fortement réduire son activité – si l'une d'entre elles venait à être endommagée. C'est arrivé à l'un de mes amis. Cette pénurie de marchandises de toutes sortes dynamise aussi l'économie parallèle et la contrebande, avec tous les dangers que cela suppose. J'ai vu de mes yeux sur les monts Zagros le flot ininterrompu de passeurs, chargés tels des sherpas, escaladant au péril de leur vie la montagne et ce pendant 14 heures par jour pour convoyer des produits de Tawella (Irak) à Mariwan (petite ville du Kurdistan iranien). Par ailleurs, les premières victimes du ralentissement – ou plutôt de l'inertie – économique sont les petites entreprises et les entrepreneurs qui peinent à survivre dans ces conditions compte tenu du fait qu'ils ne disposent pas de la trésorerie suffisante pour absorber les pertes massives dues à leur baisse d'activité. Un ami qui participe à la vibrante et dynamique communauté entrepreneuriale de Téhéran et qui mettait un point d'honneur à ne pas succomber à la tentation de l'émigration afin de contribuer au développement de son pays n'attend maintenant plus que l'ouverture des frontières pour pouvoir partir en Géorgie et y installer son affaire. La morosité ambiante, les dangers politico-sécuritaires et l'incertitude économique ont eu raison de son abnégation.

Ainsi, les sanctions sont à l'Iran un fléau qui maltraite la société et empêche nombre d'iraniens de maintenir un niveau de vie décent. Comme si cela ne suffisait pas, il fallut qu'en mars 2020, l'Iran devienne, en dehors de l'épicentre chinois, le principal foyer de l'épidémie de COVID-19 qui se répandrai bientôt dans le monde entier. Ce fut une catastrophe et la démonstration empirique que les sanctions ne contraignent pas, mais tuent. Dès les mois d'avril et mai, il n'y avait déjà plus aucun doute que les sanctions imposées à l'Iran affaiblissaient dramatiquement sa capacité à apporter une réponse adéquate à la crise sanitaire[1]. La situation budgétaire rendait le financement approprié de la prévention, du diagnostic de masse et du traitement impossible. Bien que le gouvernement ait maintes fois répété[2] que les frais médicaux liés au COVID-19 seraient subventionnés en totalité par le système d'assurance santé national, ce fut en pratique inatteignable et de nombreux patients durent s'acquitter – en partie ou en totalité – des frais générés. L'accès aux médicaments et équipements essentiels étaient d'autre part restreint – notamment les kits de test, les équipements de protection (PPE) et les ventilateurs –, laissant le personnel médical démuni – et vulnérable – et les ICU très vite débordées. Il fallut à l'Iran plusieurs mois pour adapter sa chaine de production afin de produire localement certains éléments ; des mois pendant lesquels de nombreuses vies qui auraient pu être sauvées furent perdues. Les pathologies sous-jacentes, nombreuses et souvent mal traitées, rendaient de surcroît la population fragilisée plus susceptible de souffrir des effets du virus. Les appels des Nations Unies[3] et de nombreux autres pays exhortant les États-Unis à lever au moins en partie leurs sanctions pour que l'Iran puisse combattre l'épidémie plus efficacement restèrent vains.

Le semi-confinement et la fermeture à l'échelle nationale des commerces permirent au gouvernement d'en maîtriser la propagation aux environs du mois de mai. Mais à quel prix ? L'économie nationale agonisante en fut littéralement terrassée, ce qui conduisit les responsables à rouvrir tout en « maintenant

1 « Economic sanctions and Iran›s capacity to respond to COVID-19 », Adrianna Murphy, Zhaleh Abdi, Iraj Harirchi, Martin McKee et Elham Ahmadnezhad (*The Lancet*, mai 2020).

2 « Medical services free of charge for coronavirus patients in Iran » (*Tehran Times*, avril 2020).

3 « U.N. Calls for Rolling Back Sanctions to Battle Pandemic », Colum Lynch (*Foreign Policy*, mars 2020).

les protocoles sanitaires ». Bien entendu, il n'en fallu pas plus à une deuxième vague pour poindre et promptement afficher un bilan encore plus meurtrier que la première. Si l'on peut blâmer certains gouvernements dans le monde pour avoir décidé de la réouverture de leur économie d'une manière trop anticipée, quelle aurait pu être l'alternative dans le cas de l'Iran ? L'arbitrage était simple : rouvrir, ou accepter le dépôt de bilan. La situation financière catastrophique consécutive aux sanctions ne laissa d'autre choix à l'Iran pour éviter l'effondrement total de son économie que de la relancer, en dépit des risques bien connus d'une résurgence des contaminations. Ainsi, le manque d'assises financières força le pays à rouvrir en sacrifiant des milliers de vies supplémentaires. On peut donc sans risque inférer que les sanctions sont en grande partie directement responsables de cette hécatombe[4]. J'ai pu constater à quel point l'économie avait été sinistrée par le virus, notamment à travers l'industrie du tourisme. Des villes telles que Ispahan ou Shiraz qui dépendent des flux touristiques – intérieurs et extérieurs – ont particulièrement souffert de la fermeture des frontières et de la proscription des déplacements entre les villes. D'une manière générale, l'épidémie de COVID-19 a agi tel un produit de contraste, révélant au grand jour que les sanctions frappent avant tout les individus, leur volant leur optimisme, leurs moyens de subsistance, et jusqu'à leur vie.

Les sanctions sont d'autant plus dangereuses que les personnes sont vulnérables. Je travaillais en Iran au sein du Haut-Commissariat des Nations Unies pour les Réfugiés (UNHCR) et la majorité des individus sous notre mandat était des réfugiés afghans ayant fui la guerre, principalement vers le Pakistan et l'Iran. Cette conjoncture se prolongeant depuis 40 ans, nombre

4 « Iran : The double jeopardy of sanctions and COVID-19 », Djavad Salehi-Isfahani (*Brookings*, septembre 2020).

d'entre eux nécessitent une attention particulière compte tenu de leur précarité, financière mais également administrative. En effet, plus de la moitié des 3 millions de réfugiés vivant en Iran sont clandestins. Le gouvernement applique néanmoins une politique relativement tolérante à leur égard et, en théorie, leur garanti même un accès aux systèmes de santé et d'éducation. Cependant, les sanctions compliquent fortement le travail des organisations humanitaires sur place. De la difficulté d'obtenir des financements – et subséquemment de les convoyer sur place puisque les banques iraniennes sont exclues du système financier international – et du matériel à la diminution de l'engagement du gouvernement consécutif à la dégradation générale des conditions économiques, les réfugiés sont particulièrement affectés par les sanctions. L'épidémie de COVID-19 a aggravé cet état de fait, faisant perdre à des centaines de milliers de réfugiés leurs moyens de subsistance, conduisant à une recrudescence des demandes de soutien à UNHCR, et poussant même beaucoup d'entre eux à retourner en Afghanistan (depuis le début de l'année, ils étaient presque 500 000 début septembre 2020[5]). Ainsi, l'action des travailleurs humanitaires chargés d'assurer la protection des personnes les plus vulnérables est gravement menacée par l'imposition de sanctions qui sape les conditions même de l'exercice de leur mandat et, tandis que les moyens à leur disposition diminuent, les besoins sont sans cesse plus importants.

Quel bilan puis-je tirer du spectacle des sanctions déferlant sur l'Iran ? Pour avoir vécu dans ce pays estropié par le plus haut niveau de rigueur économique jamais imposé par un agent extérieur à un État tiers, je pense pouvoir témoigner du caractère intrinsèquement destructeur du mécanisme. La souffrance est

5 « Return of Undocumented Afghans - Weekly Situation Report », (*IOM*, septembre 2020).

omniprésente. Elle est visible dans la rue, dans les foyers, dans les lieux de culte, dans les hôpitaux et dans les universités. La contrainte économique n'est pas circonscrite à l'état-major des pasdarans ou à l'establishment religieux – si tant est qu'ils la ressentent même – mais s'abat de plein fouet sur l'anonyme, le travailleur, le citoyen. La défiance et la crainte de l'avenir sont presque palpables ; elles accablent les aînés et font de la jeunesse une génération sacrifiée. Je tiens néanmoins à conclure en insistant sur l'exceptionnelle résilience des iraniens. En dépit de la malédiction qui leur a été jetée, ils ne sauraient succomber à la haine qui leur est témoignée et chaque jour m'ont fait l'honneur de cette légendaire hospitalité qui n'a cure des jours sombres et continuera de fleurir même sur une terre flétrie par la rancœur. À la vérité, l'aspiration à vivre de celui qui est en apnée ne saurait souffrir de la rigoureuse étreinte du temps ; tant que le souffle ne lui manque pas, il se débattra. La rêverie du lendemain chantant et prospère a beau avoir été confisquée par les ténèbres, elle demeurera vivace dans les cœurs tant que ceux-ci n'auront pas été épanchés du seul nectar qu'ils ne cesseront de réclamer : la liberté.

Introduction

Le 4 novembre 1979, les rues du centre de Téhéran étaient animées d'une clameur inhabituelle. À l'aube, plusieurs centaines d'étudiants s'étaient rassemblés devant l'ambassade américaine, notamment pour protester contre l'utilisation à des fins antirévolutionnaires de ce qui sera plus tard qualifié de « repaire de l'espionnage », et pour réclamer l'extradition du Shah qui, exilé depuis déjà près d'un an, avait été admis aux États-Unis une dizaine de jours plus tôt pour y recevoir des soins. La foule grossissant à l'extérieur des murs d'enceinte se faisant plus véhémente, les Marines chargés de la sécurité du complexe qui avaient reçu l'instruction formelle de ne pas user de la force léthale tentèrent de contenir et de repousser les tentatives d'intrusions pendant plusieurs heures. Concomitamment, le personnel diplomatique, conscient de l'assaut imminent, s'activait dans le bâtiment assiégé pour détruire les documents sensibles afin qu'ils ne tombent pas entre les mains des assaillants. La broyeuse ne suffisant pas à la besogne, les corbeilles à papier furent remplies et incendiées. Il semblerait alors que ce soit la fumée noire s'échappant des fenêtres qui donna le signal à la cohue surchauffée, persuadée qu'il s'agissait là de la preuve que le personnel faisait disparaitre les traces de leurs méfaits, d'investir les lieux.

Avec la caution de l'ayatollah Khomeini, « Guide Suprême » et meneur de la révolution, 52 individus furent pris en otage dans cette crise qui dura 444 jours et introduisit au monde la jeune République islamique, l'emplissant d'effroi. L'enlisement des négociations conduites sous Jimmy Carter pour la libération des otages aboutit à une escalade entre les deux pays, poussant les Américains à prendre des mesures de rétorsion (e.g. gel des avoirs iraniens aux États-Unis) et à utiliser leurs leviers diplomatiques (e.g. plainte déposée devant la Cour Internationale de Justice et vote de deux résolutions par le Conseil de Sécurité des Nations Unies condamnant les actions de l'Iran) pour isoler leur opposant. L'Iran, de son côté, s'employa à diffuser sa diatribe vilipendant l'ingérence et l'impérialisme américain, et à diaboliser le « Grand Satan ». De longues négociations ponctuées par l'échec d'une opération spéciale pour secourir les otages aboutirent à leur libération en janvier 1981, à l'occasion de la prise de fonctions de Ronald Reagan. Cet évènement marquera le début des relations irano-américaines postrévolutionnaires et influencera considérablement la région pour les décennies à venir.

Près de 20 ans plus tard, après la mort de Khomeini et la fin de la guerre entre l'Irak et l'Iran, les relations extérieures de ce dernier semblaient s'améliorer. Cependant, la prise de pouvoir des Talibans en Afghanistan et les attentats de septembre 2001 vinrent renouveler la fracture. Ces évènements conduisirent le président américain George W. Bush à accabler l'Iran, l'incluant dans ce qu'il nomma alors « l'axe du mal », et l'accusant de mener une politique étrangère hostile et sympathisante avec les organisations terroristes. Par ailleurs, en Iran, le mécontentement croissant du segment réformiste de la population face à l'inertie du gouvernement qu'il avait élu provoqua un désengagement politique matérialisé par une vague d'abstentions qui, conjuguée au contentieux nucléaire émergeant perçu par les conservateurs comme une marque de faiblesse dû à l'attitude relativement conciliante des dirigeants, aboutit en août 2005 à l'accession à la présidence de l'ultraconservateur Mahmud Ahmadinejad. La politique clientéliste du nouveau président fragilisa grandement l'économie et la classe moyenne. Aussi, l'étaux des institutions religieuses se resserra sur la population, renforçant le pouvoir des « gardiens de la révolution » (ou « pasdarans », du farsi « gardien ») dont les rangs grossissaient, et étouffant la contestation par la répression, notamment celle de la presse, des étudiants et des femmes. La peine de mort était également appliquée avec une extrême sévérité, à des fins évidentes de dissuasion.

Sur le plan international, la présidence Ahmadinejad ostracisa l'Iran encore davantage. La poursuite du programme nucléaire, les diatribes répétées à l'encontre des États-Unis et d'Israël et la défiance face aux États sunnites suscitèrent la réprobation de la communauté internationale et l'hostilité affichée de Washington. En 2009, Ahmadinejad fut réélu sur fond d'éviction massive de l'opposition et de lourds soupçons de fraude électorale à grande échelle. Dans la foulée, un élan de protestation – le mouvement Vert – d'une ampleur inédite depuis la révolution de 1979 vit le jour : pacifique, il fut violemment réprimé. Le « régime des mollahs » gagna alors la bataille de la rue mais sa légitimité fut désormais profondément questionnée. En dérogeant à son devoir d'impartialité, Ali Khamenei, nommé « Guide Suprême » après la mort de son prédécesseur, qui pour faire taire la contestation avait entériné les résultats du scrutin, s'aliéna une grande partie de la population iranienne. Le second mandat d'Ahmadinejad fut caractérisé par sa lente mais inéluctable chute. Acculé par les accusations de corruption, les critiques émanant à la fois du parlement et de la hiérarchie cléricale, son isolement international, une économie à bout de souffle et un rejet populaire massif, c'est sans surprise qu'il amena le camp conservateur à être éconduit lors des élections de 2013.

C'est un « religieux modéré », Hassan Rouhani, qui lui succéda. Compagnon de la première heure de l'ayatollah Khomeini et bien établi dans les institutions du régime, le nouveau président jouissait alors d'une réputation d'ouverture et de pragmatisme acquise alors qu'il conduisait la délégation iranienne lors des négociations sur la question nucléaire en 2003-2005. Nourrissant les espoirs de toute une partie de la population dont la jeunesse et les femmes, son élection fut également plutôt bien accueillie par la communauté internationale. Son premier mandat fut notamment consacré par la signature de l'accord sur le nucléaire que nous détaillerons un peu plus en aval. Misant sur le soutien du camp réformateur grâce à des positions ouvertement libérales et insistant sur la menace que faisaient planer les rétrogrades en cas de défaite – n'hésitant pas à mettre en cause l'emprise des pasdarans sur l'économie nationale –, Rouhani fut réélu en mai 2017. Néanmoins, son second mandat, qui touche à sa fin à l'heure où l'auteur écrit ces lignes, vit s'effondrer tout ce qui avait été bâti lors du premier dans le cadre d'une ultime dispute avec la première puissance mondiale qui fit rejaillir les inquiétudes de la communauté internationale d'un Iran doté de l'arme nucléaire et déterminé à alimenter les conflits régionaux. C'est ainsi qu'en soufflant sur les braises d'un conflit qu'on croyait apaisé il se réveilla, ravivant la flamme de l'incertitude et la menace de l'escalade.

« Personne ne peut vivre dans le passé, pas même dans le sien. Si toutefois d'aucuns n'entretiennent point de liens avec leur histoire, celle-ci s'évanouira. La Perse est emplie d'épreuves et de gloire, de tourments et d'espoirs. Avec l'aide du Tout-Puissant, les leçons du passé constitueront le meilleur guide pour les citoyens du futur. »[1] Le Shah d'Iran, figure à la fois despotique et chevaleresque, écrivit ces lignes peu après qu'une révolution populaire eut renversé une monarchie vieille de plus de 2 500 ans dont il fut le dernier gardien. Sa chute amorça une nouvelle ère pour l'Iran qui fut dès lors dirigé par l'interprétation de la volonté divine des mollahs, ordre religieux musulman qui avait alors juré de mettre à bas la tyrannie et de rendre au peuple sa souveraineté. Cependant, on le sait, au lumineux grand soir parfois succède une aube morne et pluvieuse. La révolution iranienne fut de cette sorte. Le cri du peuple étouffé par le divin, et le sceptre sitôt remplacé par la soutane. L'Iran s'enfonça alors dans un épais brouillard dont les volutes ne l'ont toujours pas, à ce jour, tout à fait quitté et qui mit le pays au ban des nations, de celles que leurs orientations politiques rendent infréquentables et dont la société est intolérable.

Mais même les plus longues tribulations ont leur crépuscule, et tel fut promis à l'Iran en échange de sa coopération la plus franche aux efforts d'apaisement des affaires du monde. Le pays réhabilité, son horizon s'élargi et l'espoir gagna sa population, épuisée d'avoir à souffrir de ce que le sort l'eut maudit en lui imposant la pénitence d'une faute qui n'a jamais été la sienne. Cependant que les yeux des Iraniens tâchaient de se réadapter à la lumière du jour, la fatalité les rattrapa, et ils furent bientôt frappés par la désillusion des attentes déçues, celles qui de la chose promise ne laissent que le goût évanescent et dont la substance est emportée, remplacée par le souvenir. S'engagea alors pour ces cœurs meurtris une dégringolade dont ils n'ont toujours pas vu la fin. L'Iran est en ce sens piégé hors du temps, dans un espace confiné où les évolutions politiques comme les forces telluriques semblent imprévisibles, gouvernées par

1 « The Shah›s story », Mohammad Reza Pahlavi (M. Joseph, 1980).

les intérêts du moment, et qui est lui-même comprimé par un pouvoir exogène colossal caractérisé par ses ambivalences et son universalité. L'Iran, vestige de la Perse antique, est au monde ce que le Soleil est à la Terre : indispensable et redouté.

Ce livre traite de l'utilisation inédite – tant dans sa forme que dans ses effets – d'un mécanisme punitif d'un genre nouveau appliqué à une situation particulière. Les sanctions sont un outil immatériel de portée internationale qui, dans son acception moderne, est employé en tant que dispositif contraignant à niveaux variables l'activité commerciale et financière d'une cible en réponse à une ou plusieurs de ses actions antérieures – vraies ou supposées – jugées condamnables par l'émetteur. Nous nous intéresserons ici au cas spécifique de l'Iran qui a été l'objet de plusieurs régimes de sanctions depuis maintenant plus de 40 ans. Au fil de notre développement, nous explorerons les dimensions historiques, politiques, économiques, légales et sociales associées à l'application des sanctions sur notre sujet d'étude et verrons comment celles-ci interagissent entre elles, s'épousent ou, au contraire, s'excluent. De la question du droit international à celle de la régulation nucléaire, nous ferons appel à une multitude de concepts qui sont d'une manière ou d'une autre corrélés à la thématique générale des sanctions et occupent une place prépondérante dans l'appréhension du sujet. L'objectif de cet ouvrage est d'apporter un éclairage transversal et exhaustif sur la problématique géopolitique la plus épineuse de ce premier quart de siècle en proposant au lecteur une synthèse organisée de toute l'information disponible ainsi qu'une analyse des causes, développements, et conséquences composites.

Initiée en 1979 à la suite de la crise des otages, la politique de sanctions à l'égard de l'Iran évolua horizontalement et verticalement pour les quatre décennies qui suivirent. Horizontalement car le nombre d'émetteurs varia significativement en fonction des périodes. Verticalement car l'intensité des sanctions appliquées fut également contingente aux aléas politico-temporels. Les raisons justifiant l'application des sanctions sont tout aussi disparates et évoluèrent selon les enjeux géopolitiques du moment. Ainsi, l'hostilité diplomatique de l'Iran, sa rhétorique anti-occidentale, ses ambitions nucléaires, ses entreprises de déstabilisation régionale, ses atteintes aux droits de l'homme et sa poursuite d'un dessein belliqueux sont autant d'éléments qui furent et sont invoqués pour justifier les mesures répressives à son encontre. Aujourd'hui, seuls les États-Unis maintiennent un régime de sanctions contre l'Iran. Cet engagement du premier à faire plier le second est, nous le verrons, la source d'une hostilité sans équivalent dans le monde. En effet, il s'agit là d'une opposition totale qui s'étend bien au-delà des intérêts et circonstances éphémères puisqu'elle est également idéologique. Cet antagonisme structurel participe à la polarisation du monde et questionne les concepts d'hégémonie et d'universalisme.

Ainsi, bien que de multiples parties prenantes seront évoquées au cours de notre récit, celui-ci sera essentiellement centré sur la relation entre l'Iran et les États-Unis. Des années Ahmadinejad à la croisade déclenchée par Donald Trump en passant par l'accord sur le nucléaire et ses conséquences, nous explorerons les péripéties qui ont pavé la voie vers la situation en Iran jusqu'en août 2020. Nous disséquerons le concept des « sanctions » pour en appréhender la nature et les applications et verrons comment les États-Unis ont transformé cet outil qui se voulait être un instrument pacifique de résolution des conflits en une arme de destruction économique. Nous tâcherons enfin de montrer qu'à travers la panoplie à sa disposition pour paralyser un État tiers, l'acharnement dont font preuve ces derniers à l'égard de l'Iran est, davantage qu'une réponse pragmatique proportionnelle à une menace identifiée, une axiologie de l'ordre du monde.

Cet ouvrage s'articulera donc essentiellement autour de trois axes : le cheminement vers les sanctions, leur implémentation, et enfin leurs effets et implications. Toutefois, afin d'être pleinement en mesure d'appréhender dans toute leur complexité les éléments qui suivront, autorisons-nous au préalable une plongée dans la mécanique même des institutions du pays, et entreprenons d'en saisir les reliefs.

PREMIÈRE PARTIE

L'Iran dans le monde

Qu'est-ce que l'Iran ? Sur un plan sémantique, s'il s'agit grammaticalement d'un nom, l'idée à laquelle il renvoie est plurivoque, presque polysémique. Il évoque la grandeur d'une civilisation millénaire pour certains, l'obscurantisme institutionnalisé pour d'autres. Il est synonyme de raffinement, de poésie, de légèreté ; ou de drame, de terreur et d'oppression. Parfois tout cela à la fois. L'Iran est cette créature intrigante et mystérieuse, qui fascine autant qu'elle inquiète, inspire autant qu'elle révulse. Brosser son portrait impose la même contrainte qu'une photographie stellaire : toute pollution lumineuse – ou, en l'occurrence, idéologique – doit être écartée et seulement alors l'éclat immanent resplendira. Le sujet, exigeant, qui nous occupera tout au long de ce livre impose un certain degré de connaissances fondamentales sur l'Iran, notamment sur son environnement social, sa structure politique, son système économique, et ses relations extérieures. Nous proposerons donc au lecteur une analyse, sinon exhaustive, à tout le moins suffisamment étayée pour que celui-ci puisse développer une compréhension transversale de l'infrastructure iranienne et ses ramifications extraterritoriales. À travers cette courte odyssée préliminaire, nous aborderons les éléments qui nous serviront de jalons pour la suite de notre développement.

CHAPITRE I

Infrastructure contemporaine

S'il est des sociétés particulièrement complexes, l'Iran est assurément l'une d'entre elles. En son sein, se côtoient de multiples identités, convictions et traditions. Il s'agit d'un pays où le sacrifice de l'imam Hussein au nom de l'Islam est commémoré chaque année, et où parallèlement presque chaque foyer dispose d'un recueil des poésies d'Hafez, d'Omar Khayyam ou le « Livre des Rois » de Ferdowsi qui consacra et immortalisa la langue persane. L'héritage islamique de la révolution a composé une forme de gouvernance inédite où le culte du divin est le socle sur lequel la République repose et à partir duquel elle s'exerce. Ainsi, si la « chose publique » est notamment matérialisée par le scrutin populaire, elle est en revanche subordonnée à l'impératif théologique dont l'interprétation et l'exécution sont confiées à l'ordre clérical qui constitue donc de fait une sorte de gouvernement supérieur, et permanent. Celui-ci concentre de surcroît la majorité des prérogatives économiques à travers diverses institutions dont le manque de transparence constitue un fardeau de taille pour la population qui de son économie nébuleuse n'a par conséquent qu'un contrôle limité. L'Iran est un pays de paradoxes et de contradictions où le sublime côtoie le tragique, où la passion affronte la censure, et où la vitalité est égratignée par le sinistre.

Organisation sociale et religieuse

L'Iran est une société plurielle et multiethnique. Le groupe dominant est bien entendu celui des Perses bien que ceux-ci héritent d'un patrimoine génétique nécessairement élargi en raison des succès et tribulations des empires du passé. Ainsi, d'autres groupes d'ascendance arabe, turque, kurde, azerbaidjanaise, baloutche, assyrienne (...) viennent composer ce paysage ethnique très divers. Toujours est-il que l'écrasante partie de la population est persane et se revendique comme telle. Le groupe secondaire notoire est celui de la population afghane. Très majoritairement réfugiés, ils seraient plus de 3 millions à vivre dans le pays, plus de la moitié illégalement, faisant de l'Iran l'un des plus importants pays hôtes du monde. Bien qu'ils ne soient pas à proprement parler « intégrés » (dans la mesure où ils n'accèdent généralement pas à la nationalité), ils bénéficient de mesures relativement exemplaires de la part du gouvernement, notamment s'agissant de l'accès aux soins et à l'éducation des enfants[1]. Le farsi (persan) est la langue officielle du pays, parlée par l'ensemble de la population.

Une des promesses de la révolution était d'abolir les classes sociales et les privilèges. On se doute bien qu'elle ne fut pas tenue, les premières se sont maintenues quand les seconds ont été déplacés[2]. Nous verrons dans la prochaine section comment s'organise la structure économique à proprement parler. Pour l'heure, établissons simplement quelques éléments de contextualisation. L'Iran, avec un IDH de 0,79, se situe au 65e rang

1 UNHCR - Refugees in Iran.

2 « Iran's economy 40 years after the Islamic Revolution », Djavad Salehi-Isfahani (*Brookings*, mars 2019).

mondial[3]. Sa population de presque 82 millions d'individus (âge médian : 32 ans) jouit d'une espérance de vie à la naissance de 76,5 ans et d'un taux d'alphabétisation de 85,5 %. Étonnamment, avec un indicateur sexospécifique de développement humain de 0,87, le pays se situe au 65ème rang mondial en termes d'égalité des genres, après la Serbie et devant l'Ile Maurice, le positionnant dans la moyenne haute. Le taux de chômage est quant à lui estimé à 12 % mais la donnée n'est pas nécessairement représentative de la réalité dans la mesure où les puissantes turbulences économiques que nous évoquerons plus en avant rendent l'évaluation incertaine, l'environnement étant particulièrement volatile.

La sphère sociale iranienne est généralement divisée entre les classes supérieures, moyennes, ouvrières et inférieures (avec 0,3 % de la population vivant en-dessous du seuil de pauvreté) et marquée par une forte disparité entre zones urbaines et rurales. En 1972, les individus dont les revenus les plaçaient dans la catégorie inférieure représentaient le groupe le plus important, environ 40 % de la population, tandis que la classe moyenne n'en représentait qu'un quart. Dans l'élan du premier choc pétrolier de 1973, celle-là n'en représenta plus qu'un quart quand celle-ci bondit jusqu'à en atteindre un tiers. Après la révolution, ces proportions restèrent globalement inchangées jusqu'à la fin des années 90 où l'avancée de la classe moyenne se fit de nouveau conséquente. En 2011, cette dernière représentait 65 % de la population alors que la proportion de la classe inférieure avait chuté jusqu'à en représenter moins de 10 %.

3 UNDP - Human Development Indicators.

Iran (1972 – 2017) : distribution des revenus par classe

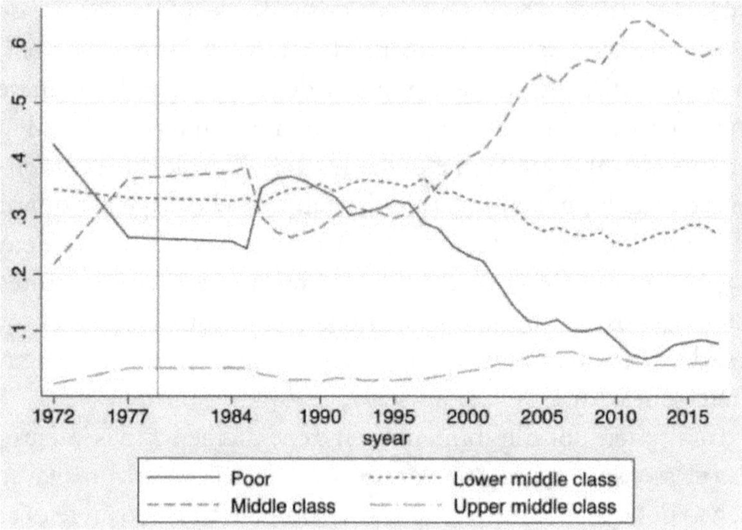

Source : *Household Expenditure and Income Surveys, Statistical Center of Iran, various years.*

En revanche, depuis plusieurs années, les crises politiques successives ont entamé les perspectives de développement de la classe moyenne (inférieure notamment). Les secousses économiques endommagent en effet le tissu social, aboutissant à des mouvements de protestation de plus en plus fréquents et de plus en plus étendus[4]. Le pouvoir d'achat ayant dramatiquement diminué dernièrement, les tensions s'accroissent proportionnellement et la révolte gronde. Parallèlement, l'engagement extérieur de l'Iran – que nous aborderons d'ici peu – cristallise les tensions, les citoyens s'insurgeant contre les dépenses belliqueuses au détriment du bien-être de la nation. Intéressons-nous

4 « Iran's Restive Middle-Class Poor », Ray Takeyh (Council on Foreign Relations, mai 2018).

maintenant à la dimension religieuse de la société, celle-ci étant, à bien des égards, primordiale pour en appréhender les enjeux.

Presque 90 % de la population du pays est de tradition chiite duodécimain, variante de l'Islam qui sacralise 12 imams, successeurs spirituels et politiques après la mort du prophète Mohammed. Les chrétiens (arméniens et assyriens), les juifs et les zoroastriens représentent les minorités religieuses les plus importantes. Elles sont tolérées et peuvent exercer leur culte librement mais, en tant que telle, sont mécaniquement confrontées à certaines formes de discriminations (institutionnelles ou sociales). Le chiisme étant le culte majoritaire en Iran, attardons-nous un moment sur la question. Le concept d'ordination n'existe pas dans l'Islam. Par conséquent, le rôle de clergé n'est pas assumé par une prêtrise mais par une communauté d'érudits, considérée comme particulièrement savants relativement aux préceptes de l'Islam, notamment via l'exégèse du Coran. Alors que dans l'Islam sunnite, les membres de cette communauté sont appelés « oulémas », les chiites les appellent « mollahs ». Contrairement au clergé sunnite, le clergé chiite est très hiérarchisé. Ainsi, le titre d'« ayatollah » est décerné aux plus éminents experts et aurait environ 5 000 représentants. Pour l'anecdote, les mollahs portant des turbans noirs (ils sont généralement blancs) sont appelés « seyyed »[5] (littéralement « Seigneur/Maître ») et sont issus d'une lignée considérée comme descendante de Mohammed, à travers sa fille Fatima, épouse d'Ali, le premier imam dans le chiisme duodécimain.

Un élément intéressant à souligner est le renversement de la posture du religieux dans l'inconscient collectif. Avant la révolution, le clergé s'était progressivement hissé sur la scène publique, jusqu'à représenter un contre-pouvoir, prompt à critiquer la

5 Il est fréquent que les seyyeds ne fassent pas partie du clergé. On les retrouve souvent dans les vieilles familles, religieuses ou non.

monarchie et son représentant, feu Mohammed Reza Pahlavi. Dès lors, en dépit des divergences idéologiques, la confiance envers celui-là s'épanouissait proportionnellement à la défiance exercée à l'égard de celui-ci. Les sages détenteurs de la foi avaient mérité leur autorité en critiquant celle du despote. Or, la République islamique, qui les a placés aux commandes, a paradoxalement égratigné – pour ne pas dire défiguré – leur prestige et leur statut. De hérauts de l'émancipation, ils devinrent oppresseurs ; de pourfendeurs de l'hégémonie, ils se firent hégémoniques. Depuis, une prise de conscience s'est opérée chez une grande partie des iraniens quant à la vampirisation de toute une partie de la sphère sociale par la dimension religieuse[6]. Les libertés individuelles, étouffées sous le règne du Shah, le furent tout autant à l'heure du clergé, sinon davantage. Depuis la mort de Khomeini, la remise en cause de l'hégémonie du dogme se fit néanmoins progressivement plus fréquente[7].

Cet assouplissement se manifeste de plusieurs manières. Globalement, il semble que l'effort appliqué à faire respecter la doctrine soit fonction des catégories sociales et par ailleurs inversement proportionnel à leur niveau. Autrement dit, les classes sociales supérieures bénéficient d'une certaine marge de « tolérance ». Celle-ci n'est bien entendu pas revendiquée, mais est clairement observable. Prenons, pour illustrer ce propos, l'exemple représentatif de Téhéran. D'aucuns pourrait diviser la capitale iranienne en traçant une ligne de distinction nord/sud. Le sud de la ville est composé de ses quartiers les plus populaires, alimentés par l'exode rural et concentrant la ferveur religieuse. La « police des mœurs » y est plus présente et les prescriptions

6 « La Malédiction du religieux. La défaite de la pensée démocratique en Iran », Mahnaz Shirali (François Bourin, 2012).

7 « Iran : une théocratie de moins en moins religieuse », Christophe Ayad (*Le Monde*, juin 2013).

de la sharia y sont appliquées plus rigoureusement. À l'inverse, le nord concentre les catégories sociales supérieures, occidentalisées et souvent nostalgiques de la période prérévolutionnaire. Le tchador y est moins visible et les femmes arborent le « hijab » (voile islamique commun, recouvrant normalement l'intégralité de la chevelure) comme un accessoire de mode et, subtilement, en transforment les effets et s'en approprient les enjeux[8]. Un méticuleux ajustement les conduit à le positionner de telle sorte que l'essentiel de leur chevelure soit apparente, et que le reste supporte ce tissu que beaucoup considèrent comme une excroissance. Ainsi, bien qu'obéissant techniquement à l'injonction, elles lui témoignent leur mépris. Un renversement du stigmate donc, qui équivaut à l'adoption d'une stratégie de résistance[9]. Par ailleurs, la musique moderne (persane et occidentale) qui raisonne dans les cafés branchés, les rassemblements mixtes dans les appartements, la distance vis-à-vis de la religion (...) sont autant d'éléments théoriquement interdits mais face auxquels les autorités ferment les yeux. Cette latitude n'est évidemment ni fortuite, ni désintéressée. En accordant aux catégories aisées un certain degré de liberté, le régime tâche d'acheter la paix sociale. La bourgeoisie en effet est, on le sait, souvent l'instigatrice des mouvement séditieux. L'instinct de conservation est donc pour beaucoup la source de cette « flexibilité ».

Celle-ci a néanmoins ses limites. Dans son rapport[10] de 2020, l'ONG Human Rights Watch met en lumière les diverses violations de l'Iran quant au respect des droits de l'homme ; celles-ci étant généralement associées à la volonté de conserver le contrôle

8 Ceci n'est pas exclusivement visible dans la partie nord de Téhéran mais bien dans l'ensemble du pays. Néanmoins, le phénomène y est davantage observable en termes de distribution.

9 « How Women's Small Acts of Resistance Threaten the Iranian Government », Madison Schramm (*Council on Foreign Relations*, décembre 2018).

10 Human Rights Watch - World Report 2020, Iran.

sur la société et sa population. Ledit rapport dénonce notamment la répression brutale des mouvements de protestation pacifique et des activistes, les atteintes à la liberté d'expression, le recours à la peine de mort et aux châtiments corporels, ainsi que la partialité du système de justice. D'une manière générale, la dissidence et la contestation appellent une réponse frontale et immédiate de la part du régime. La transformation à marche forcée de la société iranienne depuis la révolution a déclenché une mutation de la sphère sociale, de la structure familiale à l'engagement politique[11]. La secousse eut donc des répliques inattendues par le régime dont le pouvoir est néanmoins solidement consolidé par une puissante machine répressive et à un système politique cadenassé.

Structure politique

L'Iran est ce qu'on pourrait appeler une « République théocratique », c'est-à-dire que les institutions sont censées représenter la volonté du souverain – le peuple – tout en étant enveloppées par la Règle transcendante telle qu'elle est énoncée par l'exégèse du chiisme duodécimain. En l'espèce, on parlera donc d'une République islamique chiite. Ainsi, la Constitution fut rédigée en accord avec les préceptes axiomatiques de la foi susnommée. Le modèle politique iranien repose essentiellement sur deux piliers, le second étant, nous le verrons, subordonné au premier : le « velayat-e faqih »[12], qui souligne la prédominance de la doctrine religieuse sur l'organisation de la vie publique, et la représentation populaire exercée grâce au suffrage universel.

11 « Iran : mutation sociale et contestation politique », Marie Ladier-Fouladi (*Politique Étrangère*, octobre 2012).

12 Littéralement « pouvoir du docte ». Il s'agit du principe de la théorie du pouvoir élaboré par Khomeini pendant son exil en Irak qui confère au religieux la primauté sur le pouvoir politique.

Schématiquement, la structure extrêmement complexe de l'appareil d'État est employée à mettre en avant la dyarchie qui devrait le caractériser. Or, il apparait que l'organisation multicéphale est avant tout structurée de telle sorte que le clergé, colonne vertébrale du système, concentre les prérogatives clés – une « mollahrchie »[13], en somme. Le schéma ci-dessous illustre les principaux organes du pouvoir et la manière dont ils sont intriqués.

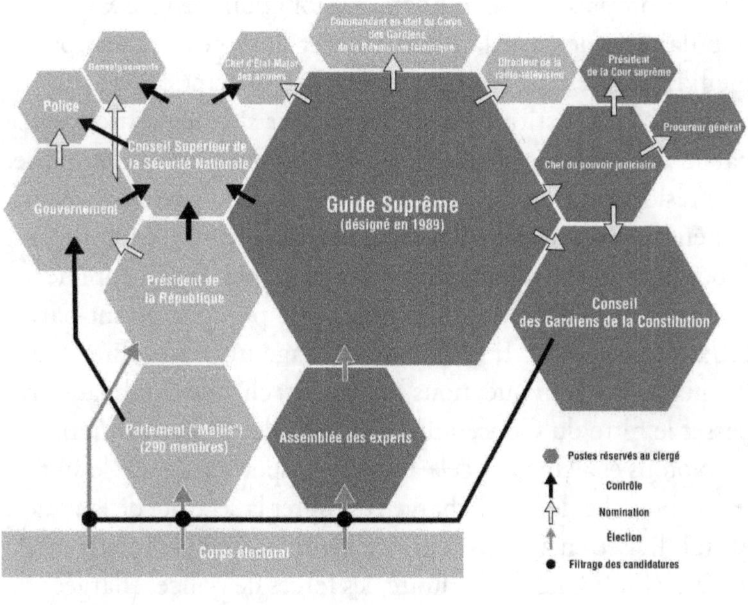

En accord avec le « velayat-e faqih », le « Guide Suprême » se situe à la tête de l'organisation cléricale, et donc de facto à la tête de la République islamique. Il représente par conséquent à la fois la plus haute autorité religieuse, et le plus haut fonctionnaire de l'État. Il est désigné pour occuper ce poste à vie par l'Assemblée

13 « Une mollahrchie constitutionnelle », Philippe Descamps et Cécile Marin (*Le Monde Diplomatique*, mai 2016).

des Experts. Au cœur de la machine institutionnelle, le Conseil des Gardiens de la Constitution est composé de douze clercs, experts en droit islamique et donc traditionnellement situé du côté le plus conservateur du spectre politique. Six d'entre eux sont directement nommés par le Guide Suprême, tandis que les six autres sont nommés par le Chef du pouvoir judiciaire – lui-même choisi par le Guide Suprême. Le Conseil a notamment la prérogative de présélectionner – selon des critères qui lui sont propres – les candidats aux fonctions soumises au vote populaire (telles que la présidence et la représentation parlementaire) et est détenteur du pouvoir discrétionnaire d'interpréter la Constitution afin de statuer si la législation votée par le Parlement est en accord ou non avec la loi islamique. Le président, lui, est officiellement le chef du pouvoir exécutif et bénéficie d'une indépendance relative bien qu'en définitive subordonnée à la volonté du Guide Suprême. Il demeure néanmoins le second officiel du régime et le plus important parmi ceux qui sont élus. Il est élu au suffrage universel direct tous les quatre ans bien que, nous l'avons dit, chaque candidat doive passer le filtre du Conseil des Gardiens de la Constitution.

Notons également – cela aura une importance pour la suite – que la branche de l'État chargée d'assurer la sécurité de la nation est subdivisée en 3 corps : l'armée régulière, dont l'objectif est de garantir l'intégrité du territoire, les forces de police, chargées de faire respecter les lois, et les pasdarans (officiellement « Corps des Gardiens de la Révolution islamique »). Cette dernière catégorie est certainement la plus originale et la plus caractéristique. Il s'agit d'un corps armé spécifique, fondé lors de la révolution de 1979, et qui a le devoir de la « protéger ». C'est-à-dire d'en protéger les acquis. Au-delà de ses attributions officielles, il s'agit d'un corps social défini et conscient d'exister en tant que tel. En ce sens, celui-ci dispose d'une influence politique de plus en plus marquée et, surtout, d'une profonde présence économique. Nous reviendrons bientôt sur ce dernier point. L'armée et les pasdarans sont pilotés directement par le Guide Suprême, ce qui peut occasionner la situation originale, en termes de politique étrangère par exemple, où les chefs de l'État (le Guide Suprême) et de l'exécutif (le président) poursuivent en substance des objectifs diamétralement opposés.

Selon la doctrine développée par Khomeini, en l'absence de l'imam Mahdi – aussi connu comme le « douzième et ultime Imam », qui, caché parmi la société, émergera en temps voulu pour rétablir la justice dans le monde – le clergé devra lui substituer un gouvernement, composé par les plus importants savants de la foi et obéissant à ses enseignements. Ainsi naquit la version chiite de l'Islam politique qui, dans ses premières heures, fut fortement décriée par une partie des ayatollahs à cause de son caractère novateur[14]. Néanmoins, la rhétorique passionnelle et révolutionnaire employée par Khomeini lui permit d'incarner l'imaginaire chiite et de l'employer à des fins politiques[15]. Aujourd'hui, le système mis en place par ce dernier a évolué et s'est ouvert, permettant l'émergence d'un espace démocratique embryonnaire. Toujours est-il que, manifestement, le concept de « velayat-e faqih » reste pour l'instant dominant et écrase les institutions républicaines. Le pouvoir est verrouillé autour du Guide Suprême et s'articule de sorte que celui-ci – adossé à la hiérarchie cléricale – en demeure le centre de gravité. En conséquence, bien que des élections soient régulièrement organisées en Iran, ce sont les institutions non élues qui contrôlent

14 « Le Rôle du clergé : tendances contradictoires du chiisme iranien contemporain », Yann Richard (*Archives de sciences sociales des religions*, CNRS, 1983).

15 « The Shia revival », Vali Nasr (*W. W. Norton*, 2006).

véritablement la politique du pays, ce qui impact négativement les libertés civiles[16].

Système économique

Depuis la révolution, le principal défi de l'Iran est resté inchangé, à quelques variations près : surmonter son ostracisation. Cette isolation entrave la croissance à court et long termes de ses marchés, réduit son accès aux nouvelles technologies et, surtout, limite drastiquement les investissements directs étrangers sur son territoire. Les raisons de cette isolation seront bientôt abordées. Cette section, quant à elle, sera dédiée à l'élaboration du profil économique du pays : sur quoi se base-t-elle, comment est-elle gérée, quel est son bilan ? Ce sont ces questions qui nous occuperont ici et nous permettront, après avoir abordé le champs politique, d'appréhender la sphère économique, sa structure et ses ramifications.

La Constitution iranienne divise l'économie nationale en 3 secteurs distincts : Public (industries majeures, banques, compagnies d'assurances, transports, commerce extérieur) ; Coopératif (production et distribution de tous les biens et services) ; Privé (toute activité venant en support des deux secteurs précédents). L'organisation économique se plie bien entendu, comme le reste, aux principes islamiques. Ceci prohibe par exemple l'usure, empêchant les individus comme les institutions financières de pratiquer un taux d'intérêt sur les emprunts. Cela, au sein d'un système capitaliste, entraine un paradoxe qui est tenté d'être surmonté en s'appuyant sur le marché financier domestique. Ce système hybride rappelant celui de la Chine a été discuté depuis les premières années de la révolution. En effet, tandis que les clercs positionnés à gauche prônaient les nationalisations

16 Iran, Freedom in the world 2020 (Freedom House).

et le renforcement de l'État providence, ceux qui se situaient à droite du spectre, conservateurs et ayant des liens étroits avec la communauté des marchands – les « bazaris » –, défendaient le droit de propriété et insistaient sur les privatisations. Tous étaient néanmoins favorables aux restrictions quant aux pratiques financières occidentales. Bien que l'ayatollah Khomeini refusa de prendre parti, la guerre contre l'Irak précipita l'interventionnisme de l'État. Dès lors, celui-ci développa rapidement un monopole de fait sur les activités à forte valeur ajoutée. Bien que par la suite le contrôle de l'État sur les entreprises se soit légèrement dilué, celles-ci ne sont pas indépendantes. Nous y reviendrons dans un instant.

L'objectif à long-terme de l'Iran depuis la révolution a été d'atteindre l'indépendance économique – entendu comme la volonté de s'immuniser contre l'influence occidentale et notamment américaine[17]. L'autosuffisance devait être rendue possible par le gouvernement en investissant massivement dans les technologies de communication, les transports, l'industrie et l'énergie notamment ; ceci afin d'atteindre le plein emploi et d'assurer un niveau de vie confortable à la population. Toutefois, le dernier quart du 20e siècle imposa à l'Iran une succession d'obstacles qui vinrent entamer ses ambitions. L'augmentation rapide de la population (qui donna lieu à l'implémentation d'un planning familiale très efficace) – dont l'âge médian s'abaissait – et la dégradation des conditions économiques dans les milieux ruraux poussèrent à l'exode vers les grandes villes. Dans un pays traditionnellement agraire, la production agricole chuta, le forçant à importer la majeure partie de sa consommation alimentaire intérieure. Les opportunités d'emplois se raréfiant, conjugué à l'augmentation de la population, accrurent le taux de

17 « Iran's 'Resistance Economy' Debate », Ray Takeyh (*Council on Foreign Relations*, avril 2016).

chômage ; les restrictions économiques exogènes augmentèrent les coûts de revient à l'import ce qui généra une tendance inflationnaire d'environ 20 % par an en moyenne depuis 1980[18]. Les deux effets combinés vinrent ancrer la stagflation qui caractérise l'économie du pays encore aujourd'hui[19].

L'économie iranienne, positionnée au 18e rang mondial en termes de PPA[20], peut être qualifiée d'économie mixte en transition. Le pays affiche un très important secteur public ; environ 60 % de son économie est planifiée[21]. Avec respectivement 10 % et 15 % des réserves mondiales prouvées de pétrole (quatrième rang mondial) et de gaz, l'Iran est considéré comme une « superpuissance » énergétique et fait principalement reposer son économie là-dessus. L'activité économique et les recettes publiques dépendent toujours largement des exportations d'hydrocarbures et sont donc intrinsèquement instables. Les autorités iraniennes ont adopté une stratégie globale de réformes fondées sur le marché, déclinée dans un document de prospective sur 20 ans et dans le VIe plan quinquennal de développement couvrant la période 2016-21. Ce plan s'articulait autour de trois grands axes : le développement d'une économie résiliente, le progrès scientifique et technique, et la promotion de l'excellence culturelle. Sur le front économique, le plan tablait sur une croissance annuelle de 8 %, avec trois grandes priorités pendant les cinq années considérées : réforme des entreprises publiques, secteur financier et bancaire, et répartition et gestion des recettes pétrolières. C'eût été réalisable si les conditions géopolitiques n'avaient pas évolué à la défaveur de l'Iran. En tout état de

18 IMF DataMapper (Iran) - Inflation rate, average consumer prices
19 World Bank - Overview (Islamic Republic of Iran).
20 Index Mundi - GDP (PPP).
21 « A survey of Iran: Stunted and distorted », Special Report (*The Economist*, janvier 2003).

cause, intéressons-nous pour l'heure à la machinerie économique nationale.

Notre ambition n'est pas ici de développer une analyse exhaustive du système économique iranien dans la mesure où ce n'est pas notre propos. Autorisons-nous par conséquent à occulter les pans « secondaires » de l'économie pour nous focaliser sur le secteur clé des hydrocarbures. L'extraction et le raffinement du pétrole est sans conteste l'activité ayant le plus de valeur en termes de revenus, bien que l'exploitation gazière soit de plus en plus importante. La National Iranian Oil Company (anciennement « Anglo-Iranian Oil Company » avant sa nationalisation) est une entreprise publique produisant et commercialisant du pétrole pour la consommation intérieure et la vente à l'export. Dans la mesure où elle possède toutes les réserves d'hydrocarbures d'Iran, elle est considérée comme l'une des plus grandes firmes pétrolières du monde. En 2012, les revenus liés au pétrole représentaient environ 80 % du budget de l'État, contre moins de 40 % en 2019[22]. Bien que cette chute vertigineuse soit due aux conditions exogènes que nous développerons plus en avant, il n'en reste pas moins qu'une économie basée presque exclusivement sur le pétrole est par définition volatile. Le graphique ci-contre montre les évolutions respectives des cours du pétrole et du niveau de production iranien, avant le point de rupture de mai 2018 sur lequel nous reviendrons.

22 « Iran Sanctions », Congressional Research Service (novembre 2019).

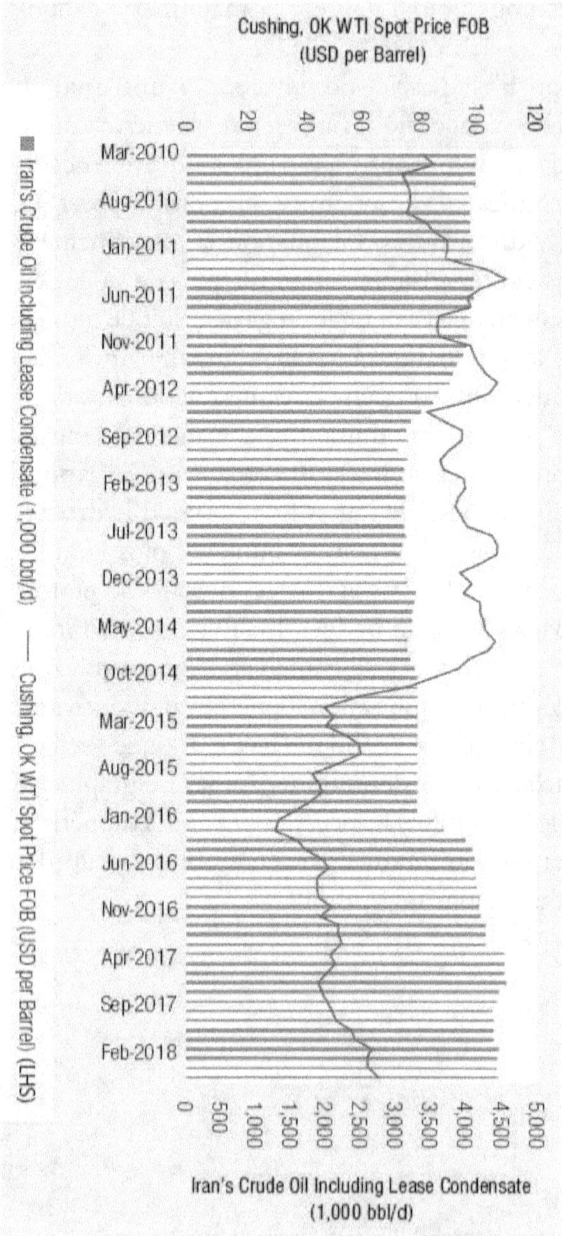

Niveau des prix du pétrole et production iranienne (2010-2018)
Source : *World Bank-Iran Economic Monitor* (2018)

Selon la Coface[23] : « La baisse des prix du pétrole due au ralentissement de l'économie mondiale pose un autre problème pour les recettes d'exportation. N'ayant pas accès aux marchés financiers internationaux, le gouvernement a commencé à recourir à l'emprunt intérieur pour financer le déficit budgétaire. Compte tenu du faible niveau de la dette publique (28,8 % du PIB[24]), le gouvernement dispose d'une marge de manœuvre suffisante pour avancer dans cette voie. Cependant, un niveau croissant d'emprunts intérieurs risquerait de compromettre les investissements productifs par effet d'éviction. Le gouvernement semble préférer exploiter les marchés intérieurs de la dette plutôt que d'introduire des mesures d'austérité budgétaire impopulaires. »

Par ailleurs, l'alourdissement de la facture des importations consécutive à la dépréciation chronique du rial iranien est susceptible de davantage attiser l'inflation, qui risque de franchir à nouveau la barre des 30 % au cours des prochaines années[25]. Les tensions inflationnistes se conjuguant à la défiance des consommateurs aggraveront la récession à l'œuvre dans le pays depuis 2018. Ce passage à vide de l'économie devrait également accentuer les tensions sur le marché du travail et réduire à néant les récentes créations d'emplois. À terme, l'effritement en valeur des transferts monétaires provoqué par l'inflation pourrait annuler les retombées positives de la croissance économique enregistrée entre 2016 et 2018 et aggraver les effets d'une croissance négative post 2018. Le taux de pauvreté risque d'augmenter en conséquence, ce qui est mécaniquement susceptible de générer un nouveau pic de tensions sociales.

23 Coface - Études économiques (Iran).
24 IMF DataMapper (Iran) - General government gross debt (% of GDP).
25 IMF DataMapper (Iran) - Inflation rate (average consumer prices).

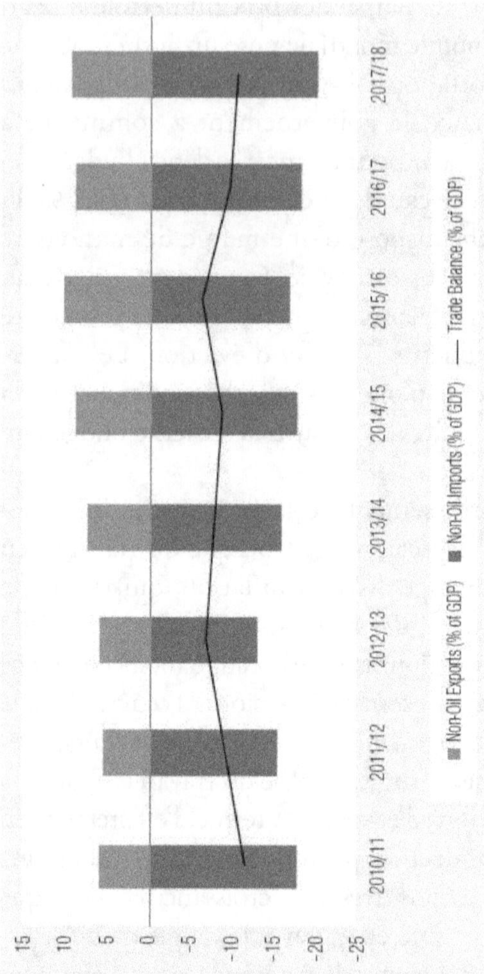

Balance commerciale hors pétrole (% de PIB)
Source : *World Bank – Iran Economic Monitor* (2018)

L'économie iranienne repose ainsi majoritairement sur la rente pétrolière. Or, les conditions conjoncturelles la tarissant, la consommation intérieure est sollicitée pour s'y substituer. Nous l'avons dit, la part du secteur agricole dans le PIB (environ

10 %[26]) est en diminution continue depuis les réformes industrielles initiées par le Shah qui, du reste, n'ont pas abouti au développement espéré du secteur, freiné dans sa lancée par les ramifications de la révolution et limité depuis par l'obsolescence de ses appareils. Comme l'illustre le graphique ci-dessus, l'Iran a un recourt massif à l'import ce qui résulte en une balance commerciale fortement déficitaire. L'activité productive intérieure étant freinée, le taux de chômage (17,4 %[27]) augmente proportionnellement. Dans ces conditions, renforcées par la dépréciation du rial, la consommation est également ralentie. Tous les ingrédients sont alors réunis pour favoriser l'émergence d'une boucle récessive keynésienne. Par ailleurs, en plus des conditions exogènes nuisibles, deux autres éléments viennent affaiblir la capacité économique de l'Iran : son engagement extérieur – que nous aborderons dans un instant – et le niveau de corruption de son administration. Intéressons-nous maintenant à ce dernier point.

L'organisation Transparency International classe l'Iran parmi les pays les plus opaques du monde[28]. Nous l'avons dit, la majeure partie des entreprises sont contrôlées par l'État, ce qui a pour effets directs une gestion népotique ainsi que des pratiques douteuses telles que le recours massif aux subventions, au contrôle des prix et à l'octroi abusif des marchés public. La corruption sous toutes ses formes est endémique et mine la libre concurrence ainsi que la libéralisation, faisant de l'Iran l'une des économies les moins libres de la planète[29]. Cette tutelle de l'économie se manifeste principalement sous deux formes. La première est celle des fondations religieuses, appe-

26 CIA - The world factbook (Iran).
27 IMF DataMapper (Iran) - Unemployment rate.
28 Corruption Perception Index 2019 - Iran (146/180).
29 Index of Economic Freedom 2020 - Iran.

lées « bonyads », contrôlées directement par Guide Suprême. Opérant sur un large éventail de marchés, elles sont exemptes de taxes, non soumises à l'audit et sous perfusion permanente du régime, occasionnant les effets que l'on imagine sur la concurrence, notamment celle du secteur privé qui est incapable de faire face à ce contexte tronqué, ce qui décourage l'investissement. Se dissimulant derrière l'estampillage de la charité, ce sont de véritables trous noirs financiers qui siphonnent les fonds publics et profitent exclusivement à une élite corrompue. La seconde forme a une importance fondamentale pour la suite car elle est relative à la place occupée par les pasdarans dans la sphère économique.

Le Corps des Gardiens de la Révolution Islamique exerce en effet un contrôle stratégique sur environ un tiers de l'économie iranienne à travers un réseau informel de vétérans et d'anciens officiels[30]. La confiscation de biens, la possession d'une partie de l'industrie militaire (notamment balistique) et énergétique, la participation dans plus d'une centaine d'entreprises (notamment liées à l'exploitation pétrolière et à la construction) et l'accès massif aux subventions leur a permis de bâtir, via une multitude de filiales et de trusts, un véritable conglomérat multimilliardaire[31]. À l'image de la junte militaire au Myanmar, le Corps des Gardiens de la Révolution Islamique a transcendé ses prérogatives originelles, restreintes à la défense, pour muter en une sorte de superstructure socio-politico-économico-militaire, se faisant l'épine dorsale de la société[32]. Cette intrication, nous le

30 « The Rise of the Pasdaran - Assessing the Domestic Roles of Iran's Islamic Revolutionary Guards Corps » (Rand National Defense Research Institute, 2009).

31 « Iran's $12-billion enforcers », Kim Murphy (*Los Angeles Times*, août 2009).

32 « Iran's Revolutionary Guards Corps, Inc. », Mehdi Khalaji (*The Washington Institute*, août 2007).

verrons bientôt, alimente pour beaucoup la politique américaine vis-à-vis de l'Iran aujourd'hui.

En outre, on ne peut que constater que les promesses fleuries d'une économie vertueuse qui ont germé pendant la révolution ont désormais fané. Non seulement les politiques économiques appliquées par l'Iran n'ont pas abouti – les paramètres imposés par l'extérieur y sont pour beaucoup –, mais ce qui demeure a été capturé par une oligarchie dont les méthodes ressemblent à s'y méprendre à celles pratiquées par le Shah en son temps. La population, elle, tâche de faire contre mauvaise fortune bon cœur, naviguant le marasme économique. Nous nous sommes jusqu'à présent concentrés sur la structure endogène de l'Iran. Néanmoins, si nous voulons être en mesure de tout à fait comprendre le sujet qui nous occupe, il nous faut passer par un dernier point avant de l'aborder véritablement. Il s'agit d'un élément essentiel, au cœur des enjeux géopolitiques de la région : les relations extérieures de l'Iran.

CHAPITRE II

L'Iran à l'international

À l'heure de la mondialisation, les connections synaptiques territoriales définissent une réalité dans laquelle la partie ne peut être comprise à l'exclusion du tout. Ainsi, chaque nation s'inscrit dans un environnement plus large dont on doit intégrer les paramètres afin d'élaborer une analyse exhaustive et transversale. Le cas de l'Iran, non seulement obéit à la règle, mais est presque définit par elle, c'est-à-dire que sa configuration endogène est presque entièrement modelée par la macrostructure géopolitique. En effet, les relations extérieures du pays représentent à la fois sa plus grande menace et sa planche de salut. Elles en font un pourfendeur de l'interventionnisme et un adepte de l'intervention, un chantre de la souveraineté et un partisan de l'influence. Analyser les relations extérieures de l'Iran équivaut à plonger dans un océan de contradictions mais permet aussi d'en apprécier les nuances, la lentille manichéenne étant hors de propos dans une structure non binaire où l'absolu se résume à l'intérêt. Celui-ci étant par définition pluriel, l'homo economicus institutionnalisé appliquera sa rationalité maximisatrice à avancer le sien sous contrainte de celui des autres. Cette partie permettra au lecteur de situer l'Iran dans le concert des nations.

Notons que, dans un désir de rester synthétique, les relations de l'Iran avec la Chine et la Russie (pour ne citer qu'elles) ne seront pas développées dans la mesure où, bien qu'elles soient clés sur le plan géopolitique, elles ne sont qu'accessoires au thème qui sera abordé plus en aval.

Le réseau iranien

« Nous avons une importante capacité extérieure. Nous avons des alliés et une profondeur stratégique, à la fois dans ce pays et à travers la région. Certains nous soutiennent en vertu de l'Islam, d'autres du langage, et d'autres encore du chiisme. Tous constituent la profondeur stratégique du pays. » Ainsi s'est exprimé l'ayatollah Khamenei en novembre 2015 lors d'une intervention relative aux capacités militaires et paramilitaires de l'Iran hors de ses frontières[1]. Depuis la révolution islamique, la compréhension des capacités et de la stratégie de l'Iran s'est révélée être un enjeux sécuritaire et stratégique majeur, aussi bien pour les acteurs régionaux que pour les puissances globales. Lesdites capacités peuvent être déclinées selon 3 axes : balistique, nucléaire, tiers. Nous reviendrons plus loin sur les deux premiers ; concentrons-nous pour l'heure sur le troisième. Cette section est absolument essentielle pour appréhender les enjeux qui seront développés ultérieurement dans la mesure où elle présente le composé à l'origine de la réaction qui constitue le cœur de notre étude.

La capacité stratégique de l'Iran dans la région est principalement associée au réseau que le pays a réussi à tisser et dont l'influence s'est considérablement étendue lors de la dernière décennie. Celui-ci consiste en une sorte de partenariat entre l'Iran et diverses entités, aussi bien militaires que civiles, qui

1 « The mobilisation of Iran's strategic depth and national capability » (*Rasa News,* novembre 2015).

lui permettent d'intervenir politiquement, et surtout militairement, hors de ses frontières sans être directement impliqué. Cette configuration des conflits entre puissances majeures est devenue maîtresse depuis la Guerre Froide. Ainsi, l'Iran fait l'usage de tiers dans la région pour atteindre ses objectifs stratégiques. Avant d'aller plus loin, attardons-nous un instant sur un point de terminologie. Pour la suite de notre exposé, nous désignerons ce type d'agents sous l'appellation anglosaxonne de « proxy » car le terme n'a pas d'équivalent parfait en français. Néanmoins, notons que pour qualifier les relations de l'Iran avec ses agents, le terme « proxy » n'est pas toujours le plus adapté car les relations d'autorité et de subordination ne sont pas constamment uniformes. La réalité est plus nuancée que la vision simpliste d'une multitude d'avatars dirigés à travers une organisation pyramidale et centralisée définie, à la solde des intérêts de l'Iran. Quoi qu'il en soit, dans un souci de simplification, le terme conviendra pour l'usage que nous en ferons.

À travers ses proxies, l'Iran ambitionne d'asseoir ses intérêts stratégiques dans la région en misant notamment sur leur convergence avec ceux des groupes qu'il soutien. D'une manière générale, les maîtres mots sont l'expansion et la consolidation des intérêts iraniens en minimisant les pertes. Dans l'ensemble de ses théâtres d'interventions, l'Iran semble poursuivre deux objectifs : renforcer son influence géopolitique et assurer sa souveraineté nationale. Comment se manifeste les relations entre l'Iran et ces acteurs non-étatiques, quel vecteur en assure la gestion et, question ô combien importante, qui sont lesdits acteurs ? La réaction de l'Iran face aux défis et aux opportunités régionaux au sortir de sa guerre contre l'Irak fut de développer une stratégie offensive/ défensive à la mesure de ses nouvelles ambitions. Ses ressources seraient dorénavant employées à asseoir ses intérêts tout en évitant un conflit ouvert, trop coûteux. Une guerre conventionnelle représenterait par ailleurs un risque majeur pour le régime qui pourrait être aisément défait par une superpuissance. Depuis la révolution islamique, la volonté de ses deux leaders fut de faire de l'Iran le leader autoproclamé de l'Islam chiite afin d'exporter la révolution, et de diffuser son idéologie. Dans ce but, dès avril 1979, à l'aube de la révolution, l'ayatollah Khomeini fonda une entité que nous avons déjà évoqué à plusieurs reprises : le Corps des Gardiens de la Révolution islamique (ci-après abrégé « CGRI »). Chargé à l'origine d'éradiquer les groupes opposés à la prise de contrôle des mollahs, « l'armée du peuple » gagna graduellement en cohésion et en organisation. Bien que l'armée conventionnelle reste le modèle traditionnel des forces de défense du pays, le CGRI est devenu en pratique la principale force militaire en Iran, et échappe totalement au contrôle civil.

Nous avons insisté là-dessus : fort de 125 000 troupes[2], le CGRI dispose aujourd'hui d'une assise colossale dans le pays, de la défense à la politique, en passant par l'économie. Toutefois, pour le sujet qui nous occupe, ce n'est qu'une section de cette institution qui nous intéressera particulièrement. Il s'agit de la division d'intervention extérieure du CGRI, communément appelée « Quds Force »[3]. Fondée au début des années 80, celle-ci est une entité hybride unique au monde alliant des unités de forces spéciales et de renseignement dont le mandat est d'assurer un engagement de faible intensité dans les conflits extraterritoriaux afin de « soutenir les musulmans oppressés ». Au fur et à mesure de son expansion, le groupe multiplia ses interventions dans la région (mais pas exclusivement[4]) ; du Liban au Pakistan,

2 « Iran's Revolutionary Guards », Council on Foreign Relations (mai 2019)

3 « Al-Quds » est le nom arabe de la ville de Jérusalem.

4 « Prosecutor's Death Dims Hopes for Justice in 1994 Attack on Jewish Center », Ezequiel Minaya, Taos Turner et Alberto Messer (*The Wall Street Journal*, janvier 2015).

en passant par l'Irak et le Yémen. Ses modes d'intervention se diversifièrent également entre financement, approvisionnement en matériel divers, support logistique et entrainement. D'une manière générale la Quds Force est le sponsor des proxies de l'Iran dans la mesure où le groupe fournit un support à une multitude d'acteurs engagés dans « l'axe de résistance » (par opposition à « l'axe du mal » évoqué par Bush), ceci dans le but de développer l'influence régionale de l'Iran et de limiter celle de l'Occident[5].

En 1998, le Général Qassem Soleimani fut placé à la tête de la Quds Force. La période d'occupation de l'Irak par l'armée américaine représenta notamment un tremplin pour l'influence du groupe et de son général qui développa une proximité particulière avec le Guide Suprême. L'ascension de l'État islamique à partir de 2014, bien que représentant un défi pour l'Iran, permit à Soleimani d'atteindre l'apogée de son influence dans la mesure où, notamment à travers les milices chiites irakiennes sous son contrôle et les peshmergas kurdes, il parvint à endiguer leur progression. Un ancien agent de la CIA affirmait déjà en 2013, ce qui fut bien compris depuis, que « bien que personne n'ait jamais entendu parler de lui, Soleimani est le plus puissant commandant au Moyen-Orient aujourd'hui »[6]. Il représentait le pilier de la stratégie extérieure iranienne, le centre de gravité de son réseau de proxies et était vraisemblablement l'architecte de la riposte du gouvernement syrien contre les rebelles opposés à Bashar Al-Assad[7]. Il fut assassiné le 3 janvier 2020 à l'aéroport de Bagdad lors d'une attaque de drone engagée par le Pentagon, provoquant l'ire de l'Iran et manquant de déclencher un conflit

5 « Iran's Networks of Influence in the Middle East », (*International Institute for Strategic Studies*, novembre 2019).

6 « The Shadow Commander », Dexter Filkins (*The New Yorker*, Septembre 2013)

7 « Qassim Soleimani›s ‹holy war› will engulf Syria in Sunni-Shia conflict for years to come », Josie Ensor (*The Telegraph*, janvier 2020).

ouvert entre les deux nations dans ce qui fut le pic de tension le plus critique depuis la prise de l'ambassade américaine de 1979[8].

Aperçu de l'influence iranienne au Moyen-Orient

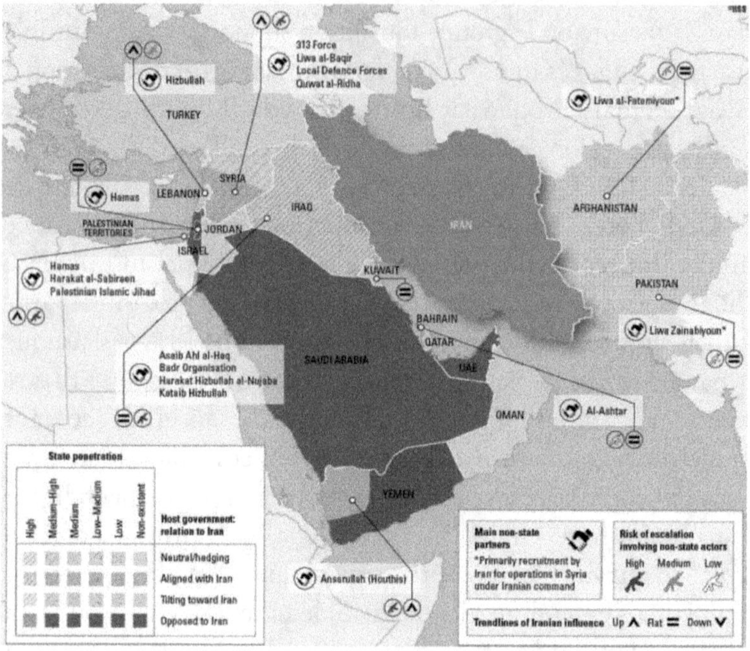

Source : *International Institute for Strategic Studies*

Selon les informations collectées et analysées[9], les 10 dernières années ont vu une expansion considérable en termes de taille et de capacité des partenaires de la Quds Force au Moyen-Orient. En Irak, en Syrie, au Liban, au Yémen et en Afghanistan notamment, l'Iran tente de développer son influence et d'établir

8 « Iran›s Qasem Soleimani: Why the US had him in its sights », (*BBC*, janvier 2020).

9 « War by Proxy: Iran's Growing Footprint in the Middle East », Seth Jones (Center for Strategic & International Studies, Mars 2019).

des couloirs entre les régions afin d'augmenter sa profondeur logistique. Les principaux réseaux de proxies de l'Iran sont le Hezbollah libanais, les houthis yéménites, le Hamas et Djihad islamique palestiniens et, surtout, une multitude de milices en Irak et en Syrie. Chacun de ces groupes est engagé sur un théâtre d'opérations spécifique – bien que, nous l'avons dit, l'objectif de l'Iran est d'accroître leur mobilité –, avec des enjeux tactiques singuliers. Nous développerons dans un instant le type de menace que l'Iran fait peser sur les différentes parties prenantes. Militairement parlant, celle-ci se matérialise notamment par l'abondance de missiles balistiques que possède l'Iran et qu'il dispose sur certains terrains (e.g. au sud de la Syrie et au nord du Yémen). Avec un arsenal étendu allant de l'engin de courte portée (« Shahab 1 » – 300km) au missile de croisière (« Soumar » – 2500km), le pays est virtuellement capable de frappes de précision[10] sur l'ensemble de la région, et dans un périmètre s'étalant du Bangladesh à l'Italie[11].

Les capacités d'intervention de l'Iran et de sa Quds Force ne s'arrêtent pas là. Des formes non-conventionnelles de guerres asymétriques ont été progressivement développées, telles que des tactiques d'essaimages, le déploiement de drones et le recours aux cyberattaques. La force de frappe de l'Iran, exposée avec minutie, vise moins à nuire à ses adversaires qu'à manifester son aptitude à la dissuasion[12]. Ainsi, ce qui lui fait défaut en termes de capacités tangibles et opérationnelles, le pays l'équilibre grâce à un redoutable soft power. D'une certaine manière, toute l'habilité de l'Iran fut de s'être adapté aux circonstances en

10 « Why Iran›s Ballistic Missiles Matter », Kevin Chlan (The National Interest, Mars 2020).

11 Missiles of Iran – CSIS Missile Defense Project.

12 « Iran›s network of influence in Mid-East ‹growing› », Frank Gardner (*BBC*, novembre 2019).

parvenant à bâtir un système produisant des effets maximums pour un coût minimum. En cultivant son réseau d'allégeance, d'influence et d'intervention, ainsi que par le caractère ontologiquement polymorphe de sa présence extérieure, l'Iran jouit d'une certaine immunité face à une éventuelle riposte adverse.

Depuis 2003, la Quds Force a créé, développé, armé, financé, entrainé et transporté un nombre croissant de miliciens chiites (et parfois sunnites) en mesure d'affronter simultanément différents adversaires sur des terrains déconnectés les uns des autres. Le nombre d'individus parmi les proxies iraniens pourrait atteindre 200 000[13]. Cependant, comme nous l'avons évoqué plus haut, le degré de contrôle de l'Iran sur ses substituts vari. Dans certains cas, le pays souhaite influencer leurs actions (e.g. certains éléments talibans), dans d'autres, l'objectif est d'établir un partenariat sur la base d'intérêts communs (e.g. avec les houthis ou le Hezbollah). Il reste que dans la majorité des cas, le contrôle de l'Iran sur ses proxies est direct et total (e.g. sur les milices chiites irakiennes et syriennes). La composante sunnite de certains de ses alliés (e.g. Hamas, Djihad islamique palestinien, Talibans) souligne le fait que les intentions de l'Iran sont, au bout du compte, davantage géopolitiques et pragmatiques qu'idéologiques[14]. En outre, la loyauté de ces groupes envers leur commanditaire est relativement solide, ce qui montre que l'Iran a réussi à éroder l'hostilité arabo-persane centenaire grâce à la recette machiavélique de l'ennemi commun.

Les interventions extérieures de l'Iran ont mis en lumière une stratégie militaire hybride[15] entre techniques de guérilla et

13 « Iran's Allies Target Its Rivals, Risking Conflict », Sune Engel Rasmussen et Isabel Coles (*The Wall Street journal*, Mai 2019).

14 « A secret summit », James Risen (*The Intercept*, novembre 2019)

15 « The Gray Zone », United States Special Operation Command (novembre 2015).

coopération avec à la fois des acteurs étatiques et non-étatiques. Aux côtés de ses partenaires, l'Iran a mobilisé un nombre indéterminé de ses propres troupes – notamment des cadres – sur différentes opérations[16]. En augmentation, la prolifération de ses proxies dans la région alarme ses adversaires qui s'efforcent de les contenir[17]. Il semble que la reconnaissance objective par l'Iran de son infériorité l'a conduit à développer une alternative économico-politico-idéologique particulièrement efficace pour compenser ses lacunes en utilisant un réseau supplétif disséminé lui permettant d'avancer ses pions sans s'exposer directement, proposant par là une occurrence de la formule holistique du tout plus grand que la somme de ses parties[18]. Toujours est-il que la mobilisation par procuration de l'Iran à l'étranger a et continue de provoquer un vif mécontentement au sein de sa population car, si le pays n'envoie certes que peu de ses ressortissants combattre, il mobilise en revanche massivement ses ressources financières limitées, ce qui dans le contexte actuel alimente naturellement la critique. Sur cela, nous reviendrons plus tard. Pour l'heure, tâchons d'explorer un peu plus en profondeur la structure des relations multilatérales de l'Iran.

Moyen-Orient

À la veille de la révolution islamique, l'Iran était incontestablement la première puissance régionale. Depuis, son isolement a grandement détérioré son potentiel économique et ses perspectives diplomatiques. L'Islam politique tel que revendiqué par l'Iran lui a aliéné certains de ses voisins à majorité sunnite qui

16 « Iran quietly deepens involvement in Syria›s war », Hossein Bastani (*BBC*, octobre 2015).

17 « Iran›s Reach in the Middle East Puts U.S. Forces and Israel in Striking Range » (*Haaretz*, mai 2019).

18 « Iran uses proxies to punch above its weight in the Middle East », Dan De Luce et Robert Windrem (*NBC News*, mai 2019).

considèrent le géant chiite comme une double menace. D'abord directe, en termes militaro-économico-politiques. Le pays a en effet un potentiel économique énorme adossé à la seconde plus importante population du Moyen-Orient (derrière l'Égypte) et à une capacité militaire très élevée car performante, en dépit d'un matériel obsolète. D'autre part, ses adversaires sunnites craignent la menace intérieure que représente l'Iran. En effet, sa rhétorique révolutionnaire est, à leurs yeux, un appel à faire des émules et à exporter la révolution, notamment dirigée contre les monarchies. De surcroît, le conflit israélo-palestinien a, depuis la proclamation de la République islamique, énormément pesé dans les relations extérieures de l'Iran. Par conséquent, l'Iran apparaît de plus en plus comme « l'ennemi commun », à ce point craint qu'il serait en mesure d'apaiser les plus anciennes rivalités. Nous allons nous employer à esquisser les relations régionales de l'Iran afin de pouvoir nous situer dans un espace géopolitique défini. Dans la mesure où nous ne pouvons aborder lesdites relations dans toute leur complexité, nous énumèrerons simplement les plus essentielles.

Commençons par le voisin immédiat de l'Iran qui, de l'ennemi juré est devenu le meilleur allié. La chute de Saddam Hussein en 2003 ouvrit une nouvelle ère dans les relations bilatérales entre l'Iran et l'Irak qui, géographiquement parlant, ont des liens multimillénaires ainsi que des imbrications économiques et culturelles importantes – la population chiite mondiale vit principalement dans ces deux pays et y représente la majorité confessionnelle. Pendant le règne d'Hussein, nombreux étaient les leaders irakiens chiites actuels exilés en Iran ce qui, une fois arrivés au pouvoir, a placé les premiers dans une sorte de position de subordination à l'égard du second dont ils sont les débiteurs. Dans le but d'inféoder l'Irak et d'aligner le pays à sa ligne géostratégique, l'Iran s'emploie à actionner plusieurs leviers : soutenir les milices pro-iraniennes – ce dont nous avons déjà parlé –, influencer les leaders politiques, et bâtir de solides connexions économico-culturels[19].

Le premier déplacement officiel du Président Rouhani à Bagdad en mars 2019 ne fut pas anodin. Au-delà des courtoisies diplomatiques de bon ton et des accords cosmétiques, l'Iran veut s'assurer de l'allégeance de son voisin, à fortiori quand la politique des États-Unis à son égard accule le pays de plus en plus. Celui-ci veut maintenant collecter les fruits de sa lutte contre l'État islamique en entérinant sa présence en Irak, faisant valoir une dette informelle. La visite fut également destinée à envoyer un message aux États-Unis, leur rappelant que bien qu'ils contrôlent l'espace aérien, les forces au sol sont à la solde de l'Iran qui bénéficie de la fidélité de son voisin. Au travers des milices en question et des parties prenantes politiques, l'Iran ambitionne de pérenniser son emprise sur l'Irak[20]. Néanmoins, cet état de fait a soulevé de nombreuses critiques et protestations ces 15 dernières années ; la dernière en date, en octobre 2019, dura plus de 3 mois[21]. Antigouvernementales, les manifestations visaient à demander la démission du pouvoir en place, et dénonçaient sa corruption endémique ainsi que sa vassalisation par l'Iran. En effet, l'interventionnisme de l'Iran exaspère de plus en plus une part croissante de la population irakienne – y compris chiite – qui y voit une forme d'impérialisme[22]. De son côté, le pouvoir iranien a labellisé les manifestations comme un complot

19 « Iran-Irak Relations », Kenneth Katzman (*Congressional Research Service*, août 2010).

20 « When Iran goes to Irak : The significance of Rouhani's trip », (*European Council on Foreign Relations*, mars 2019).

21 « Irak in Worst Political Crisis in Years as Death Toll Mounts From Protests », Alissa Rubin (*The New York Times*, décembre 2019).

22 « Why are Iraqi protesters targeting Iranian buildings? », Arwa Ibrahim (*Al-Jazeera*, novembre 2019).

des ennemies de la République islamique afin de détériorer les liens solides qu'elle entretient avec son voisin[23].

Plaçons maintenant notre lentille un peu plus à l'ouest, sur la rive orientale de la méditerranée, et intéressons-nous d'abord au plus petit pays du Levant. Les relations entre l'Iran et le Liban sont principalement définies par le prisme que constitue le Hezbollah (littéralement « Parti de Dieu » en arabe). Celui-ci fut indirectement fondé par l'Iran au début des années 80 avec un double objectif : diffuser l'influence chiite et le leadership iranien dans les pays arabes sunnites environnants, et opposer un adversaire frontal à Israël. Le Hezbollah est à la fois un parti politique conventionnel, disposant de sièges au Parlement (13/122), et une institution militante, dotée d'une branche armée paramilitaire[24]. Depuis sa fondation, son influence politique et sa capacité opérationnelle ont été démultipliées, notamment grâce au soutien financier et matériel intarissable de l'Iran[25]. Aujourd'hui, le Hezbollah représente la pierre angulaire de la stratégie de proxy de l'Iran et reste la menace principale pour Israël.

Face au partenariat Iran-Hezbollah, les États-Unis s'efforcent de créer une dissension pour affaiblir toute forme de connivence avec le gouvernement libanais, sommé de « choisir son camps »[26]. La pression continue des américains qui exhortent le Liban à contenir le Hezbollah impose un arbitrage délicat au pays dont l'économie, vacillante, a des appuis des deux côtés

23 « Iran sees Irak unrest as a plot to undo bilateral ties », (*Al-Jazeera*, octobre 2019).

24 « What Is Hezbollah? », Kali Robinson (*Council on Foreign Relations*, janvier 2020).

25 « Iran - Liban : une relation stratégique ? », Bernard Hourcade (*Confluence Méditerranée*, 2011).

26 « Iran to cement ties with Lebanon, Hezbollah despite U.S. pressure », Parisa Hafezi (*Reuters*, mars 2019).

et risque donc de perdre son fragile équilibre à tout moment. Par ailleurs, le soulèvement en Irak s'est métastasé au pays du cèdre où la corruption, le népotisme et l'inefficacité du gouvernement sont également dénoncés. L'ingérence de l'Iran dans les affaires intérieures du pays est aussi fortement critiquée, faisant craindre à la République islamique une érosion de son influence au Liban, qui lui est capitale pour maintenir son « axe de résistance »[27]. Ainsi, les mouvements protestataires à la fois en Irak et au Liban font craindre à l'Iran, non seulement une fragilisation de ses positions dans la région, mais également que la sédition en vienne à être exportée sur son propre territoire[28].

Une autre alliance est primordiale pour l'Iran. Lorsqu'en 2011 surgit le Printemps arabe, l'Iran a témoigné sa solidarité aux révolutionnaires de tous les pays sauf un, en vertu de ladite alliance[29]. Un pays dont les caractéristiques souvent opposées à celles de la République islamique rendraient à priori une synergie inconcevable mais qui pourtant gît au cœur des enjeux stratégiques iraniens puisque nécessité fait loi : la Syrie. Le concept d'ennemi commun est ici bien entendu encore une fois clé, fût-ce l'Irak d'Hussein, Israël, l'Arabie saoudite ou les États-Unis ; ils ne manquent pas[30]. Cette curieuse coopération a néanmoins d'autres motivations, plus pragmatique. Premièrement, le Hezbollah représente un allié de poids pour la Syrie, en ce sens qu'il est en quelque sorte une police d'assurance et un rempart contre Israël, jouant le rôle d'une force de dissuasion contre une

27 « Irak-Liban : la rue défie l'Iran », Pierre Alonso et Hala Kodmani (*Libération*, novembre 2019).

28 « Why Iran wants the Lebanon and Irak uprisings to fade », Sina Azodi et Giorgio Cafiero (*Atlantic Council*, novembre 2019).

29 « Tehran supports the Arab spring ... but not in Syria », Saeed Kamali Dehghan (*The Guardian*, avril 2011).

30 « Syria and Iran: What's Behind the Enduring Alliance? », Daniel Byman (*Brookings*, Juillet 2006).

éventuelle attaque de l'État hébreu. L'accès au territoire syrien concédé au Hezbollah permet par ailleurs à celui-ci de faire transiter du matériel de l'Iran depuis plusieurs décennies, et à la Syrie de faire valoir ses intérêts au Liban[31]. D'autre part, le soutien de l'Iran, visant lui-même à préserver son axe de résistance, fut primordial à Bashar Al-Assad pour se maintenir au pouvoir lors de la guerre civile syrienne.

En effet, que ce soit via la formation de milices chiites ou par l'intervention du Hezbollah, l'objectif de l'Iran est de sauvegarder son allié en s'opposant aux groupes rebelles qui ont fait vœu de le destituer. À cette fin, et sous le commandement de la Quds Force, les proxies iraniens fournissent un support considérable aux forces gouvernementales syriennes[32], toujours d'actualité à Idlib à l'heure où l'auteur écrit ces lignes. L'ascension de l'État islamique a également dynamisé l'aventure syrienne de l'Iran qui chercha à protéger ses intérêts en Irak et à garantir son propre territoire en définitive. Car en effet, l'Iran considère jusqu'à son existence menacée si le gouvernement d'Assad venait à tomber. Sa sécurité repose sur la plateforme que représente la Syrie dans l'axe de résistance, assurant au Hezbollah une liberté de mouvement clé dans la stratégie de défense iranienne[33]. L'anarchie qui aurait été consécutive à une victoire de l'État islamique, ou la perspective d'une prise de pouvoir des groupes d'opposition soutenus par l'Arabie saoudite et les États-Unis mettraient en péril les intérêts et la survie du régime iranien. En plus de la nécessité pour l'Iran de maintenir en place la courroie de transmission

31 « Syria, Iran, and the Mideast Conflict », Esther Pan (*Council on Foreign Relations,* juillet 2006).

32 « Iran and Syria: An Enduring Axis », Edward Wastnidge (*Middle East Policy Council,* août 2017).

33 « What Iran Really Wants in Syria », Payam Mohseni et Hassan Ahmadian (*Foreign Policy,* mai 2018).

que représente la Syrie, la dimension symbolique est également décisive. Le fait d'être allié à un État arabe à majorité sunnite (bien qu'Assad soit de confession alaouite) renforce la crédibilité et la stabilité de l'Iran dans la région. Ainsi, le Liban, la Syrie et, par extension, l'Irak et la Palestine – Gaza notamment, que le Hamas dirige depuis 2006 – composent l'axe de résistance modelé par l'Iran. Cette relation que la République islamique s'efforce de maintenir symbiotique est mise à l'épreuve par ses opposants, nombreux, et disposant parfois de moyens sans commune mesure.

Parmi les adversaires de l'Iran, il est utile de distinguer ses ennemis de ses rivaux. L'Arabie saoudite est de ceux-ci. Le pays incarne en effet l'antithèse parfaite, géométrique et presque allégorique de l'Iran, sans qu'ils soient, à proprement parler, ennemis. Mentionnons tout d'abord l'évidence du schisme. L'Arabie saoudite, qui se veut le détenteur de l'autorité religieuse sunnite dans le monde, voit le chiisme, dont l'Iran est l'avant-poste, comme une hérésie, une dissension dans l'espace religieux musulman. Dans la mesure où le pays abrite une minorité chiite, l'influence de la République islamique est vue comme menaçante[34]. Néanmoins, ceci n'est qu'anecdotique en comparaison de la dimension idéologique portée par l'Iran, bien plus crainte par le royaume saoudien[35]. En effet, la révolution islamique est, selon les vœux de ses auteurs (ou héritiers), un produit exportable dont le leitmotiv est la libération des musulmans. Une formule qui vise spécifiquement les régimes monarchiques, dont l'Iran a longtemps subi le joug, et qui caractérise les États du Golfe.

34 « Fear and loathing in Saudi Arabia », Kenneth Pollack (*Brookings*, janvier 2016).

35 « Why Saudi leaders keep making bad decisions: they›re scared », Jennifer Williams (*Vox*, janvier 2016).

Ainsi donc, le soft power iranien trouble les nuits de l'aristocratie du royaume wahhabite[36] qui, on le comprendra, ne souhaite pas connaitre le destin jadis réservé au Shah. Les deux États s'affrontent, par tiers interposés, sur deux principaux terrains : en Syrie, où l'Arabie saoudite soutient les groupes rebelles opposés à Assad ; et au Yémen, où l'Iran soutient la rébellion des houthis contre le pouvoir de Sanaa, soutenu par l'Arabie saoudite. Le détroit d'Ormuz, où une partie conséquente de l'approvisionnement mondial en énergie transite, est également un point chaud, régulièrement en ébullition. Toujours est-il que les deux puissances ne sont pas enclines à un conflit direct[37], tout du moins pas sans escalade majeure. Ce fut peut-être proche d'être le cas lorsque, le 14 septembre 2019, une attaque de drones cibla une raffinerie de Saudi Aramco, compagnie pétrolière nationale d'Arabie saoudite, l'incapacitant partiellement pendant deux semaines en allant jusqu'à diviser par deux sa production, paralysant 5 % de l'approvisionnement mondial.

Bien qu'aucune preuve formelle n'ait été présentée jusqu'ici par les différentes commissions d'enquêtes internationales, il semble sans équivoque que l'initiative fut prise par l'Iran[38]. Vraisemblablement, cette décision téméraire avait deux objectifs : imposer un coup au prestige et à l'économie américaine en attaquant d'un allié sous sa protection et démontrer les capacités opérationnelles de l'Iran à travers une frappe précise et minutieusement calculée dans ses effets escomptés (pas de

36 Courant fondamentaliste de l'islam, fondé et principalement suivi en Arabie saoudite, qui prône la pratique de la religion telle qu'elle l'était au temps du prophète Mohammed.

37 « Why Saudi Arabia and Iran are bitter rivals », Jonathan Marcus (*BBC*, septembre 2019).

38 « Special Report: 'Time to take out our swords› - Inside Iran's plot to attack Saudi Arabia », Michael Georgy (*Reuters*, novembre 2019).

pertes humaines, mais un coup terrible porté à l'économie saoudienne ; difficulté de relier le pays à l'attaque, mais suggérer qu'il en est l'instigateur)[39]. Ainsi, l'Iran réaffirme sa détermination à débarrasser la région de la présence américaine, notamment en s'en prenant à ce qu'il considère comme ses avant-postes. L'Iran et l'Arabie saoudite, dans toutes les dimensions de leur existence, sont presque ontologiquement une dichotomie.

Le rôle joué par Émirats arabes unis est relativement accessoire dans la mesure où sa position est, d'une manière générale et à l'instar de Bahreïn, alignée sur celle de Riyad[40]. S'agissant du Qatar, en revanche, l'antagonisme mutuel vis-à-vis de l'Arabie saoudite a rapproché les deux États qu'à priori tout oppose. Bien que leurs intérêts ne convergent pas toujours et que le Qatar doive jouer les équilibristes devant le Conseil de Coopération du Golfe[41], l'alliance avec l'Iran est stratégique pour les deux pays, notamment en termes d'échanges commerciaux – ils partagent le plus grand champ gazier de la planète – et d'influence géopolitique. Par ailleurs, le Qatar cherche à renforcer sa crédibilité internationale en proposant ses offices de médiateur dans le conflit qui oppose l'Iran aux États-Unis[42], s'efforçant par la même occasion d'afficher une certaine neutralité.

Nous conclurons cette section en insistant sur la relation de loin la plus électrique de la région qui est bien sûr celle que l'Iran entretient avec Israël, l'ennemi juré. Après la proclamation de son indépendance en 1948, les rapports entre Israël et l'Iran

39 « The Genius Logic Behind Iran›s Attack On Saudi Arabia›s Oil Facilities », Stratfor Worldview (*The National Interest*, mars 2020).

40 « The Middle East's New Battle Lines », United Arab Emirates, Ebtesam Al-Ketbi (*European Council on Foreign Relations*, mai 2018).

41 « Security and Bilateral Issues between Iran and its Arab Neighbours », Iran – Qatar Relations, Mehran Kamrava (Palgrave Macmillan, 2017).

42 « GCC dispute pushes Iran and Qatar closer but with caveats », Giorgio Cafiero et Andreas Paraskevopoulos (*Atlantic Council*, juin 2019).

se renforcèrent graduellement et, s'ils ne sont jamais devenus symbiotiques, sont toujours demeurés cordiaux et économiquement fructueux ; jusqu'à ce que le Shah soit renversé tout du moins. L'avènement de la République islamique marqua progressivement la rupture des relations bilatérales entre les deux États. Geste hautement symbolique, l'ambassade d'Israël à Téhéran fraichement évacuée en février 1979 fut cédée à l'Organisation de Libération de la Palestine (OLP)[43]. L'hostilité manifestée par l'Iran envers le « Petit Satan » monta crescendo jusqu'à la fin de la première guerre du Golfe où l'opposition idéologique, liée à la question de la Palestine occupée, se trouva combinée à la menace que faisaient peser les relations de l'État hébreux avec les États-Unis sur les intérêts de l'Iran dans la région.

Ainsi, un opportunisme certain mêlé à la volonté de couper l'herbe sous le pied des États arabes dont l'indifférence à la situation en Palestine devenait de plus en plus manifeste fit se déclarer l'Iran comme le porte étendard de la lutte contre « le régime sioniste ». Avant même la chute de Saddam Hussein, l'Iran était devenu la menace stratégique la plus critique pour Israël. Alors que la rhétorique acrimonieuse entre les deux pays s'enflammait à la fin des années 90, la menace parallèle du Hezbollah et du Hamas en Israël acheva de condamner la relation entre les deux États. L'animosité atteint son pic lors de la présidence Ahmadinejad, qui appela entre autres à l'extermination d'Israël et diffusa ses vues négationnistes sur l'Holocauste[44]. Cette dispute, depuis qu'elle existe, a en son cœur un enjeu clé qui est celui du nucléaire iranien. Nous reviendrons là-dessus ultérieurement mais mentionnons toutefois qu'Israël

43 « From Friends to Foes: How Israel and Iran Turned Into Arch-enemies », David Green (*Haaretz*, mai 2018).

44 *Ibid*

voit là une question existentielle qui l'a poussé à peser de tout son poids auprès de la communauté internationale – et notamment du Congrès américain – et à entreprendre certaines actions militaires préventives pour ébranler – ou au moins ralentir – les ambitions nucléaires iraniennes[45].

Par conséquent, depuis les années 90 où l'agressivité de l'Iran sembla se renforcer à l'instar de ses ambitions nucléaires, Israël modela sa politique étrangère et la plupart de ses actions internationales pour tenter d'y répondre. La doctrine de la périphérie[46] autrefois adoptée par l'État hébreux pour faire face à ses ennemis arabes fut totalement renversée, conservant néanmoins exactement le même objectif, survivre, et surtout la même rationalité : l'ennemi de mon ennemi peut être mon ami. Ainsi, afin de contrer la menace iranienne, les 10 dernières années ont vu un rapprochement notoire – amplifié récemment – d'Israël avec ses voisins arabes. Afin de préserver les apparences et pour caresser leurs populations locales, ces relations émergentes sont longtemps restées tues par les États arabes et n'impliquaient pas d'ambassades ou de liens diplomatiques directs (à l'exception de l'Égypte et de la Jordanie, pour différentes raisons pratiques). En août et septembre 2020 respectivement, les Émirats Arabes Unis et Bahreïn ont déclaré, provoquant le retentissement qu'on imagine, la normalisation dans leurs relations avec Israël. Ces connexions de l'ombre sont mues par l'impératif pragmatique de l'intérêt commun car l'idéologie n'est en définitive qu'une variable quand l'intérêt, lui, est une constante. Si l'objectif premier est d'endiguer la menace iranienne, cette entente est étendue à celle, plus modérée mais toutefois épidermique, que représente la Turquie de Recep Tayyip Erdoğan.

45 *Ibid.*
46 « Iran's revolution, 40 years on : Israel's reverse periphery doctrine », Natan Sachs (*Brookings*, janvier 2019).

Par ailleurs, le soutien inconditionnel de l'Iran à la résistance palestinienne n'est pas neutre et engage une dimension idéologique. En effet, la République islamique et Israël ont ceci en commun qu'ils craignent les nationalismes arabes et leurs appels au panarabisme[47], notamment portés en leurs temps par Gamal Abdel Nasser, Saddam Hussein et Yasser Arafat. En ce sens, le régime iranien voudrait polariser la question palestinienne autour du caractère religieux du conflit et du droit des musulmans à disposer de la terre sainte plutôt qu'en vertu d'une revendication nationaliste ; ceci se manifestant notamment par le soutien de longue date au Hamas plutôt qu'à l'OLP. L'Iran, conscient de sa particularité ethnique dans la région, cherche à prendre l'ascendant en utilisant le vecteur de l'Islam qui lui permet théoriquement de fédérer, en dépit du schisme qui le sépare de la plupart de ses voisins. La cause palestinienne est donc un objet que l'Iran instrumentalise pour asseoir à la fois sa position de héraut de la révolution islamique et sa qualité de rempart contre l'hégémonie américaine, matérialisée dans la région par Israël.

Enfin, visant à y contrarier les vœux de pérennisation du Hezbollah, l'accroissement des frappes aériennes entreprises par Israël au Liban, en Syrie et en Irak ces dernières années font craindre une escalade dans une zone déjà hautement inflammable[48]. Dans la mesure où les enjeux stratégiques, économiques et énergétiques sont colossaux dans la région, les puissances globales, et surtout occidentales, n'y sont pas en reste d'interventionnisme. Le dernier point de cette partie sera donc consacré aux relations que l'Iran entretient avec certaines d'entre elles.

47 « Why can›t Iran and Israel be friends? », Navid Hassibi (*The Guardian*, février 2014).

48 « Israel›s shadow war with Iran risks triggering wider conflict », Saphora Smith, Linda Givetash et Lawahez Jabari (*NBC News*, août 2019).

Occident

Avant d'aborder dans un instant le cœur de notre sujet, penchons-nous brièvement sur les relations que l'Iran entretient avec les 3 principales puissances occidentales. Rappelons au lecteur que l'Iran n'a, à proprement parlé, jamais été colonisé, bien que la domination britannique, notamment sur les structures économiques, fut pour un temps très importante. Les puissances en question ont un point commun dans leurs relations avec l'Iran : toutes ont basculé à l'avènement de la République islamique. Fortement détériorées d'abord, elles ont évolué de manière erratique, avec néanmoins une tendance à la hausse, particulièrement depuis la disparition de l'ayatollah Khomeini. Pour traiter de la question qui nous occupera bientôt, il est nécessaire d'appréhender la perception de l'Iran par l'occident, et notamment par les États-Unis ; alors seulement les enjeux associés pourront être totalement saisis.

C'est d'abord culturellement que la France s'imposa en Iran. Pendant le règne du Shah, le français, fortement apprécié dans les milieux aristocratiques, est une langue de la Cour impériale iranienne tandis que les échanges culturels établissent des ponts entre les deux pays. Bien que la France fût comprise dans le « ni est, ni ouest » prôné par Khomeini, le fait que le pays eut accordé l'asile à ce dernier pendant son exil lui permis dans un premier temps de surseoir à la rupture et de conserver ses lettres de noblesse. L'afflux de réfugiés iraniens – dont des opposants au régime et d'anciens membres du gouvernement du Shah – fuyant en France la République islamique vint dans un premier temps ternir les relations bilatérales. Lorsque la guerre Iran-Irak éclata et que la France pris officieusement position en faveur de ce dernier, notamment en lui prêtant cinq avions Super-Étendards munis de missiles Exocet qui paralysèrent les supertankers iraniens, la rupture fut consommée. La réponse de la République islamique ne se fit pas attendre : celle-ci commandita vraisemblablement l'attentat contre le poste Drakkar à Beyrouth en guise de représailles, tuant 58 parachutistes français en 1983[49].

S'ouvrit alors une période querelleuse et délétère entre les deux pays où le conflit qui les opposa aboutit à la prise d'otages de ressortissants français au Liban, à l'organisation d'attentats en France et à des assassinats, notamment celui de Chapour Bakhtiar, dernier premier ministre du Shah, réfugié en France[50]. Au cours des années 90, et à la faveur d'un président iranien enclin à l'ouverture – le réformiste Mohammad Khatami –, la raison d'État l'emporta et les tumultueuses relations avec l'Iran se stabilisèrent peu à peu[51]. Toutefois, le dossier du nucléaire iranien qui émergea en 2003 mit fin à l'embellie, à fortiori suite aux élections respectives d'Ahmadinejad – infréquentable aux yeux des Occidentaux à cause de ses prises de position extrêmes – et de Nicolas Sarkozy qui initia un alignement de la France sur la politique américaine[52]. Ce n'est qu'en 2013 après l'élection de Rouhani qu'une nouvelle reprise fut initiée. Les relations se sont depuis cristallisées autour de la question du nucléaire.

S'agissant du Royaume-Uni, il y a peu à dire si ce n'est qu'il exerça un contrôle économique notoire des ressources en Iran pendant la première moitié du XXe siècle, notamment à travers l'Anglo-Iranian Oil Company. En 1951, Mohammed Hedayat (dit « Mossadegh »), alors député au Parlement et jouissant d'un immense soutien populaire, fit voter la nationalisation de

49 « Attentat du Drakkar à Beyrouth le 23 octobre 1983 : 58 morts », Véronique Laroche-Signorile (*Le Figaro*, octobre 2018).

50 « La France, la guerre Iran-Irak et les affaires... », Pierre Razoux (*Libération*, septembre 2010).

51 « Les relations France-Iran, entre ouvertures et tensions », Jonathan Piron (*Middle East Eye*, mars 2019).

52 *Ibid.*

l'AIOC, provoquant l'ire des Anglais. À la suite de complexes discussions multilatérales, les Américains, craignant que l'Iran puisse tomber sous l'influence de Moscou, concédèrent une intervention au Royaume-Uni. Les opérations conjointes « Ajax » (CIA) et « Boot » (MI6) ainsi initiées visèrent en 1953 à renverser Mossadegh, démocratiquement élu, et à renforcer le contrôle monarchique de Mohammed Reza Pahlavi sur le pays[53]. Ceci ancra durablement un sentiment de défiance à l'égard de la Couronne dans la mémoire collective iranienne. Le réveil brutal en occident face à l'Iran postrévolutionnaire fit suivre à la courbe des relations irano-britanniques sensiblement la même évolution que celle de la France. Longtemps interrompues, les relations diplomatiques entre les deux pays se sont progressivement restaurées à l'arrivée à la présidence de Rouhani[54]. Toutefois, c'est bien outre-Atlantique que se polarise l'antagonisme avec l'Iran et où convergent tous les enjeux géostratégiques qui y sont liés.

La première interaction significative des États-Unis avec l'Iran eut lieu lorsqu'en 1953 Mossadegh fut évincé par le coup d'État que nous venons d'évoquer. Un quart de siècle plus tard, la Conférence de Guadeloupe scella le destin du Shah, abandonné par ses alliés occidentaux qui apportèrent leur soutien tacite à la révolution de Khomeini, dans l'espoir que changer leur fusil d'épaule au moment opportun leur permettrait de conserver leurs intérêts respectifs en Iran. Nous le savons maintenant, tous furent fort désappointés. La désillusion fut d'autant plus fulgurante pour les États-Unis que, neuf mois seulement après la révolution, leur ambassade à Téhéran fut prise d'assaut. Ceci marqua le début d'une hostilité particulièrement intense entre les deux pays, plus prononcée encore que celle entretenue

53 « CIA admits role in 1953 Iranian coup », Saeed Kamali Dehghan et Richard Norton-Taylor (*The Guardian*, 2013).

54 « British embassy in Tehran reopens four years after closure », (*BBC*, août 2015).

entre l'Iran et les autres pays occidentaux. Soulignons toutefois la corrélation entre les évènements de 1953 et ceux de 1979. La réputation d'interventionniste des États-Unis n'étant déjà plus à faire, il semble que l'accueil du Shah à New York après sa fuite ait provoqué un épisode de réminiscence intergénérationnelle chez les étudiants qui envahirent l'ambassade américaine. La crainte – qu'on ne saurait leur reprocher – d'un nouveau coup d'État a semble-t-il conduit lesdits étudiants dans cette entreprise désespérée pour crier leur droit à la souveraineté. En ce sens, l'attaque de l'ambassade américaine s'inscrirait davantage dans le cadre d'une action politique réfléchit et motivée par un recul historique plutôt que dans celui d'une frénésie fanatique[55].

Toujours est-il que la rhétorique enflammée de Khomeini vilipendant le « Grand Satan » rendit ceux-ci furieux de s'être à ce point trompé à son sujet, surtout quand celui-ci aurait préalablement donné des garanties aux Américains leur assurant que leurs intérêts dans le pays ne seraient pas lésés par la transition[56]. L'attitude courtisane de Khomeini envers les États-Unis, sitôt métamorphosée une fois le pouvoir conquis, ne fut ni une contingence, ni une exception. L'ensemble de la presse internationale avait été séduite par l'aura du vieil homme d'abord, par ses discours ensuite. Ceux-ci étaient préparés à l'avance et, de la matière brute exprimée par Khomeini, habilement transcrits sous une forme policée et occidentalo-compatible maniant avec dextérité le champ lexical des droits de l'homme[57]. De nombreux intellectuels de l'époque tels que Jean-Paul Sartre, Simone de Beauvoir ou encore Michel Foucault

55 « What the press gets wrong on the US-Iran relationship », Andrew Lee Butters (*Columbia Journalism Review*, mai 2019).

56 « US had extensive contact with ayatollah Khomeini before Iran revolution », Saeed Kamali Dehghan et David Smith (*The Guardian*, juin 2016).

57 « La prise du pouvoir par l'ayatollah Khomeini », Yann Richard (*L'Histoire*, mars 2009).

furent envoûtés par ce religieux aux allures de vieux sage qui méditait sous un pommier ; Foucault allant jusqu'à le qualifier de « saint homme exilé à Paris ». Sans doute parce que Khomeini représentait l'idole fantasmagorique du libérateur populaire, récurrente à l'époque mais pas au Moyen-Orient, il fut idéalisé, presque personne jugeant nécessaire d'enquêter sur le personnage. Ainsi, la communauté internationale ensorcelée et la bénédiction de l'ouest sécurisée, c'est un boulevard qui s'ouvrit devant Khomeini et un atterrissage prématuré qui s'imposa pour le reste du monde. Depuis, les relations avec les États-Unis ont été ponctuées de tensions itératives, frôlant parfois l'affrontement direct.

En 2002, dans son discours sur l'état de l'union, devant le Congrès américain, George W. Bush inscrivit l'Iran dans son « axe du mal », entérinant la diabolisation du pays et sa mise au ban de la communauté internationale. Dans la foulée, la révélation de l'existence d'un programme nucléaire secret en Iran acheva de ternir sa réputation et conduisit les États-Unis à enquêter agressivement pour produire la preuve d'une application militaire[58]. S'ouvrit alors une décennie caractérisée par les tentatives internationale de désamorcer le programme nucléaire iranien, notamment en imposant une succession de mesures coercitives à l'encontre du pays.

58 « U.S. Uses Drones to Probe Iran For Arms », Dafna Linzer (*The Washington Post*, février 2005).

DEUXIÈME PARTIE

Le nucléaire et les sanctions

L'Académie française définit une « sanction » dans son sens juridique comme « Moyen, mesure prévus pour assurer l'exécution ou le respect d'une loi, d'un règlement, etc. » Par extension, il s'agit de « Toute punition administrée en châtiment d'une désobéissance, en réparation d'une faute. » C'est en gardant cette définition en tête qu'il nous faut aborder cette seconde partie. En effet, il sera ici question essentiellement de rapports de causes à effets, d'actions et de réactions, si bien que l'éclairage prodigué par cette définition élémentaire solidifiera notre approche et notre compréhension des événements. Nous traiterons essentiellement d'une opposition ; une opposition idéologique, viscérale, presque ontologique, totale. Nous ne ferons l'épistémologie ni de la physique nucléaire, ni du droit international, mais notre propos se tiendra au carrefour des deux. Nous exposerons un conflit d'une envergure telle qu'il influence sensiblement les politiques extérieures d'une grande partie du monde et nous parlerons du destin d'une nation qui, sentant sa stabilité perpétuellement menacée préfère, à raison ou à tort, se faire paria qu'aligné.

L'Iran est, nous l'avons vu, un pays complexe, tant par son histoire que par sa configuration contemporaine. Sa singularité a peu fait, c'est un euphémisme, pour sa popularité. La révolution a laissé des stigmates, tant dans son tissu social que dans ses relations internationales, le marginalisant depuis l'avènement des mollahs. Toujours est-il que l'absolutisme des années Khomeini s'est peu à peu tari depuis sa mort et, si l'Iran n'est toujours pas un modèle de progressisme, s'y est insinué, comme partout, à terme, un pragmatisme objectif. Face à un monde dynamique dont les composantes voient leurs connexions se multiplier à un rythme exponentiel, il devint de plus en plus difficile pour l'Iran de rester en marge. Alors, d'une dispute particulièrement intense émergea l'espoir d'un État revitalisé, accepté – ou à tout le moins toléré – à la table du monde. Mais les espoirs sont fragiles et la réalité plus encore, rappelant que même lorsque l'ascension s'achève, l'abîme ne s'éloigne que bien peu.

CHAPITRE III

L'atome et le bâton

Assistant abasourdi à la première manifestation de la puissance dévastatrice dont il avait doté l'homme, Robert Oppenheimer, se remémorant un passage du *Bhagavad-Gita*, aurait prononcé ces mots : « Je suis devenu la mort, le destructeur des mondes. » Peu de temps après, l'utilisation de cet outil funeste devait achever la Seconde Guerre mondiale, pour ensuite entretenir la psychose collective durant les 40 années qui suivirent, dans cette Guerre Froide faisant sans cesse craindre la fournaise. Il fut décidé dans cet intervalle que la possession d'un tel instrument devait rester un privilège – ou une malédiction – réservé aux membres d'un club à la liste très restreinte, ceci afin de prémunir le monde d'une réalité dans laquelle la menace nucléaire serait proliférante et donc omniprésente. Ainsi entre en scène l'Iran. Marginalisé depuis la révolution, le pays cristallisait alors la défiance et la crainte. L'hostilité presque palpable entretenue entre l'Iran et les États-Unis se matérialisa par une série de mesures économiques prise par le second pour tenter de dompter le premier. Ces tentatives, globalement infructueuses, furent démultipliées et multilatéralisées lorsqu'au grand jour éclata la question du « programme nucléaire iranien », qui devait bientôt devenir l'intrigue géopolitique la plus débattue de ce début de XXIe siècle.

Les enjeux du nucléaire iranien

Le programme nucléaire iranien remonte aux années 1950. Dans la continuité du planning de développement mis en place par le Shah et grâce à l'assistance technique des États-Unis dans le cadre de leur initiative « Atoms for Peace », le premier réacteur nucléaire fut bâti en Iran en 1967[1] et est toujours actif aujourd'hui. Il s'agit d'une centrale, le « Centre de Recherche Nucléaire de Téhéran », équipée d'un réacteur nucléaire de 5 mégawatts fonctionnant à l'uranium hautement enrichi (±93 %, ultérieurement abaissé à moins de 20 %). Cette transition énergétique s'inscrivait dans une dynamique portée par le Shah qui ambitionnait la construction d'une multitude de centrales à travers le pays dans l'optique d'atteindre un potentiel énergétique de 23 000 mégawatts à l'orée du XXIe siècle. En 1970, l'Iran ratifia le Traité de Non-Prolifération (TNP) des armes nucléaires et de leur technologie[2] qui vise à endiguer leur propagation, à promouvoir un usage pacifique de la technologie associée et à encourager le désarmement progressif.

Avant d'aller plus loin, une parenthèse technique s'impose. Pour être en mesure d'appréhender certaines subtilités qui seront développées par la suite, le lecteur a intérêt à être familier avec certaines caractéristiques de la technologie nucléaire. Afin d'alimenter un réacteur nucléaire, il faut disposer d'un combustible dont la proportion d'uranium 235 (U-235) se situe entre 3 et 5 %. Cet élément compose lui-même à hauteur de 0,7 % l'uranium

1 « An atomic threat made in America », Sam Roe (*Chicago Tribune*, janvier 2007).

2 Treaty on the Non-Proliferation of Nuclear Weapons (NPT) – 1968 (*United Nations Office for Disarmament Affairs*).

naturel, métal somme toute très commun, relativement répandu dans la croûte terrestre – 1000 fois plus que l'or – mais qui, à l'instar de la plupart des métaux, ne se trouve pas dans la nature sous sa forme pure. Le processus d'extraction de de l'U -235 à partir de l'élément naturel raffiné précède la concentration artificielle de cet isotope dans l'uranium – ou « enrichissement » –, ce qui est nécessaire pour parvenir à provoquer la fission nucléaire libératrice d'énergie. À cette fin, la principale méthode de scission est l'ultracentrifugation qui consiste à séparer, via un processus thermodynamique dans une centrifugeuse tournant à grande vitesse, l'U-235 de l'élément appauvri.

Ainsi, une centrale nucléaire traditionnelle opère en utilisant de l'uranium enrichi à hauteur de 3-5 % d'U-235. Une concentration jusqu'à 20 % peut néanmoins être envisagée à des fins de recherches. Passé ce seuil, le matériau est alors désigné comme « uranium hautement enrichi » et peut déjà être envisagé pour un usage militaire, notamment pour la construction d'une bombe nucléaire rudimentaire – similaire à « Little Boy », l'engin lancé sur Hiroshima en 1945. L'uranium enrichi à hauteur de ≥90 % est dit de qualité militaire et peut dès lors servir à la construction d'armes de destruction massive perfectionnées, notamment via la miniaturisation et le montage sur un missile balistique. Le procédé est en revanche long et fastidieux, nécessitant plusieurs milliers de centrifugeuses pour le mener à bien (i.e. le temps nécessaire à l'enrichissement est inversement proportionnel au nombre de centrifugeuses employées). Par ailleurs, le processus d'enrichissement est particulièrement complexe dans l'espace du premier quintile[3].

La parenthèse maintenant close, revenons à notre propos. À l'aube de la République islamique, la plupart des ingénieurs et

3 « Nucléaire iranien : pourquoi l'accord prévoit-il un seuil maximal d'enrichissement de l'uranium ? », Jérémie Baruch, (*Le Monde*, juillet 2019).

experts du nucléaire fuirent le pays[4]. Ceci associé au rejet de cette technologie par l'ayatollah Khomeini conduisit le projet du Shah, au bord de l'effondrement, à être suspendu sine die. En 1988, alors que l'intérêt d'un programme nucléaire avait ressuscité en Iran quatre ans plus tôt en pleine guerre contre l'Irak, la Commission Nationale de l'Énergie Atomique argentine signa un accord[5] avec l'Iran pour l'aider à convertir la centrale de Téhéran afin qu'elle puisse fonctionner sur la base d'uranium faiblement enrichi à 19,9 %. L'accord stipule également que l'Argentine fournira ledit matériau à l'Iran, ce à quoi les États-Unis opposèrent une pression diplomatique qui ralentit la réalisation du contrat jusqu'en 1993. Bien que ce ne fut jamais formellement prouvé, certains ont allégué un lien entre ce contentieux contractuel et les attaques terroristes visant la communauté juive en Argentine au début des années 90 comme étant le moyen employé par l'Iran pour faire pression sur le pays[6]. En 1995, dans le cadre de leur accord bilatéral de coopération nucléaire signé 3 ans auparavant, la Russie s'engagea à poursuivre la construction des deux réacteurs nucléaires iraniens du site de Bushehr, débutée par l'Allemagne mais abandonnée après la révolution[7]. Sous la pression américaine, la coopération russo-iranienne s'est officiellement arrêtée là, interrompant des projets parallèles. Un projet voisin avec la Chine fut également suspendu pour les mêmes raisons.

4 « Iran›s Strategic Weapons Programmes: A Net Assessment », Gary Samore (International Institute for Strategic Studies, 2005).

5 « Amendment to Agreement between the International Atomic Energy Agency and the Government of Iran for assistance by the Agency to Iran in establishing a Research Reactor Project » (*United Nations International Atomic Energy Agency*, 1988).

6 « Bush's Iran/Argentina Terror Frame-Up », Gareth Porter (*The Nation*, janvier 2008).

7 La centrale en question entra en service en 2011, générant 700 mégawatts d'électricité.

Les évènements se précipitèrent lorsqu'en août 2002, une conférence de presse du Conseil National de la Résistance Iranienne – affilié au mouvement des Moudjahidin du peuple – en exil révéla l'existence, confirmée 4 mois plus tard par des photos satellites, de deux sites nucléaires secrets en Iran : une installation d'enrichissement à Natanz et un réacteur à eau lourde[8] à Arak[9]. Bien que l'existence de ces sites était vraisemblablement déjà connu des Américains[10], les révélations provoquèrent une levée de boucliers internationale face à ce qui était maintenant globalement accepté comme « la menace nucléaire iranienne ». À partir de 2003, sous pression internationale, le pays accepta de suspendre ses activités d'enrichissement et concéda à l'Agence Internationale de l'Énergie Atomique (AIEA) des Nations Unies un accès étendu à ses installations nucléaires. Mohammad Javad Zarif, alors ambassadeur de l'Iran auprès des Nations Unies à New York, écrivit plus tard dans le *Journal of International Affairs*[11] de l'université de Columbia que les entraves répétées de Washington vis-à-vis du programme nucléaire iranien n'ont laissé à ceux-ci d'autres choix que d'agir discrètement, « s'abstenant de dévoiler les détails du programme afin d'éviter les restrictions et autres obstacles » émanant des États-Unis. L'Iran dès lors n'aura de cesse de clamer que son programme est fondé sur des préoccupations strictement civiles et que le pays n'a nulle intention d'acquérir ou de développer un arsenal nucléaire[12].

8 L'eau lourde désigne l'oxyde de deutérium ($D_{2O)}$ qui agit comme un modérateur lors des réactions nucléaires.

9 « Iran's Nuclear Program: Status » (*Congressional Research Service*, décembre 2019).

10 « That Secret Iranian 'Nuclear Facility' You Just Found? Not So Much. », Jeffrey Lewis (*Foreign Policy*, mars 2015).

11 « Iran's Nuclear Program », Nestor Bailly et Greg Bruno (*Council on Foreign Relations*, mars 2010).

12 *Ibid.*

Les investigations de l'AIEA conclurent que, bien que l'Iran ait échoué à se conformer aux exigences du TNP relatives à la transparence de son programme nucléaire, aucune preuve n'a pu étayer les suspicions d'un programme alternatif militaire[13]. Cependant, l'élection d'Ahmadinejad fit s'écrouler le processus diplomatique quand, en août 2005, il notifia l'AIEA de la reprise de l'enrichissement au sein de la nouvelle usine d'Ispahan en vertu du droit de l'Iran à assurer son autosuffisance énergétique, interrompant les négociations en cours avec l'E3 (i.e. Royaume-Uni, France, Allemagne)[14]. Lorsque, en février 2006, l'Iran reprit ses activités d'enrichissement au sein de l'usine de Natanz, l'AIEA saisit le Conseil de Sécurité des Nations Unies qui appela dans un premier temps le pays à se conformer aux exigences de l'agence[15]. En juin, les cinq Membres Permanents du Conseil de Sécurité plus l'Allemagne (P5+1) offrirent à l'Iran la possibilité de lui fournir une technologie nucléaire civile avancée en échange de la suspension de l'enrichissement domestique[16]. L'absence de réaction de l'Iran conduisit le Conseil de Sécurité à voter à l'unanimité la Résolution 1737 qui exhorta l'Iran d'abandonner ses activités d'enrichissement, lui imposa un embargo sur les technologies nucléaires et balistiques et gela les avoirs à l'international de plusieurs entités et individus ayant des liens avec le programme nucléaire[17].

13 *Ibid*

14 « Iran in showdown with EU over its nuclear ambitions », Anne Penketh (*The Independent*, août 2005).

15 « Text on Iran›s Nuclear Work Is Under Study by U.N. Council », Warren Hoge (*The New York Times*, mars 2006).

16 « Iran offered ‹carrot and stick› deal », Angus McDowell et Anne Penketh (*The Independent*, juin 2006).

17 « United Nations Security Council Resolution 1737 » (Adoptée le 23 décembre 2006).

En dépit de l'injonction du Conseil de Sécurité, le gouvernement Ahmadinejad lui opposa une fin de non-recevoir, générant l'adoption de deux Résolutions supplémentaires. En septembre 2009, la révélation de l'existence d'une seconde usine d'enrichissement à Qom, dans un complexe souterrain d'une base des Gardiens de la Révolution[18] amplifia la magnitude du problème. Après plusieurs tentatives avortées de négociations, en février 2010, Ahmadinejad annonça avoir l'intention de poursuivre l'enrichissement à hauteur de 20 % et d'augmenter le nombre d'usines afin d'accroître la capacité nucléaire du pays (e.g. réduire le délai nécessaire à la fabrication d'une bombe nucléaire). À ce stade, une cascade de sanctions émanant à la fois des États-Unis, de l'Union européenne et de l'ONU s'abattit sur l'Iran afin de le forcer à la table de négociation. En novembre 2011, un rapport[19] de l'AIEA établit, sans pouvoir le prouver formellement, que de fortes suspicions existent quant à l'existence d'un programme de développement d'armes nucléaires en Iran avant 2003, dont certaines dimensions pourraient encore être d'actualité. Ceci accru encore le nombre de mesures coercitives appliquées à l'encontre de l'Iran.

L'année 2012 fut à son tour le théâtre de l'enlisement. Plusieurs rounds de négociations échouèrent, et l'Iran continua d'augmenter sa capacité d'ultracentrifugation tout en maintenant constant le niveau de production d'U -235 ainsi que sa concentration (≤20 %). Dans son intervention devant l'Assemblée Générale des Nations Unies en septembre, le premier ministre israélien, Benyamin Netanyahu, avertit que le franchissement de la

18 « U.S. and Allies Warn Iran Over Nuclear 'Deception' », David Sanger and William Broad (*The New York Times*, septembre 2009).

19 « Implementation of the NPT Safeguards Agreement and Relevant Provisions of Security Council Resolutions in the Islamic Republic of Iran », (*Rapport du Directeur Général de l'AIEA*, novembre 2011).

ligne rouge dessinée par son pays – une production supérieure à 250 kg d'uranium enrichi à 20 % – aboutirait à des frappes préventives contre les installations nucléaires iraniennes[20]. Fort heureusement, l'élection de Rouhani en juin 2013 insuffla un nouvel élan aux négociations. Une série d'entretiens, la plupart à Genève, aboutirent finalement à un accord préliminaire entre l'Iran, le P5+1 et l'AIEA[21].

Nous verrons en détail plus en aval comment s'est traduit ce plan préliminaire et s'il a été implémenté. Depuis son émergence en 2003, la question sensible du nucléaire en Iran s'est notamment cristallisée autour de la notion quelque peu ésotérique du « droit inaliénable », selon les dires de la délégation iranienne, du pays à disposer d'une industrie nucléaire à usage civil. Selon les termes du TNP, il semblerait que ce soit le cas[22]. Nous avons vu par ailleurs qu'il se pourrait que ce soit les mesures hostiles prises par les États-Unis dans les années 90 qui ont conduit l'Iran à dissimuler l'étendue de son programme aux yeux du monde, contrevenant par là même audit traité. Si l'inquiétude liée à la potentielle militarisation de la capacité nucléaire iranienne apparait comme légitime, les évènements doivent également être interrogés avec circonspection. L'espace vital d'une nation non-alignée, à fortiori quand celle-ci est sujette à griefs, étant réduit, ses marges décisionnelles sont symétriquement atrophiées. Les questions d'indépendance, d'auto-détermination et d'auto-suffisance sont cruciales dans un univers scruté à travers le prisme de l'intérêt. En tout état de cause, la présidence téméraire d'Ahmadinejad a pulvérisé les tentatives de dialogue avec

20 « Netanyahu draws «red line» on Iran›s nuclear program », Jeffrey Heller (*Reuters*, septembre 2012).

21 Iran Sign Joint Statement on Framework for Cooperation (*Conférence de presse de l'AIEA*, 11 novembre 2013).

22 « Does Iran Have the Right to Enrich Uranium? The Answer Is Yes », William Beeman (*The Huffington Post*, décembre 2013).

l'ouest et a très fortement contribué à ostraciser l'Iran sur la scène internationale en enclenchant un cycle de surenchères qui aboutit à l'engagement de mesures coercitives généralisées à l'encontre de l'Iran. Celles-ci sont au cœur de notre étude ; tâchons maintenant de comprendre ce qu'elles signifient.

De Moscou à Caracas

Les sanctions, généralement entendues comme économiques mais non limitées à cette dimension, sont un concept probablement aussi ancien que le commerce lui-même. Ce fut, selon Thucydide, possiblement une série de sanctions imposées à Mégare par Athènes, énoncées dans le « décret mégarien », qui jadis déclencha la guerre du Péloponnèse[23]. Depuis, bien que la pratique ait évolué, la finalité demeure sensiblement inchangée. Après le traumatisme de la Première Guerre mondiale, des méthodes alternatives furent invoquées comme moyens « pacifiques » d'isoler économiquement et diplomatiquement les « nations récalcitrantes » lorsque celles-ci ne se conformeraient pas aux principes généraux formulés par le collège incarné par Société des Nations[24]. En 1945, le principe fut consacré dans la Charte[25] de son successeur, l'Organisation des Nations Unies. Ces mesures ne font cependant pas toujours corps avec l'ensemble de la communauté internationale et peuvent être appliquées unilatéralement ; non pas au nom d'une communauté, donc, mais de celui d'un intérêt particulier. Nous allons maintenant précisément définir le concept de sanctions et dessinerons un panorama de leurs applications à travers l'histoire récente.

23 « Aspects of Greek History, 750-323 BC: A Source-Based Approach », Terry Buckley (*Routledge*, 1996).

24 « Smart Sanctions : A Short History », Uri Friedman (*Foreign Policy*, avril 2012).

25 Charter of the United Nations, Chapter VII, Article 41.

En droit international, les sanctions désignent l'implémentation de mesures coercitives visant à altérer le commerce coutumier et les relations financières d'une entité, qu'il s'agisse d'un État ou d'une personne privée, afin d'influencer ses décisions. Appliquées par des gouvernements et/ou des institutions internationales, les sanctions visent à contraindre ladite entité lorsque celle-ci est perçue comme une menace. Bien que constituant une espèce d'intervention, elles sont généralement considérées comme une forme molle, à mi-chemin entre la guerre et la diplomatie. Ainsi, les sanctions sont façonnées par le législateur et appliquées par l'exécutif lorsqu'une intervention militaire n'est pas nécessaire et/ou faisable, ceci afin de préserver l'intérêt national ou de protéger les normes définies par le multilatéralisme. Par le passé, elles ont été utilisées à de multiple occasions et sous divers motifs ; de la lutte contre le terrorisme à la promotion des droits de l'homme, en passant par la diffusion de la démocratie. Enfin, les sanctions peuvent être divisées en deux catégories : « totales », lorsqu'elles s'appliquent à l'ensemble d'un pays sans discrimination, et « ciblées », quand elles frappent un groupe ou un individu spécifique. Nous verrons comment cela se matérialise au fil de notre développement.

À la nomenclature ci-dessus s'impose néanmoins un addendum. Il existe une autre dimension des sanctions qui, bien que marginale, va nous intéresser particulièrement puisqu'elle est au cœur de notre sujet. Il s'agit d'un mécanisme spécifique, une forme de sanctions communément appelées « secondaires » ou « extraterritoriales ». Nous avons vu à l'instant que, dans le cadre de l'imposition de sanctions « primaires », un pays **X** limitera ou interdira unilatéralement à ses ressortissants toute activité commerciale en direction ou en provenance d'un pays **Y**[26]. Dans

26 À l'exception des sanctions établies par les Nations Unies qui ont par définition une portée internationale et multilatérale.

le cas des sanctions dites « secondaires », les entreprises d'un pays Z qui entretiendraient des liens commerciaux avec un pays Y soumis aux sanctions d'un pays X s'exposeraient également, par effet ricochet, à des sanctions de ce dernier. Ici, un État tiers – et souverain – quelconque est donc tenu de se soumettre à la réglementation établie par l'État sanctionnant à l'égard de l'État sanctionné. Autrement dit, une nation qui implémenterait un tel instrument établirait unilatéralement un dispositif coercitif de portée globale en contournant les mécanismes de concertation multilatéraux existants. Précisons l'évidence que, pour que le dispositif en question aboutisse, il est nécessaire que l'État émetteur de sanctions dispose d'une force de frappe colossale sur le marché global. En pratique, un État seulement y a recours.

Nous reviendrons là-dessus plus en détails par la suite. Particulièrement, nous verrons comment l'implémentation d'un mécanisme tel que les sanctions secondaires est rendu possible uniquement grâce à une hégémonie systémique sous-jacente. Afin que la terminologie n'entraine pas de confusion, accordons-nous pour l'heure à considérer que le terme « sanction » réfère aux sanctions primaires. Avant de revenir à notre sujet d'étude et pour le mettre en perspective, consacrons un moment à l'étude de quelques cas où des sanctions ont été appliquées dans l'histoire récente. Celles-ci ne sont, à la vérité, devenues un outil majeur de politique étrangère que très récemment, avec une explosion dans les années 90. Toutefois, la recrudescence de leur utilisation s'est opérée depuis l'avènement de la guerre froide[27]. Au sortir de la Seconde Guerre mondiale, la toute puissance américaine fut consacrée, et ce fut dès lors à elle qu'incomba la tâche de veiller au bon ordre du monde. Ainsi, les forces perçues comme menaçantes devaient être ramenées dans

27 « Economic Sanctions: Past & Future », Borja Guijarro-Usobiaga (London School of Economics, 2015).

le rang ou, le cas échéant, maîtrisées. Le sentiment anticommuniste latent et exacerbé par les nouvelles techniques de relations publiques aux États-Unis[28] firent de l'URSS le premier terrain d'expérimentation de cette forme hybride d'intervention qui, sans être martiale, n'est pas tout à fait pacifique.

L'« Export Act Control » de 1940, amendé et étendu en 1949, marqua le début de l'offensive administrative[29]. Son but était de restreindre l'export de matériel et d'équipement stratégiques vers le bloc soviétique et donc d'endiguer la menace qu'il représentait. L'invasion de l'Afghanistan précipita le renforcement des sanctions[30] afin de limiter « l'expansionnisme » soviétique et l'élargissement de sa zone d'influence. Après le démantèlement de l'URSS, l'ancienne administration Reagan s'enorgueillit du succès de la politique des sanctions et ses anciens fonctionnaires auréolèrent la pratique qui, selon eux, vint à bout de l'Union Soviétique. Cette assertion fut cependant contestée par les travaux de Hufbauer, Schott, Elliott et Oegg[31] qui virent dans la chute du bloc de l'est le corollaire de ses inefficiences internes davantage que le fruit des contraintes extérieures. L'ironie du sort voulu que, des sanctions qu'imposèrent les États-Unis à l'époque, ce furent uniquement celles infligées à ses propres alliés qui aboutirent[32]. Toujours est-il qu'un autre cas de figure contemporain mérite notre attention dans la mesure où, pour

28 « The manipulation of the American mind: Edward Bernays and the birth of public relations », Richard Gunderman (*The Conversation*, juillet 2015).

29 « The Export Control Act of 1949: Extraterritorial Enforcement », Paul Silverstone (University of Pennsylvania Law Review, janvier 1959).

30 « National Security Decision Directive 75 on US relations with the USSR » (Archives CIA, released in 2008).

31 « Economic Sanctions Reconsidered », Gary Hufbauer, Jeffrey Schott, Kimberly Elliott et Barbara Oegg (*Peterson Institute for International Economics*, 2009).

32 « 1956 : Suez and the end of empire », Derek Brown (*The Guardian*, mars 2001).

celui-ci, lorsque la sentence des sanctions eut été arrêtée, le temps le fut également.

La pérennité des sanctions infligées à Cuba n'a d'équivalent que sa résilience à y faire face. Suite à la nationalisation des intérêts américains par Fidel Castro, un embargo fut décrété contre l'île des Caraïbes. L'embargo fait partie des sanctions dites « totales » car elles s'appliquent à l'ensemble du pays visé, sans discrimination. Cette décision empêcha dès lors toute entreprise américaine d'entretenir une relation commerciale avec Cuba, et réciproquement. La crise des missiles cubains de 1962 aggrava les tensions qui ne sont jamais tout à fait redescendues depuis, maintenues vive par la volonté américaine d'y « convoyer la démocratie afin de libérer son peuple »[33]. En 1996, la première application légale des sanctions secondaires vit le jour après que le Congrès eut voté le *Helms-Burton Act*, entérinant pour le droit américain la possibilité de poursuivre et de condamner une entreprise ressortissante d'un pays tiers au regard de certaines de ses activités à Cuba. Bien que la pression des Européens poussa à l'époque Bill Clinton à renoncer aux aspects les plus litigieux de la loi[34], ceux-ci furent rétablis récemment, menaçant les États-Unis de devoir faire face à un recours collectif devant l'Organisation Mondiale du Commerce[35]. L'actuelle administration américaine a durci les mesures imposées à Cuba – qui avait précédemment été allégées sous Barack Obama en vue d'une normalisation – afin d'entraver le développement des facteurs « d'instabilité régionale » générés par la « troïka de la tyrannie », selon les termes de l'ancien conseiller à la Maison Blanche, John

33 « George Bush›s speech on Cuba » (*The Guardian*, mai 2002).

34 « U.S. Eases Stand on Cuba, Iran Sanctions », Dan Balz (*The Washington Post*, mai 1998).

35 « Helms-Burton Act: US firms face lawsuits over seized Cuban land », Lioman Lima (*BBC*, mai 2019).

Bolton[36]. La formule, dont la signature rhétorique n'est pas sans rappeler « l'axe du mal » de George W. Bush, désigne Cuba, le Nicaragua et le Venezuela. Nous parlerons de ce dernier dans un instant.

Simultanément, dans ce qui fut a posteriori nommé « la décennie des sanctions »[37], un autre évènement clé se produisit qui influença l'usage qui devait en être fait pour les années à venir. En août 1990, l'Irak envahit et annexa le Koweït, provoquant une réaction immédiate du Conseil de Sécurité des Nations Unies (ci-après abrégé « CSNU ») qui autorisa l'usage de « tous les moyens nécessaires » pour mettre fin à l'occupation[38]. Parallèlement à l'intervention militaire américaine consécutive à cette injonction, une multitude de sanctions internationales, émanant à la fois du CSNU et des États-Unis s'abattit sur l'Irak, notamment à travers les Résolutions 661 et 687[39]. Celles-ci furent déployées de manière précipitée et étaient mal adaptées à la situation, si bien que les circonstances les amenèrent à être prolongées bien plus longtemps que ce qui avait été anticipé et à être instrumentalisées par le régime en place[40]. Le caractère total de l'embargo généra, en dépit des garde-fous, une gigantesque crise humanitaire parmi la population qui, privée de ressources, eut les plus grandes difficultés à subvenir à ses besoins élémentaires. Plusieurs centaines de milliers de morts furent à déplorer, notamment associées à une famine généralisée, à une hausse sévère de la mortalité infantile et à un effondrement du système

36 « Bolton praises Bolsonaro while declaring 'troika of tyranny' in Latin America », Julian Borger (*The Guardian*, novembre 2018).

37 « The Sanctions Decade: Assessing U.N. Strategies in the 1990s », David Cortright et George Lopez (*Lynne Rienner*, 2000).

38 « UN Sanctions against Iraq : Lessons Learned », Peter Wallensteen, Carina Staibano, Mikael Eriksson (Uppsala University, 2005).

39 *Ibid.*

40 *Ibid.*

de santé[41]. Les sanctions ne furent totalement levées qu'en 2010, soit 19 ans après avoir été imposées[42]. Leurs effets dévastateurs et indiscriminés sur les droits de l'homme furent dénoncés à grande échelle[43] et initia un changement de paradigme qui substitua la doctrine des sanctions ciblées à celle des sanctions totales.

Le cas du Venezuela est emblématique. Depuis plus d'une décennie, les États-Unis ont imposé une succession de sanctions ciblées à l'encontre de différentes entités et individus au Venezuela accusés d'entretenir des activités liées, entre autres, au terrorisme, au trafic de drogue international ou encore à des violations des droits de l'homme[44]. Cependant, l'échelle des mesures, notamment celles implémentées en 2017 et 2019 mit littéralement à genoux l'économie du pays, déjà ravagée par une crise économique hyperinflationnaire[45]. Ceci, associé au schème politique publiquement exposé[46], interroge quant à la finalité des sanctions ciblées unilatérales en l'espèce et en général ainsi qu'à l'évaluation des risques associés pesant sur ceux qui seront les premiers touchés[47]. En août 2019, Michelle Bachelet, Haute Commissaire aux droits de l'homme des Nations Unies, s'est exprimée à ce sujet, soulignant que les effets de la crise

41 « Were Sanctions Right? », David Rieff (*The New York Times*, juillet 2003)

42 « UN lifts sanctions against Iraq » (*BBC*, décembre 2010).

43 « Sanctions Against Iraq and Human Rights: a devastating, misguided, intolerable method », Report (International Federation for Human Rights, 2002).

44 « Venezuela : Overview of U.S. Sanctions » (*Congressional Research Service*, février 2020).

45 « What's the Deal with Sanctions in Venezuela, and Why's It So Hard for Media to Understand? », Alexander Campbell (*Venezuelanalysis*, février 2019).

46 « Opposition Leader, and Oil, Become Focus of Venezuela-U.S. Struggle », Ana Herrero et Clifford Krauss (*The New York Times*, janvier 2019).

47 « Economic Sanctions as Collective Punishment: The Case of Venezuela », Mark Weisbrot et Jeffrey Sachs (Center for Economic and Policy Research, avril 2019).

économique sont exacerbés par les sanctions qui accroissent la pression humanitaire et mettent en danger la vie de millions d'individus. Elle ajouta par ailleurs qu'un nombre conséquent de preuves étaye le caractère contradictoire des sanctions unilatérales de grande échelle et le respect des fondamentaux des droits de l'homme[48].

Plusieurs dizaines de cas de figures pourraient être exposés. De la pression imposée à la Syrie de Bashar Al-Assad aux efforts visant à enliser le programme nucléaire nord-coréen, en passant par l'Afrique du Sud, la Yougoslavie, Haïti, le Myanmar, le Rwanda, etc. ; les cas furent et demeurent aussi variés que leurs résultats. N'étant pas un jeu à somme nulle, l'échec ou le succès d'une politique de sanctions est vraisemblablement lié à l'existence ou non de propriétés multilatérales rigoureusement définies et proprement mises en œuvre[49]. Nous reviendrons sur ce point dans la dernière partie de notre étude. Il est temps, à présent que nous possédons semble-t-il tous les prérequis pour aborder le vif du sujet, de revenir à l'Iran et de nous y concentrer.

Sanctions sur l'Iran depuis la révolution

Depuis maintenant plus de 40 ans, l'Iran est la cible d'un flot soutenu de sanctions émanant de la communauté internationale. Nous avons précédemment dépeint le cadre général dans lequel elles ont été appliquées, mais sans tout à fait les évoquer directement. C'est donc ce à quoi nous allons à présent nous employer. Commençons par une compartimentation temporelle. La politique de sanctions à l'égard de l'Iran peut être divisée en deux phases distinctes l'une de l'autre : de 1979 à 2015, puis post 2015.

48 « UN rights chief bemoans unilateral sanctions on Venezuela, fearing 'far-reaching implications' » (*UN News*, août 2019).

49 « Evidence on the Costs and Benefits of Economic Sanctions », Kimberly Elliott (Peterson Institute for International Economics, octobre 1997).

On l'aura compris, l'année 2015 fut un moment charnière dont les évènements initièrent un basculement qui sera au centre de ce livre et que nous aborderons bientôt. Cette section sera uniquement consacrée aux sanctions ayant été appliquées à l'Iran durant la première phase telle que définie ci-avant. Nous avons suffisamment insisté sur le bouleversement qui s'est opéré à partir de 1979 dans la société iranienne et, par conséquent, nous ne reviendrons pas là-dessus. Ici, nous exposerons les principales salves de sanctions qui ont frappé l'Iran en en présentant les motifs et certaines de leurs conséquences. L'analyse à proprement parlé de leurs impacts sera abordée plus en aval.

Les premières sanctions imposées à l'Iran furent consécutives à la prise de l'ambassade américaine à Téhéran, en novembre 1979. La réaction de l'administration américaine fut fulgurante. Les avoirs iraniens aux États-Unis, environ 12 milliards de dollars, furent gelés, dorénavant « assujettis à la juridiction américaine »[50], et un embargo fut proclamé contre l'importation de pétrole iranien dans le pays. En avril 1980, exactement 212 jours après le début de la crise, les mesures furent renforcées et les États-Unis rompirent leurs relations diplomatiques avec l'Iran, fermèrent toutes les institutions iraniennes sur leur territoire et étendirent l'embargo à l'ensemble des produits iraniens. Celui-ci fut provisoirement levé lorsque les otages furent libérés en janvier 1981, quelques minutes seulement après que Ronald Reagan eut prêté serment, mais les relations irano-américaines ne furent jamais plus normalisées. En 1983, une attaque coordonnée à celle que nous avons mentionné plus haut dans notre passage sur les relations franco-iraniennes tua 241 militaires américains en poste à Beyrouth. Suspecté d'être lié à l'attaque par le Département d'État américain, celui-ci désigna l'Iran

50 Executive Order No. 12170, United States Treasury (*Archives*, novembre 1979).

comme un « État parrainant le terrorisme » ce qui lui permit d'enclencher une nouvelle vague de sanctions, notamment l'obstruction aux prêts financiers et un embargo sur la vente d'armes[51] ainsi que sur les produits « double-usage » ayant des applications à la fois civiles et militaires.

Un épisode contemporain, anecdotique pour notre sujet mais néanmoins intéressant à mentionner, mérite une légère digression. Tandis que la guerre Iran-Irak faisait rage au Moyen-Orient, la « doctrine Reagan » engageait le Président éponyme sur un autre front : celui de la croisade anticommuniste en Amérique Latine. Le Congrès, à majorité Démocrate à l'époque et conscient des velléités interventionnistes de l'administration en place, passa le *Boland Amendment* afin de restreindre la capacité de la CIA à s'immiscer dans un conflit étranger. Bien que cette loi eût une portée générale, elle fut édictée bien à propos à un moment où, au Nicaragua, les contre-révolutionnaires – « Contras » – étaient engagés pour renverser le gouvernement communiste du parti Sandinista. Qu'est-ce que tout cela a à voir avec notre sujet ? Voici : Reagan, qui faisait référence aux Contras comme à « l'équivalent des Pères Fondateurs », tenu à ce que ces derniers, jusqu'ici financés par le narcotrafic, soient aidés dans leur lutte par les États-Unis, quoi qu'il en coûte. Or, l'amendement passé par le Congrès rendait l'entreprise délicate. En 1985, tandis que le Hezbollah retenait des otages américains au Liban, il fut suggéré Reagan d'accéder à une requête de l'Iran qui souhaitait acheter des armes pour pouvoir faire face à l'Irak – soutenu par les États-Unis – alors que le pays était sous embargo. L'affaire fut entendue car, outre la conviction – non unanime – de l'administration Reagan que l'accord sécuriserait les otages, il permit de générer un fond secret qui fut

51 « Iran Sanctions » (*Congressional Research Service*, novembre 2019).

acheminé au Nicaragua par la CIA, au profit des insurgés. Un membre du CGRI, réfractaire à ce partenariat avec le « Grand Satan », fit fuiter l'information qui fut révélée au grand jour par le journal libanais Ash-Shiraa en 1986 et ainsi léguée à la postérité comme l'« Iran-Contra affair ». La vente d'armes à l'Iran par les États-Unis – avec le concours et l'intermédiation d'Israël qui souhaitait aux « deux camps le plus grand succès » – permit au premier d'être approvisionné de presque 3000 missiles antichars et antiaériens, et au second d'obtenir une bourse d'environ 30 millions de dollars. Lorsque le scandale éclata, les investigations qui furent ultérieurement menées n'eurent pas, ou presque, de répercussions sur ses commanditaires[52].

Revenons à notre propos ; le Département d'État américain venait de désigner l'Iran comme un « État parrainant le terrorisme ». La magnitude du phénomène accru les tensions et, en 1987, toutes les importations en provenance d'Iran furent de nouveau bannies aux États-Unis à la suite de divers accrochages dans le Détroit d'Ormuz. En 1988, un vol commercial d'Iran Air en partance de Bandar Abbas fut abattu par un missile sol-air tiré d'un croiseur américain qui avait identifié l'appareil comme un avion de combat[53]. Les années 90 furent notamment marquées par la politique de « double endiguement » de Bill Clinton qui fut mobilisée afin de confronter à la fois les menaces irakiennes et iraniennes, et qui aboutit notamment à l'interdiction faite à toute entreprise américaine d'entretenir un lien commercial lié aux activités pétrochimiques avec l'Iran. Le *Iran Libya Sanctions Act* de 1996 – plus tard désigné uniquement comme *Iran Sanctions Act* – vint renforcer les sanctions, abolissant en pratique quasiment tout commerce bilatéral entre l'Iran

52 « The Iran-Contra Affair – 1986-1987 » (*The Washington Post*, 1998).
53 « In 1988, a US Navy warship shot down an Iranian passenger plane in the heat of battle », Brad Lendon (*CNN*, janvier 2020).

et les États-Unis, et introduisant les prémices des sanctions secondaires en limitant en valeurs les investissements d'entités étrangères dans le secteur pétrochimique iranien[54]. L'objectif revendiqué était d'assécher les réserves financières de l'Iran afin « d'empêcher la proliférations d'armes de destruction massive et les actes de terrorisme international »[55]. Ainsi que nous l'avons déjà évoqué, l'année 2002 marqua un tournant à partir duquel le monde prit conscience des ambitions nucléaires de l'Iran. Simultanément à une pression accrue émanant de la communauté internationale, les États-Unis appliquèrent les mesures déjà en place d'une manière particulièrement rigoureuse, les renforçant de surcroît par des sanctions ciblées visant les individus et entreprises suspectés d'entretenir un lien avec le programme nucléaire iranien en vertu du *Iran-Iraq Arms Nonproliferation Act* édicté en 1992[56].

À la suite de la publication du rapport de l'AIEA établissant la non-conformité de l'Iran à ses statuts et aux termes TNP[57] ainsi qu'au rejet de l'ultimatum subséquent qui fut formulé par le CSNU l'exhortant à abandonner ses activités d'enrichissement, ce dernier, votant à l'unanimité la Résolution 1737, initia ses mesures de rétorsion. Les neuf Résolutions relatives à l'Iran qui furent adoptées par le CSNU entre 2006 et 2015 étaient exclusivement destinées à endiguer le programme nucléaire iranien[58]. En effet, aucun embargo sur les produits – pas même sur le pétrole – ne fut prononcé, à l'exception de l'armement et de la technologie liée au nucléaire. Les individus, groupes et entités – tels que les sociétés financières, les sociétés de transport

54 « Iran Sanctions », *(Congressional Research Service,* avril 2020).

55 « Iran Sanctions Act of 1996 », United States Treasury (Archives, Août 1996).

56 « Iran-Iraq Arms Nonproliferation Act », United States Department of State (*Archives*, juin 1992).

57 Traité sur la Non-Prolifération des Armes Nucléaires (*AIEA*, avril 1970).

58 « UN sanctions against Iran » (*BBC*, juillet 2010).

et de fret ainsi que certains membres du CGRI – susceptibles d'être liés au programme nucléaire furent étroitement surveillés et, le cas échéant, sanctionnés. Cette politique, comparée à celle qui fut appliquée à l'Irak une décennie plus tôt, relève manifestement d'un changement de paradigme radical dans la mesure où les actions entreprises furent modelées de sorte qu'elles ne pussent essentiellement impacter que les entités qui avaient été explicitement ciblées. Pendant la même période, l'Union Européenne imposa également des sanctions à l'Iran qui se situaient à mi-chemin entre celles déployées par l'ONU – ciblant principalement les entités liées au programme nucléaire – et les États-Unis – la pression culmina en 2012 quand Bruxelles décréta un embargo sur le pétrole[59]. En 2013, le Congrès américain autorisa l'implémentation du *Iran Freedom and Counter-Proliferation Act* qui étendit davantage la capacité des États-Unis à déployer leurs sanctions secondaires[60]. Toutefois, à une époque où la pressurisation de l'Iran faisait globalement consensus, la force exécutoire de celui-ci n'eut pas réellement besoin d'être utilisée.

Bien que les différentes mesures eussent effectivement la vertu d'obstruer la capacité de l'Iran à pérenniser son programme nucléaire[61], dans leur étude sur l'impact des sanctions de l'époque, Ali Reza Oryoie et Hossein Abbasi-Nejad notèrent également un effet négatif sur la sphère-socio-économique, meurtrie par l'anesthésie qui lui était infligée, ainsi qu'un

59 « International Sanctions on Iran », Zachary Laub (*Council on Foreign Relations*, juillet 2015).

60 « Iran Freedom and Counter-Proliferation Act », United States Department of State (*Archives*, 2012).

61 « Iran Admits Western Sanctions Are Inflicting Damage », Rick Gladstone (*The New York Times*, décembre 2011).

accroissement significatif des inégalités[62]. Face à la menace que faisaient peser les sanctions sur la stabilité du pays, l'Iran s'était engagé dès 2012 dans une doctrine dite « d'économie de résistance » qui visait à abolir sa dépendance à l'ouest et à garantir une auto-suffisance relative, notamment en substituant la production domestique à l'import, en bannissant les « produits de luxe » tels que les téléphones ou les ordinateurs, et en misant sur ses partenariats régionaux – la Chine et l'Inde, par exemple – pour écouler sa production pétrolière[63]. Particulièrement après 2012 et le renforcement des sanctions par l'Union Européenne, l'Iran souffrit d'un état dépressionnaire[64] – dans tous les sens du terme – principalement dû à une monnaie dévaluée associée à une hausse du chômage et de l'inflation[65]. Lors d'une allocution de gala prononcée en avril 2015, le Secrétaire au Trésor américain se félicita de la politique de sanctions menée qui allait imposer à l'Iran « des années d'efforts pour que puisse être rebâtie une économie atteignant un niveau auquel elle serait à présent si les sanctions n'avaient pas été implémentées »[66]. Il souligna également les dommages considérables qui lui ont été imposés, notamment une perte sèche de 160 milliards de dollars liée aux revenus du pétrole et un PIB 15 à 20 % inférieur à sa trajectoire anticipée pré -2012[67]. Laissons toutefois de côté les impacts des sanctions puisque nous nous y consacrerons dans la dernière partie. Le fait est que celles-ci, en particulier celles

62 « The Rise and Fall of Top Incomes in Iran 1985-2015 », Ali Reza Oryoie et Hossein Abbasi-Nejad (*Iran Economic Review*, août 2017).

63 « Iran's Economy of Resistance: Implications for Future Sanctions », Amir Toumaj (*Critical Threats Project*, novembre 2014).

64 « Tehran prepares for an unhappy holiday season », Saeed Kamali Dehghan (*The Guardian*, février 2012).

65 « Iran›s rial hits an all-time-low against the US dollar » (*BBC*, octobre 2012)

66 « Remarks of Treasury Secretary Jacob J. Lew to The Washington Institute » (*The Washington Institute*, avril 2015).

67 *Ibid.*

décidées outre-Atlantique, ont fortement endommagé la société iranienne.

En outre, bien que les sanctions implémentées par les États-Unis fussent publiquement exposées comme des réponses ad hoc à l'attitude agressive de l'électron libre iranien, il apparait qu'elles furent également solidement motivées par un dessein politique plus diffus. En effet, à travers son analyse de la politique américaine vis-à-vis de l'Iran[68], Sasan Fayazmanesh montra que le processus décisionnel lié à l'application des sanctions – tout du moins jusqu'en 2003 – fut intrinsèquement liée à la promotion d'un intérêt national et/ou diplomatique. Le gel des actifs iraniens aux États-Unis de 1979 fut en ce sens envisagé par le Département du Trésor plusieurs mois avant la prise de l'ambassade, conformément à l'*International Emergency Economic Powers Act* introduit 2 ans plus tôt afin de prévenir la « vulnérabilité » des structures financière face à un hypothétique retrait massif des fonds ; l'évènement faisant par conséquent office de prétexte[69]. Par ailleurs, le support assumé des États-Unis au régime de Saddam Hussein dans les années 80 passa également, outre l'approvisionnement en armement et en renseignements, par l'utilisation de l'arsenal économique, trahissant son caractère offensif et intéressé. Enfin, bien que la déclinaison pourrait se poursuivre, mentionnons que l'intrication des groupes de pressions pro-israéliens, notamment le puissant *American Israel Public Affairs Committee* (AIPAC), dans la sphère politique américaine irrigua sa ligne intransigeante, parfois au détriment de sa propre économie nationale, afin de protéger les intérêts

68 « The Politics of the U.S. Economic Sanctions against Iran », Sasan Fayazmanesh (*Review of Radical Political Economics*, septembre 2003).
69 *Ibid.*

stratégiques de l'État hébreu[70]. Nous reviendrons plus tard sur la question de la partialité des sanctions.

« L'économie de résistance » telle qu'envisagée par le régime et qui impliquait une auto-exclusion de l'économie iranienne vis-à-vis de l'occident était portée par Khamenei, celui-ci exerçant une défiance particulière quant à la volatilité des relations avec l'ouest et le risque de voir l'économie nationale perpétuellement menacée par les sanctions si la dépendance économique devait être maintenue. Rouhani, lui, était davantage partisan d'une normalisation et d'une ouverture sur le monde afin de prospérer, tout en maintenant la capacité du pays à se protéger en cas de désaccord avec ses interlocuteurs[71]. Son élection en 2013 lui permit, quels qu'eurent été les concessions internes, de mettre sa méthode à l'épreuve. Un cycle de négociations fut enclenché qui devait bientôt aboutir à un accord international historique sur le nucléaire iranien et finalement libérer le pays de sa camisole économique.

70 *Ibid.*

71 « Rouhani Report Card: A Year of Economic Stabilization and Suspense », Suzanne Maloney (*Brookings*, août 2014).

CHAPITRE IV

De l'ombre à la lumière

Depuis la révolution de 1979, l'Iran, au milieu de cette versatile pièce qu'est l'ordre mondial, tint le rôle de l'État réprouvé, de paria. Son isolement s'inscrivit dans un cercle vicieux qui amplifia simultanément les tensions et le climat délétère dont elles sont le corollaire. Les sanctions visant à la fois à punir son attitude jugée menaçante et à limiter la menace eurent aussi l'effet de toujours plus ostraciser le pays et de l'éloigner de la table des négociations. La redistribution politique en Iran conduisit à envisager un chemin différent, à la fois au niveau national et international. Ainsi, l'escalade avait enfin une chance de s'interrompre, l'acrimonie de se décanter, et la belligérance de se pacifier. Le choix de la diplomatie devait alors primer, conduisant à un tournant géopolitique considérable susceptible de redessiner les enjeux régionaux, et même mondiaux.

Du droit extraterritorial

Avant de poursuivre le fil de notre développement, il nous faut, là encore, opérer un léger détour. Nous avons détaillé plus haut comment des organismes internationaux – tels que l'ONU ou l'Union européenne – sont amenés à utiliser ce levier de coercition que représentent les sanctions. Ceci s'inscrit dans un processus coordonné, fondé contractuellement sur une charte ou des statuts spécifiques. Consensuellement, les membres composants ces organisations les mandatent afin qu'elles puissent apporter une réponse collective à une problématique donnée. À la vérité, en dehors des deux entités susnommées, l'utilisation de sanctions est un fait rare, anecdotique. Seul un pays se range à leurs côtés en tant que pourvoyeur. Cependant, alors que le champ d'intervention de celles-ci se limite à l'implémentation de sanctions directes – primaires – les États-Unis, eux, disposent d'un arsenal bien plus vaste puisqu'ils peuvent en appeler aux sanctions secondaires qui ont, à l'image d'une ondulation à la surface d'un étang, un pouvoir de dispersion. À ce stade, le lecteur consciencieux s'interroge certainement sur ce qui induit la capacité exceptionnelle et exclusive des États-Unis à être en mesure d'imposer des sanctions secondaires à des entités tierces, c'est-à-dire ne relevant pas directement ni de sa souveraineté, ni de sa juridiction nationale. C'est précisément là que se dévoile cette capacité, à travers le concept de juridiction. Tandis que les sanctions primaires sont un instrument relativement simple qui s'appuie sur la réglementation fédérale et prohibe les échanges entre les entités domestiques américaines et celles, tout ou partie, d'un pays X, les sanctions secondaires reposent elles sur un dispositif légal transnational. Dès lors, la question qui se pose est celle de l'applicabilité. Comment, en l'absence d'un cadre juridique ad hoc, les États-Unis peuvent-ils imposer leurs sanctions secondaires ? Par le fait de quels mécanismes les États et entités tiers – ceux qui ne sont pas directement soumis aux sanctions – se plient à ces restrictions ? Ce sont cette juridiction et ces mécanismes qui seront étudiés dans cette section. Ils nous permettront de mieux saisir les enjeux, pour l'Iran et pour le monde, de l'universalisme économique américain.

L'utilisation de sanctions secondaires par les États-Unis n'est pas un phénomène inédit. Il en a été question plusieurs fois dans l'histoire récente, notamment contre la Russie[1] ou encore, comme nous l'avons évoqué, contre Cuba ou l'Iran. Néanmoins, leur emploi était soit relativement coordonné avec les pays européens, soit prématurément abandonné suite aux protestations de ces derniers. Ce n'est que très récemment – nous reviendrons sur la chronologie exacte ultérieurement – que les sanctions secondaires sont devenues une réalité politico-économique coercitive à proprement parlé. Si leur emploi effectif s'est systématisé il y a peu, leur cadre d'implémentation, lui, a réellement commencé à être élaboré il y une vingtaine d'année. Le 11 septembre 2001, 4 avions de ligne furent détournés par l'organisation Al-Qaïda et envoyés s'écraser sur le sol américain, faisant 2977 victimes. 45 jours plus tard, le 26 octobre, George W. Bush, par sa signature, promulgua la législation introduite plus tôt par le Congrès : le *Uniting and Strengthening America by Providing Appropriate Tools Required to Intercept and Obstruct Terrorism Act* (ou « USA PATRIOT Act »). Celui-ci étendit considérablement le pouvoir d'intervention de l'État fédéral, sur son territoire ainsi qu'à l'étranger, afin de renforcer sa sécurité intérieure et « d'élaborer de nouveaux outils pour détecter et prévenir les actes terroristes »[2].

Le principal tremplin opérationnel du PATRIOT Act fut de conférer à la police fédérale américaine (FBI) et aux agences de renseignement (CIA et NSA) des pouvoirs étendus quant à leurs capacités d'enquête et de surveillance, notamment via la collecte des métadonnées échangées sur les différents réseaux

1 « Mrs. Thatcher faults U.S. on Siberia pipeline », James Feron (*The New York Times,* juillet 1982).

2 « The USA PATRIOT Act: Preserving Life and Liberty », United States Department of Justice.

de communication[3]. Ce sont néanmoins certaines dispositions annexes qui vont ici nous intéresser. L'article 218 du PATRIOT Act vint d'une part étendre les prérogatives internationales des agences de renseignement – qui avaient été précédemment établies par le *Foreign Intelligence Surveillance Act* de 1978 – en n'exigeant plus d'elles qu'une « fin significative » pour procéder à la collecte d'information émanant « de puissances ou d'entités étrangères »[4]. D'autre part, alors que l'intégralité du Titre III du PATRIOT Act est consacrée au « renforcement des mesures américaines pour prévenir, détecter et poursuivre le blanchiment international et le financement du terrorisme », l'article 221 traite des sanctions et du contrôle des exports applicable « aux individus, nations ou organisations représentant une menace pour les États-Unis »[5]. Ainsi, une entité quelconque qui contreviendrait à une section du Titre III relative à l'antiterrorisme pourrait virtuellement être frappée par l'application de l'article 221. Or, il n'existe pas à l'heure actuelle de définition internationalement reconnue du terrorisme[6]. Par conséquent et à défaut, c'est à la discrétion des États qu'est laissé le soin d'en élaborer une version nationale, et donc flexible. Dans ce contexte, l'application de l'article 221 du PATRIOT Act à l'encontre d'une entité étrangère relèverait de la translation d'une disposition légale nationale à un cadre international normalement hors de portée des États-Unis car ne relevant pas de leur juridiction.

Ce qui précède constitue le premier indicateur historiquement significatif de la tendance des États-Unis à ostensiblement

3 « Everything you need to know about the PATRIOT Act debate », Jeremy Diamond (*CNN*, mai 2015).

4 « USA PATRIOT Act », Brian Duignan (*Encyclopaedia Britannica*, 2010).

5 « USA PATRIOT Act », United States Treasury Department (*Archives*, octobre 2001).

6 « Human Rights, Terrorism and Counter-terrorism » (United Nations Office of the High Commissioner for Human Rights, décembre 2007).

imposer avec force leur législation nationale hors de leurs frontières. Les deux décennies qui suivirent consacrèrent la chose qui est désormais globalement reconnue comme « l'extraterritorialité du droit américain ». De quoi s'agit-il ? À travers plusieurs dispositifs légaux – dont les contenus respectifs ne seront pas analysés ici afin d'éviter de surcharger le lecteur d'informations superflues – tels que le susnommé PATRIOT Act, le FCPA (*Foreign Corrupt Practices Act*) ou encore le *Helms-Burton Act* – également mentionné plus haut –, l'État considère que tombe sous sa juridiction toute entité dont les pratiques ou les instruments utilisés relèvent, à quelque degré que ce soit, du droit américain. En pratique, l'OFAC (*Office of Foreign Assets Control*), l'organe du Département du Trésor américain chargé du renseignement financier et mandaté pour faire appliquer ses décrets, est désigné pour sanctionner les entités étrangères contrevenant à la loi américaine. Ainsi, nous savons maintenant quels sont les dispositifs légaux impliqués, et par quel vecteur ils sont implémentés. Une question, essentielle, demeure : comment concrètement le droit américain définit-il lorsqu'une entité dépend de sa juridiction ?

Cette juridiction est de facto établie lorsque l'entité en question, qu'elle soit personne physique ou morale, est domiciliée aux États-Unis. Qu'en est-il lorsque celle-ci relève normalement de l'autorité d'une nation tierce ? C'est précisément dans ce contexte que l'extraterritorialité s'applique à travers l'ample arsenal américain en la matière. La première dimension et la plus universaliste est celle de l'« *US presence », que l'on pourrait définir comme « existence d'un lien tangible avec les* États-Unis ». En ce sens, toute entité dont les activités ont lieu ou impliquent, à quelque niveau que ce soit, le pays tombent automatiquement sous sa juridiction. Ceci se manifeste notamment par l'utilisation du dollar américain. Toute transaction enregistrée en USD implique la compétence du droit américain et l'autorise à intervenir. Sachant qu'en 2019, 90 % des échanges internationaux ont été effectués en USD, que la monnaie représentait également, selon le FMI, 60 % de toutes les réserves de changes connues détenues par les banques centrales à travers le monde, et qu'elle libellait 40 % de la dette mondiale[7], l'emprise américaine sur le commerce international est littéralement tentaculaire. Par ailleurs, l'« *US presence » implique également que tout service fourni par les* États-Unis ou y étant situé à un moment de la chaîne logistique est soumis à la même considération. Ainsi, par exemple, un flux de donnée – tel qu'un simple email – transitant par un serveur localisé dans le pays engage également la compétence de sa législation. En 2015, 7 des 10 plus importants datacenters de la planète étaient hébergés aux États-Unis[8].

Deuxièmement, les décrets relatifs aux « *US persons* », en plus d'imposer aux citoyens, binationaux, résidents permanents et à quelque entité régie par la loi américaine de se conformer aux sanctions, stipulent qu'une des entités ci-avant nommées opérant dans une entreprise étrangère – que ce soit au sein du conseil d'administration, à un poste de dirigeant, ou en tant qu'employé ordinaire – peut l'amener, en conséquence du lien légal qui les unis, à être soumise à la loi américaine[9]. Troisièmement, les prescriptions liées aux « *US goods* ». Celles-ci établissent que les exports directs et indirects (i.e. réexportations) de marchandises dont au moins 10 % des composants sont affiliés aux États-Unis – du fait du droit territorial ou de propriété – sont également

7 « Why the US Dollar Is the Global Currency », Kimberly Amadeo (*The Balance*, avril 2020).

8 « Top 10 biggest data centres from around the world », Joao Lima (*Computer Business Review*, avril 2015).

9 « The Aggressive Extraterritorial Reach of U.S. Economic Sanctions: Foreign Company Exposure to OFAC Enforcement », Tahlia Townsend (*The National Law Review*, avril 2020).

tenus de respecter les sanctions établies par le pays[10]. Enfin, dans les cas de l'Iran et de Cuba, les éléments régis par le « *US ownership and control* » interdisent aux entreprises étrangères détenus ou contrôlées par une « US person » d'engager quelque activité commerciale que ce soit avec une entité issue de ces pays[11]. En outre, dans certains cas, une entité étrangère peut être qualifiée de « *Specially Designated Nationals and Blocked Persons* » (SDN) et dès lors faire face à un gel de ses avoirs, à une confiscation de ses propriétés aux États-Unis ou à une suspension de ses intérêts lorsque contrôlés par une « *US person* ».

Nous l'aurons compris, en utilisant le levier de leur juridiction extensible, les sanctions secondaires américaines ont une portée potentielle extraordinaire. Ainsi, les entités reconnues coupables d'enfreindre les sanctions imposées par les États-Unis, si tant est qu'elles leur soient liées par au moins un des éléments énumérés ci-dessus, peuvent être poursuivies en conséquence par l'OFAC. À tout ceci s'ajoute une dernière dimension, plus triviale mais non moins dissuasive et relevant directement du soft power américain. Quand bien même une entité parviendrait à s'émanciper de tous les éléments dont nous avons parlé, commercer avec l'Iran s'accompagnerait d'un prix à payer redoutable. En effet, comme l'a affirmé le président américain en août 2018 : « Quiconque fera affaire avec l'Iran ne fera affaire avec les États-Unis »[12]. En pratique, ceci indique purement et simplement qu'une entité commerçant avec l'Iran renonce ipso facto au marché américain. Mais ce n'est pas tout, car il faut comprendre cette assertion dans son acception étendue. En l'occurrence, « ne pas faire affaire avec les États-Unis », outre le bannissement du

10 *Ibid.*
11 *Ibid.*
12 « Après le retour des sanctions contre l'Iran, Trump met en garde les entreprises » (*France 24*, août 2018).

territoire, signifie également être interdit de commercer avec une entreprise américaine ; être privé de quelque technologie qui soit rattaché à son droit – lequel, nous l'avons vu, est latitudinaire ; être empêché d'acheter d'y acheter des actifs ou d'accéder à son marché de capitaux ; et être forcé d'abandonner toute activité locale préexistante[13]. L'importance de la menace représentée par ce qui précède est évidemment proportionnelle au taux d'intrication de l'entité en question au marché américain. Sachant qu'en 2016 la valeur de leurs échanges avec les États-Unis s'élevaient à 600 milliards d'euros – représentant alors 30 % du commerce mondial[14], les entreprises ressortissantes de l'union européennes sont donc singulièrement vulnérables.

Le caractère extraterritorial des sanctions américaines révèle manifestement une ambition universaliste censée extrapoler la politique étrangère des États-Unis en la diffusant à l'échelle globale, en utilisant en pratique ses partenaires commerciaux comme des relais de celle-ci. Nous nous étions interrogés un peu plus tôt sur ce qui permet à ce pays seul d'imposer ses sanctions au reste du monde : la réponse est sa taille critique. L'asymétrie en termes de pouvoir économique entre la première puissance mondiale et le reste du monde – à l'exclusion peut être de la Chine qui, pour l'instant, ne se livre pas aux mêmes pratiques, et de l'Union européenne mais qui est paralysée par son manque de leadership et son inamovibilité – est telle que l'instrumentalisation agressive de l'interdépendance aboutit à une soumission de celui-ci envers celle-là. Ainsi, un pays qui subirait de plein fouet la vindicte des sanctions américaines ne disposerait que de peu de marges de manœuvre et serait sans

13 « Les sanctions, reflets de la suprématie américaine », Michel Santi (*La Tribune*, janvier 2020).

14 Échanges commerciaux entre l'UE et les États-Unis – Conseil de l'Union européenne.

doute réduit à implémenter une économie de subsistance. C'est le cas de l'Iran.

Vers un accord « historique »

Reprenons le fil de notre développement où nous l'avions arrêté. Au début de la décennie précédente, la question du nucléaire iranien était devenue hautement inflammable, pour ne pas dire explosive. En 2012, le programme nucléaire de l'Iran sur les chapeaux de roues et les sanctions de l'Union européenne venant s'ajouter à celles des États-Unis et de l'ONU, les tensions étaient alors à leur paroxysme. En juin 2013, donc, l'élection d'Hassan Rouhani à la présidence rebattit les cartes et donna un nouveau souffle aux espoirs diplomatiques. En effet, ce fut ce dernier qui avait conduit les négociations au sujet du nucléaire qui, entre 2003 et 2005, avaient abouti, avant l'élection d'Ahmadinejad, à un accord sur la suspension de l'enrichissement de l'uranium. Il était donc vu par la communauté diplomatique internationale comme un individu modéré et pragmatique, capable de ramener l'Iran sur la voie du dialogue de laquelle le pays avait été absent sous l'influence de son prédécesseur[15]. Sa campagne électorale avait été bâti sur la promesse faite aux iraniens de redorer la réputation de leur pays sur la scène internationale et de fondamentalement améliorer leur niveau de vie[16] ce qui, compte-tenu des sanctions, rendait le second contingent à la réalisation du premier. C'est avec cet ambitieux chantier à l'esprit que Rouhani a débuté son mandat, et avec la vision d'une opportunité à saisir qu'il a été accueilli par ses homologues étrangers. Les dispositions exactes de l'accord qui en fut le fruit seront exposées

15 « Hassan Rouhani, President of Iran », Kasra Naji (*BBC*, mai 2017).
16 *Ibid.*

bientôt et nous nous intéresserons pour l'instant seulement au processus de négociations[17] dont il sera le corollaire.

Trois jours seulement après sa prise de fonction officielle, Rouhani appela à une reprise des discussions au sujet du programme nucléaire de l'Iran. En septembre 2013, Mohammad Javad Zarif, son ministre des Affaires étrangères, rencontra ses homologues du groupe P5+1 en marge de l'Assemblée Générale des Nations Unies à New York. Celui-ci leur fit part d'une nouvelle proposition que John Kerry, alors Secrétaire d'État américain, qualifia de « vision très différente ». Après un entretien bilatéral relatif aux paramètres initiaux d'une poursuite des négociations, les deux parties décidèrent de planifier une nouvelle entrevue en octobre, à Genève. Entre temps, le président Obama téléphona à Rouhani, marquant le plus haut niveau de contact entre les deux pays depuis 1979, et les consultations avec l'AIEA furent relancées. L'entretien de Genève vint renforcer la confiance des parties dans les pourparlers en aboutissant certainement à l'élaboration d'une feuille de route pour parvenir à un accord ultérieur. Tandis qu'un accord de coopération avait été entendu à Téhéran le 11 novembre avec l'AIEA, les ministres des Affaires étrangères du P5+1 et de l'Iran se réunirent à Genève le 23 du même mois et, le lendemain, fut signé un premier accord global appelé « *Joint Plan of Action* » qui définit notamment le rôle de chacune des parties pour aboutir à terme à un accord complet.

Les termes de cet accord préliminaire établirent les actions que chacune des parties s'engagent à entreprendre pendant cette période transitoire, telles que la réduction du stock d'U-235 enrichi à 20 % ou l'élargissement des accès concédés à l'AIEA en échange d'une levée partielle des sanctions et la garantie

17 « Timeline of Nuclear Diplomacy with Iran », Julia Masterson (*Arms Control Association*, avril 2020).

que de nouvelles ne sauraient être appliquées pendant la durée des négociations. Le 20 janvier 2014, le *Joint Plan of Action* commença à être implémenté et l'AIEA produisit un rapport indiquant que l'Iran se conformait bel et bien aux termes de l'accord préliminaire. En février, débuta la rédaction de l'accord final à Vienne alors que les inspections de l'AIEA devenaient plus intrusives et que l'Iran misait sur la transparence en coopérant aux requêtes de l'agence relative à toutes les dimensions de son programme susceptibles d'avoir un lien avec une possible application militaire. Ceci conduisit l'agence à réitérer en juin l'assurance que l'Iran respecte scrupuleusement les termes de l'accord préliminaire notamment en ayant neutralisé près de la totalité de son stock d'U-235 enrichi à 20 %. En septembre, alors les parties avaient décidé 2 mois plus tôt de prolonger les pourparlers en parallèle d'obligations mutuelles supplémentaires, le rapport trimestriel de l'AIEA souligna que, bien que l'Iran se plie toujours à ses obligations, le pays manqua une date limite relative à la cession d'informations quant à une possible dimension militaire de ses activités nucléaires passées.

En novembre, à Vienne, le P5+1 et l'Iran décidèrent de prolonger le *Joint Plan of Action* intérimaire en place en vue d'aboutir à un accord final en juin de l'année suivante. Dans l'intervalle, les modalités prévues dans ledit accord devaient continuer d'être implémentées. En février 2015, alors que les négociations reprenaient à Vienne, l'AIEA confirma de nouveau que l'Iran respectait les engagements qui ont été pris précédemment et souligna que « le pays a continué de procurer à l'agence un accès à différents lieux stratégiques tels que des usines d'assemblage de centrifugeuses et des installations de stockage ». En mars, le Premier ministre israélien, Benyamin Netanyahu, prononça un discours devant le Congrès américain affirmant qu'un accord n'empêchera pas l'Iran d'obtenir « beaucoup » d'armes nucléaires. Nonobstant les tentatives de freinage, en avril, l'Iran et le P5+1 annoncèrent que le cadre général d'un accord complet avait été convenu et que celui serait finalisé avant la fin du mois de juin. Après d'ultimes arrangements, le 14 juillet 2015, les deux parties annoncèrent et signèrent l'accord de Vienne sur le nucléaire iranien, le « *Joint Comprehensive Plan of Action* » *(JCPOA).* Six jours plus tard, le CSNU passa à l'unanimité la Résolution 2231 approuvant l'accord sur le nucléaire et la levée des sanctions une fois que les étapes clés auraient été implémentées.

En août, l'AIEA confirma que l'Iran avait soumis les documents et explications visant à répondre aux inquiétudes non résolues de l'agence relatives aux activités passées qui auraient pu être liées au développement d'armes nucléaires. En revanche, en septembre, l'appareil législatif américain, confronté à des luttes intestines, échoua à approuver ou à rejeter l'accord, le rendant vulnérable au regard du droit national dans le futur. En octobre, un panel de juristes iraniens, passant l'accord en revue, déclarèrent que celui-ci comporte des risques de sécurité – notamment liés à l'accès concédé aux inspecteurs de l'AIEA aux sites militaires – mais conseillèrent néanmoins son implémentation. Consécutivement, le Parlement et le Conseil des Gardiens de la Révolution approuvèrent le JCPOA, marquant sa consécration dans la législation nationale, finalement entérinée par le Guide Suprême. Ce même mois, l'accord fut formellement adopté par les parties. L'Iran débuta alors ses mesures restreignant son programme nucléaire tandis que, parallèlement, les États-Unis et l'Union européenne s'apprêtèrent à lever les sanctions relatives à la question du nucléaire. Concomitamment, l'Iran procéda à plusieurs tirs d'essais de missiles balistiques de moyenne portée, en violation de la Résolution 1929 du CSNU.

En décembre, l'AIEA dévoila son rapport évaluant les activités passées de l'Iran relatives au développement d'armes nucléaires. L'agence statua que Téhéran avait effectivement appliqué une dimension militaire organisée à son programme avant 2003 et que celle-ci s'était poursuivie – d'une manière erratique et non significative – jusqu'en 2009. Le rapport souligne que l'agence ne dispose pas d'information crédible qui permettrait de penser que l'Iran ait pu détourner du matériel nucléaire de son programme civil ou ait pu poursuivre un programme d'application militaire après 2009. En réaction à ce rapport, l'AIEA décida de clore son investigation relative à la dimension militaire du programme nucléaire iranien. L'agence, désormais, devait débuter un contrôle continu et une supervision de l'implémentation du JCPOA, conformément aux termes de celui-ci. En janvier 2016, après que l'AIEA eut vérifié l'implémentation diligente des engagements de l'Iran, le JCPOA fut officiellement enclenché et la levée progressive des sanctions entamée.

Le Joint Comprehensive Plan of Action

« Aujourd'hui, après deux années de négociations, les États-Unis, aux côtés de ses partenaires internationaux, ont accompli une chose que des décennies d'animosité n'ont pas réussi à faire : un accord complet et de long terme avec l'Iran qui l'empêchera de développer une arme nucléaire. [...] Un chemin fondé sur la tolérance et une résolution pacifique des conflits conduit à davantage d'intégration à l'économie globale, à une implication renforcée au sein de la communauté internationale, et à la capacité pour le peuple iranien de s'épanouir et prospérer. Cet accord nous offre l'opportunité d'emprunter ce nouveau chemin. Nous devrions la saisir. »[18] Ces mots furent prononcés par Obama le 14 juillet 2015 suite à la signature de l'accord sur le nucléaire iranien à Vienne par l'ensemble des parties représentées. Après

18 « President Obama›s Remarks on Iran Nuclear Deal » (*Time*, juillet 2015).

près de deux décennies d'ardente dispute et de tractations avortées, des années de mesures répressives et des mois d'âpres négociations, l'Iran fut finalement convié à revenir s'asseoir à la table du monde. Le JCPOA devait permettre de réhabiliter le pays en l'invitant à se joindre à la communauté internationale, sous réserve de bonne implémentation de la part des deux parties. L'accord marqua l'aboutissement d'un défi diplomatique inédit et la consécration des efforts de tous ceux qui ont œuvré à le surmonter. Nous arrivons ici au point pivot de notre exposé, à la suite duquel un développement inattendu viendra infléchir son cours jusqu'ici linéaire. Néanmoins, avant d'arriver à cette bifurcation, attardons-nous à élaborer un peu plus en détail sur le contenu de cet accord avec lequel il est nécessaire d'être familier. Afin de rendre cette partie plus digeste, nous nous concentrerons sur les éléments clés de l'accord que nous catégoriserons en deux blocs selon que les obligations entendues incombent à l'une ou l'autre des parties. Nous verrons ensuite quelles furent les conséquences immédiates – ou de court terme – de l'implémentation de l'accord.

Au cœur du JCPOA repose une double nécessité qui conditionna et entretint la volonté du P5+1 de conclure un accord avec l'Iran sur son programme nucléaire. La première était de permettre une supervision internationale – en l'espèce, par l'intermédiaire de l'AIEA – de la mise en œuvre de ce programme et des installations associées. La seconde, non moins essentielle, était de retarder le « breakout time », c'est-à-dire le laps de temps qui serait nécessaire à l'Iran à un moment donné pour fabriquer une arme nucléaire. Avant la signature de l'accord, l'Iran possédait notamment plus de 7 500 kg d'uranium enrichi (≥5 %)[19] et presque 20 000 centrifugeuses ce qui, selon les experts

19 « IAEA says Iran uranium stockpile reduced, but questions remain », Michael Shields, Louis Charbonneau, et Shadia Nasralla (*Reuters*, juillet 2015).

américains[20], permettait virtuellement à l'Iran de produire dix bombes dans le délai de deux à trois mois nécessaire pour parvenir à un taux d'enrichissement ≥90 % – la qualité militaire de l'uranium. Post JCPOA, les éléments clés lui ayant été confisqués, l'Iran ne pourrait possiblement parvenir à fabriquer une bombe dans un délai inférieur à un an ce qui, associé à la scrupuleuse surveillance exercée par l'AIEA, devait laisser suffisamment de temps à la communauté internationale pour réagir le cas échéant. Ainsi, les obligations de l'Iran sous le JCPOA peuvent être résumées en deux mots : contrôle et inspection. Contrôle, – en nature ou en quantité – des matières premières et instruments détenus par le pays dans le cadre de son programme nucléaire et, nous y reviendrons, de la technologie militaire mise à sa disposition. Inspection, des différents sites stratégiques pour garantir la transparence de ses activités et leur conformité aux engagements qui ont été pris. Ces deux dimensions représentèrent un sacrifice manifeste de souveraineté qui fut concédé par les dirigeants iraniens car les bénéfices escomptés leur parurent à minima proportionnels. Voyons maintenant, en pratique, ce que furent ces concessions.

Les principales clauses contenues dans le JCPOA et obligeant l'Iran à restreindre son programme nucléaire sont les suivantes[21] :

- Enrichissement
  - Le nombre de centrifugeuses opérationnelles est plafonné à 6 104 (10 ans). Les centrifugeuses résiduelles doivent être démantelées et stockées.
  - Le taux d'enrichissement de l'uranium est plafonné à ≤3,67 % U-235 (15 ans).

20 « Iran nuclear deal: Key details » (*BBC*, juin 2019).
21 « The Joint Comprehensive Plan of Action (JCPOA) at a glance » (*Arms Control Association*, mai 2018).

  - L'enrichissement n'est plus autorisé que sur le site de Natanz (15 ans).
- Stock d'uranium
  - Les réserves sont plafonnées à 300 kg d'uranium faiblement enrichi (15 ans).
  - L'excédent d'uranium doit être vendu et exporté ou dilué jusqu'à un niveau de concentration isotopique naturel.
  - Le composé enrichi à ≤20 % doit être mélangé pour réduire la concentration ou exporté à l'étranger.
- Réacteur d'Arak
  - Le cœur d'origine du réacteur doit être extrait, désactivé, et substitué par un autre dont la capacité de production de plutonium (élément similaire à l'uranium) de qualité militaire est réduite.
  - Engagement de toujours exporter le combustible nucléaire irradié (qui autrement, dans le cadre d'un réacteur fonctionnant à l'eau lourde, pourrait être utilisé pour fabriquer une bombe nucléaire).
  - Bannir les réacteurs à eau lourde et ne pas procéder à l'accumulation d'eau lourde (15 ans).
- Contrôle et vérification
  - Une autorisation préalable est nécessaire pour l'import de produits à double-usage (10 ans).
  - Contrôle continue des mines d'uranium et des usines associées du pays (25 ans).
  - Contrôle continue des sites de productions de centrifugeuses du pays (20 ans).
  - Possibilité pour l'AIEA d'inspecter des sites non déclarés (15 ans).

Changements convenus sous le JCPOA
pour limiter le programme nucléaire iranien

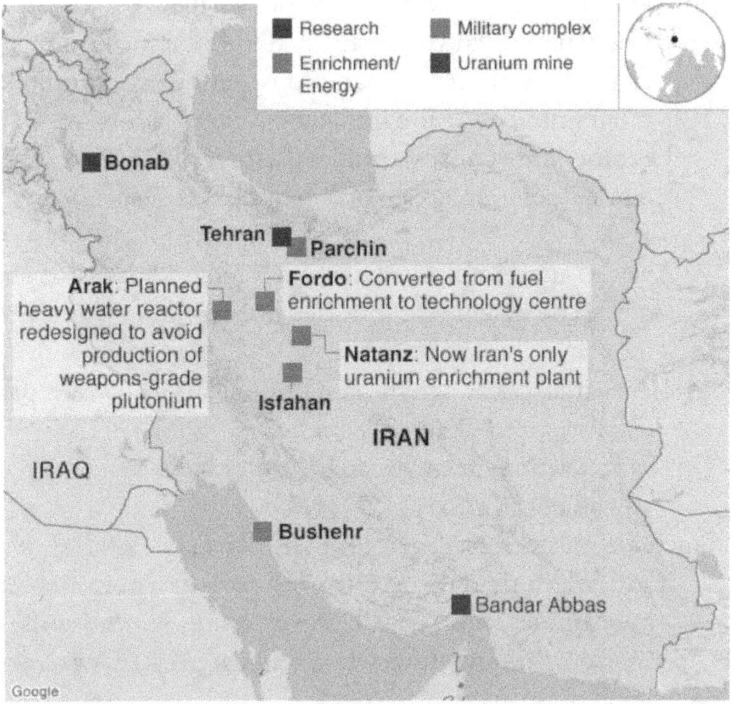

Source : *European Parliamentary Research Services*

Les clauses ci-dessus sont, répétons-le, comprises dans un accord exhaustif de plus de 100 pages et ne constituent donc qu'un échantillon soulignant les éléments essentiels à la poursuite de notre développement. Par ailleurs, le lecteur l'aura remarqué, certaines d'entre elles sont accompagnées d'une date d'expiration. Il s'agit d'un élément important sur lequel nous reviendrons dans le prochain chapitre. À présent, voyons quelles ont été les contreparties[22] – ici aussi synthétisées – qui

22 *Ibid.*

constituent l'engagement du P5+1 – et par extension de l'ONU et de l'Union européenne – en vertu du JCPOA :

- Sanctions mises en place par les Nations Unies
  - La Résolution 2231 votée par le CSNU entérine le JCPOA et révoque toutes les sanctions antérieures visant le programme nucléaire iranien.
  - Les sanctions sont susceptibles d'être rétablies par le veto d'une résolution appelant à continuer la suspension (10 ans).
  - Après 10 ans d'implémentation les Nations Unies cesseront d'être compétente sur le dossier du programme nucléaire iranien.
  - L'embargo contraignant sur l'importation d'arme par l'Iran reste en vigueur (5 ans).
  - Les restrictions relatives aux missiles balistiques restent en vigueur (8 ans).
- Sanctions mises en place par les États-Unis :
  - Les sanctions à l'encontre les secteurs pétrolier et bancaire de l'Iran sont levées et toutes ses entreprises sont dorénavant autorisées à renouer avec les systèmes internationaux.
  - Certains individus et entités sont retirées de la liste américaine les liant à des activités terroristes.
  - Les entités non-américaines mais détenues ou contrôlées par une « *US person* » sont autorisées à entreprendre des activités – permises par le JCPOA – avec l'Iran.
  - La vente d'avions de ligne à destination de l'Iran est désormais autorisée.
  - L'importation aux États-Unis de tapis et de produits alimentaires depuis l'Iran est désormais autorisée.
  - Après 8 ans d'implémentation de l'accord – ou de manière anticipée si l'AIEA conclu que le programme nucléaire

iranien reste pacifique – les États-Unis enclencheront un processus législatif ad hoc pour mettre fin ou modifier leurs sanctions nationales sur le programme nucléaire iranien.

  – Les sanctions américaines relatives aux droits de l'homme, au terrorisme ou aux missiles restent en vigueur.
  – Les États-Unis conservent la liberté d'imposer des sanctions unilatérales relatives à des enjeux non liés au nucléaire.

- Sanctions mises en place par l'Union européenne
  – Toutes les dispositions relatives au programme nucléaire iranien sont révoquées.
  – L'embargo européen sur la vente d'armes et les restrictions liées au transfert de missiles balistiques restent en vigueur (8 ans).

Comme le lecteur aura pu le constater, les États-Unis n'ont suspendu qu'une partie des sanctions appliquées à l'Iran, certaines d'entre elles remontant à 1979. Le pays n'a notamment pas été retiré de la liste américaine des États parrainant le terrorisme ou se rendant coupable d'une manière systématique de violation des droits de l'homme. Par ailleurs, une grande partie des sanctions financières restèrent en place, dissuadant un grand nombre d'entreprises – et notamment les banques – d'initier une relation commerciale avec l'Iran[23]. Toujours est-il que le JCPOA permit au pays de « rouvrir », au moins partiellement. Par conséquent, quels furent les effets empiriques de cet accord sur l'Iran et son économie ? Tout d'abord, notons que le JCPOA fut loin de faire l'unanimité dans la sphère politique iranienne. Nous l'avons vu précédemment, il existe une dichotomie relativement visible dans la structure politique du pays entre un

23 « What Is the Status of the Iran Nuclear Agreement? », Zachary Laub et Kali Robinson (*Council on Foreign Relations*, janvier 2020).

gouvernement « temporaire », élu – avec les contraintes que nous savons –, et un organe supérieur « permanent » presque omnipotent. Le premier, composé du Parlement et du mandat présidentiel, est subordonné au second, à savoir le pouvoir théocratique et les institutions issues de la révolution. Rappelons-nous que Rouhani fut élu sur ses promesses de faire retrouver à l'Iran sa place dans le monde et, ce faisant, d'améliorer les conditions de vie de la population. Le pan conservateur du régime, représenté notamment par le Guide Suprême et le CGRI, était sans surprise réfractaire à un pareil accord car il supposait une tractation avec le « Grand Satan », chose à priori impensable pour les héritiers de l'ayatollah Khomeini. Néanmoins, le mécontentement populaire, dynamisé notamment par les années Ahmadinejad, les força à la magnanimité afin de mieux préserver la paix sociale. Il reste que cette ambivalence fragilisa la position interne de l'Iran sur la question du JCPOA.

D'autre part, soulignons que l'adoption du JCPOA ne fut pas uniformément accueilli non plus à l'échelle internationale. Les voix contestataires se firent notamment entendre dans la région. Le fait que l'Iran fût à nouveau capable – au moins en partie – de commercer avec l'extérieur allait mécaniquement renforcer sa position stratégique dans la région. Les pays du golf Persique en particulier n'apprécièrent guère la manœuvre, et en furent même franchement inquiets[24]. Et pour cause, l'accord à peine signé, leurs valeurs boursières s'écroulèrent[25] et le marché pétrolier se prépara à une dévaluation critique du baril[26]

24 « Iran nuclear deal : Five effects of lifting sanctions », Kasra Naji (*BBC*, janvier 2016).

25 « Stock market Crash: £27 billion wiped off investments as Iran sparks oil price war », Nick Gutteridge (*Express*, janvier 2016).

26 « Lifting Economic Sanctions on Iran - Global Effects and Strategic Responses » , Elena Ianchovichina, Shantayanan Devarajan, Csilla Lakatos (*World Bank Group – Office of the Chief Economist*, février 2016).

consécutive au choc d'offre imminent[27]. Le « rapprochement » de l'Iran avec l'ouest leur fit également craindre un affaiblissement relatif de leurs propres relations et, surtout, une diminution de l'engagement des États-Unis à leur égard. De son côté, Israël fut bien entendu le plus fervent opposant au JCPOA[28], insistant sur la menace qu'il faisait peser sur sa sécurité à long terme et certifiant que l'accord permettrait à l'Iran de s'emparer de l'arme nucléaire après s'être enrichi de manière à faciliter ses capacités en recherche et développement. En outre, tous critiquèrent l'accord pour ce qu'ils l'accusèrent d'être une forme de consentement tacite à l'expansion de l'influence de l'Iran dans la région et à la déstabilisation qui en résulterait.

Venons-en maintenant aux externalités du JCPOA sur l'économie iranienne[29]. Depuis la révolution, la croissance de l'économie avait été erratique, ponctuée par les guerres, les fluctuations du marché – notamment pétrolier – et le poids des sanctions qui s'était accru depuis 2002. L'embargo sur le pétrole décrété par l'Union européenne en 2012 avait fini par achever l'économie de l'Iran qui depuis avait sombré dans la récession. Un an après la signature du JCPOA, la croissance de l'Iran fit un bond spectaculaire de 12,5 %, notamment grâce aux revenus du pétrole. En effet, le secteur ayant été débarrassé de son carcan, ses exports passèrent d'environ 1,1 à plus de 2,5 millions BPJ (Baril Par Jour).

27 « Saudi-Iran split dashes chance of OPEC deal to curb oil glut », Dmitry Zhdannikov, Alex Lawler, Rania El Gamal, Christopher Johnson et Peter Graff (*Reuters,* janvier 2016).

28 « Iran Deal Denounced by Netanyahu as 'Historic Mistake' », Isabel Kershner (*The New York Times*, juillet 2015).

29 « Nuclear deal: Is Iran›s economy better off now? », Amir Paivar (*BBC*, mai 2018).

Croissance économique en Iran (2005 – 2016)

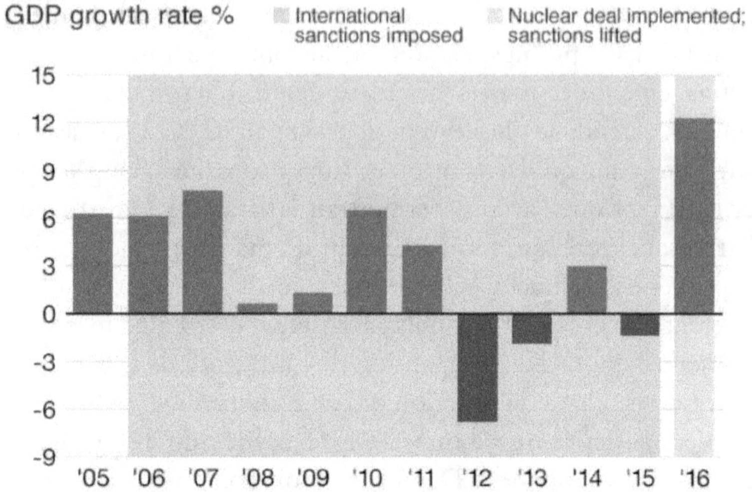

Source : *Central Bank of Iran*

L'impulsion fut néanmoins de courte durée car, une fois le choc absorbé par le marché et le niveau d'export stabilisé, la croissance redescendit à 3,7 %[30] en 2017. Toujours est-il que la marche en avant se poursuivit, notamment au niveau des exportations hors pétrole avec une croissance de presque 10 % en mars 2018 par rapport à l'année précédant la signature du JCPOA. Par ailleurs, la levée des sanctions relatives à l'export de produits de luxe vers États-Unis permit à l'Iran de retrouver son plus gros marché et d'y exporter ses tapis. D'une manière générale, les échanges se développèrent avec l'Union européenne tandis que la Chine, la Corée du Sud et la Turquie restèrent les premiers partenaires commerciaux de l'Iran.

Quid de l'instabilité monétaire ? En 2012, alors que les sanctions interdisaient à l'Iran l'accès au système financier

30 IMF DataMapper (Iran) - Real GDP Growth.

international, le rial avait perdu presque les deux tiers de sa valeur par rapport au dollar américain. Le JCPOA signé, Rouhani promit à la nation qu'elle « ne verrait plus le taux de change grimper toutes les heures » ; promesse qui ne fut pas réellement tenue, générant crispation et méfiance chez la population qui accusa le gouvernement – ce que celui-ci, aux côtés de la banque centrale, réfuta – de volontairement dévaluer la monnaie pour mieux contrôler l'inflation[31]. Notons toutefois que nous avons qualifié ladite promesse de « pas réellement tenue » en raisonnant en termes absolus et rétrospectifs. En termes relatifs, la valeur du rial fut à vrai dire correctement maintenue si nous comparons son évolution de la période à ce qui lui arrivera ultérieurement – et que nous verrons bientôt.

Évolution du cours USD/IRR (2013 – 2017)

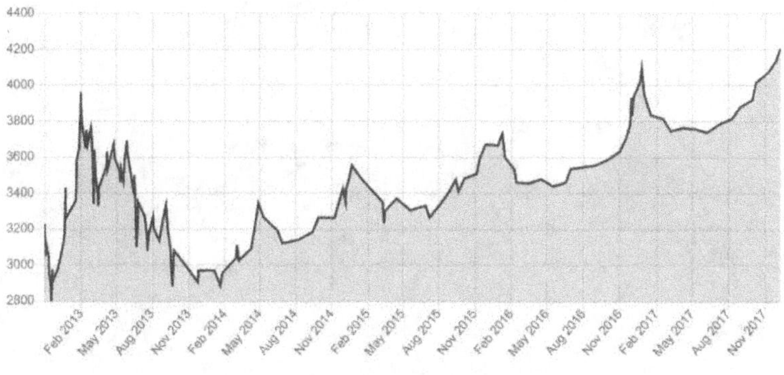

Source : *Bonbast*

Du côté des entreprises, bien que, nous l'avons dit, beaucoup – et essentiellement les banques – conservèrent une défiance importante, la levée des sanctions fut le signal qu'elles attendaient pour investir le marché iranien – celles de l'hexagone,

31 « Ups and downs of value of Iranian rial », Mina Ahmadi (*Mehr News Agency*, janvier 2017).

notamment, qui l'avaient quitté à regret. Ainsi, PSA[32] et Airbus[33], pour ne citer qu'elles, préparèrent leur grand retour en Iran. Les ménages quant à eux perdirent en pouvoir d'achat entre 2007 et 2016, notamment la classe moyenne. Toutefois, après la chute de 2012 dont nous avons déjà détaillé les raisons, une légère reprise fut enregistrée à partir de 2015, corrélée à la signature du JCPOA et vraisemblablement causée par elle. Ceci souligne néanmoins le fait que les retombées positives de l'accord furent plus lentes à ruisseler jusqu'à la population que les conséquences néfastes des sanctions furent promptes à l'affecter lorsque celles-ci causèrent une dégradation majeure de l'économie. L'Iran post 2015 était alors un État convalescent, en voie de redressement après des décennies d'ostracisation.

Budget des ménages en Iran (2005 – 2016, termes réels)

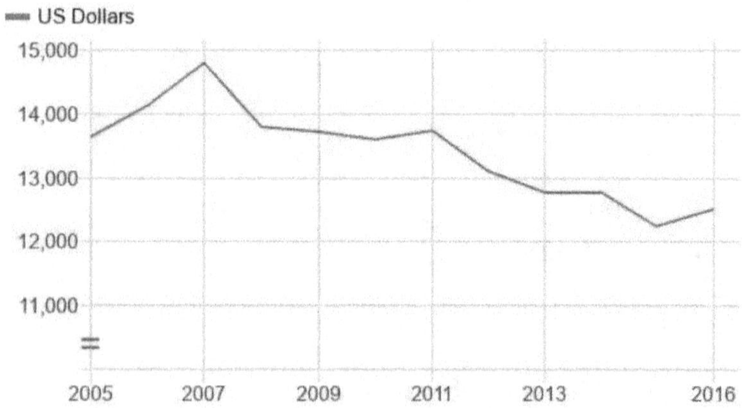

Source : Central Bank of Iran

32 « PSA signe son grand retour en Iran », Philippe Jacqué (Le Monde, janvier 2016).

33 « L'Iran confirme la commande de 100 avions Airbus, après 80 Boeing », Anne Bauer (Les Echos, décembre 2016).

Nous terminerons ce chapitre sur le point suivant. Nonobstant les déclarations répétées de l'administration Obama prônant le caractère vertueux de l'accord, des voix dissidentes – nombreuses – s'élevèrent aussi aux États-Unis, assertant la dangerosité du JCPOA[34]. Nombre de ses clauses furent critiquées, et jusqu'à son existence même, taxée de candide et de laxiste face à la « menace représentée par l'Iran ». Selon ses détracteurs, l'accord ne pouvait que renforcer le régime et lui permettre de refinancer son support actif aux proxies régionaux, déstabilisant davantage la région et y multipliant les tensions. En ce sens et toujours selon eux, renoncer à une politique multilatérale de sanctions fut une erreur dont la correction, à défaut d'être portée par un consensus international, devait incomber aux États-Unis et se matérialiser par un intense redéploiement des sanctions nationales. Les vœux des pourfendeurs du JCPOA eurent un écho considérable et trouvèrent leur héraut en la personne de Donald Trump qui, le 8 novembre 2016, fut élu 45ème président des États-Unis.

34 « Major beneficiaries of the Iran deal: The IRGC and Hezbollah », Suzanne Maloney (*Brookings*, septembre 2015).

CHAPITRE V

Le bras de fer irano-américain

Il est d'usage de supposer que la lumière au bout du tunnel est diffusée par l'ouverture symbolisant l'épilogue des tribulations auxquelles on a pu faire face. Mais qu'en serait-il si celle-ci était, en réalité, projetée par les phares d'un train en marche ? Peut-être le cas de l'Iran pourrait servir d'illustration appropriée. Le souffle que constitua la signature puis l'implémentation du JCPOA fut à certains égards comme une renaissance pour l'Iran qui, après des décennies d'isolement, vit se dessiner devant lui un chemin qui, tout semé d'embuches qu'il eût été, semblait moins sombre que celui qui avait été parcouru jusqu'alors. Ce possible futur lui fut arraché et une toute autre réalité émergea qui entraina un niveau de confrontation tout à fait inédit et un devenir tout à fait incertain. Le nouveau locataire de la Maison Blanche fit sienne la croisade contre l'Iran et l'incarna presque en apposant une touche très personnelle à la nouvelle direction qu'il fit prendre au conflit. L'accession de l'Iran au salon du monde en fut reportée sine die, le pays ayant été ramené dans les cordes par l'Oncle Sam sous le regard amer, désabusé et impuissant de l'Europe.

Retrait américain du JCPOA

La campagne présidentielle de Trump en 2016 fut caractérisée par un positionnement particulièrement chauvin et une intransigeance prononcée sur le dossier du nucléaire iranien. Déjà, les intentions de ce dernier de se débarrasser de l'accord n'étaient pas dissimulées, et même plutôt explicites. C'est ainsi qu'en mars 2016, lors d'une allocution prononcée devant l'AIPAC, il déclara que « démanteler l'accord avec l'Iran est [sa] première priorité »[1]. Une fois en poste à la Maison Blanche, ce fut un climat d'incertitude qui gagna l'ensemble de la communauté internationale. Bien que les diatribes du nouveau président conspuant JCPOA se poursuivirent, le qualifiant tantôt « d'embarras » ou de « pire accord jamais négocié »[2], les États-Unis continuèrent à honorer leurs engagements, notamment en poursuivant la suspension d'une partie des sanctions en mai 2017, conformément à l'accord[3]. Mais toujours est-il qu'après maintes tentatives de renégocier l'accord[4] – selon des termes bien plus contraignants pour l'Iran – qui ne furent pas soutenues par les Européens, et en dépit des rapports trimestriels de l'AIEA attestant de son respect par l'Iran, le verdict fut rendu : le 8 mai 2018, les États-Unis se retirèrent du JCPOA[5] et Trump signa dans la foulée un mémorandum pour l'implémentation du « plus haut niveau » de

1 « 'Dismantle the disastrous deal': Trump tells AIPAC Iran deal is ‹number one priority› » (*RT*, mars 2016).

2 « Trump expected to decertify Iran nuclear deal, official says », Steve Holland et Yara Bayoumy (*Reuters*, octobre 2017).

3 « U.S. to continue with Obama-era Iran nuclear deal, for now » (*Business Standard*, mai 2017).

4 « Trump threatens to rip up Iran nuclear deal unless US and allies fix ‹serious flaws› », Julian Borger, Saeed Kamali et Peter Beaumont (*The Guardian*, octobre 2017).

5 « Trump Abandons Iran Nuclear Deal He Long Scorned », Mark Landler (*The New York Times*, mai 2018).

sanctions économiques à l'encontre de l'Iran[6]. En réaction, les autres parties – l'Iran compris – renouvelèrent leurs vœux de se conformer au JCPOA et de le maintenir en vie malgré le retrait des États-Unis ; Federica Mogherini, alors Haute Représentante de l'Union européenne pour les affaires étrangères déclara que « tant que l'Iran respecte ses engagements, ce qui jusqu'ici fut le cas, l'Union Européenne restera engagée à implémenter l'accord de manière effective »[7]. Nous verrons bientôt si cette promesse fut tenue. Pour l'instant, attardons-nous sur les raisons qui ont conduit Trump à quitter le JCPOA.

Premièrement, pourquoi si tard ? En effet, bien que Trump entrât en fonctions en janvier 2017, il attendit jusqu'en mai 2018 pour quitter l'accord sur le nucléaire. Ce point n'a en guise de réponse que des conjectures, mais assez solides pour nous nous permettions de les évoquer ici. D'une part, le président voulu faire valoir ses facultés de négociateur en cherchant à convaincre ses partenaires outre-Atlantique de renégocier l'accord. Pour appuyer sa requête, il évoqua à plusieurs reprises l'ultimatum d'une sortie des États-Unis si ses conditions n'étaient pas acceptées par ses cosignataires. L'échec des pressions constitua un premier facteur. D'autre part, le remaniement de son cabinet dans la période considérée joua probablement un rôle capital. Les tendances téméraires de Trump et ses velléités d'abandonner l'accord furent vraisemblablement canalisées par le Secrétaire d'État Rex Tillerson, le Conseiller pour la Sécurité Nationale Herbert Raymond McMaster et le Secrétaire pour la Défense James Mattis qui le lui déconseillèrent. Toutefois, les deux premiers furent respectivement remplacés par Mike

6 « Trump's World : Peril and Opportunity in US Foreign Policy after Obama », John Davis (*Rowman & Littlefield*, août 2019).

7 « Iran deal : EU remains committed to the continued implementation of the nuclear deal, Mogherini says » (*European External Action*, mai 2018).

Pompeo et John Bolton, tous deux considérés comme largement hostiles à l'Iran et favorables à une approche plus agressive[8]. Combinés, ces deux éléments expliquent sans doute le sursis dont a bénéficié le JCPOA au début de l'ère Trump.

Intéressons-nous maintenant à ce que furent concrètement les éléments controversés dans l'accord qui poussèrent Trump à vouloir s'en débarrasser. Nous distinguerons ici deux dimensions : celle revendiquée par le président, et celle plus diffuse, que l'on ne peut que deviner. Commençons par la première et mentionnons d'abord l'aspect politico-idéologique que cela implique. Nous l'avons vu, du coup d'État orchestré contre Mossadegh à la prise de l'ambassade, les deux nations ont un passif dramatiquement chargé et leur rivalité au Moyen-Orient alimente cette opposition inamovible, presque inextricable. En octobre 2017, Trump déclarait que « Le régime iranien soutient le terrorisme et exporte la violence, les effusions de sang et le chaos à travers le Moyen-Orient. C'est pourquoi nous devons mettre un terme à aux agressions continuelles de l'Iran ainsi qu'à son programme nucléaire. Ils n'ont pas été à la hauteur de l'esprit de leur accord. »[9] Cette sortie pour le moins explicite, à mettre là aussi en parallèle avec les rapports de l'AIEA, souligne bien la dimension passionnelle de cette défiance, qui a plus à voir avec un agenda politique qu'avec l'accord à proprement parlé dans la mesure où celui-ci est strictement lié à la question du nucléaire et n'influence pas les thématiques exogènes, comme le démontre le fait que les sanctions non liées au programmes nucléaire ont toujours été maintenues.

8 « After dumping the nuclear deal, Trump has no strategy for Iran », Suzanne Maloney (*Brookings*, mai 2018).

9 «Trump Says Iran Not Living Up To 'Spirit' Of Nuclear Deal As Certification Deadline Nears » (*Radio Free Europe*, octobre 2017).

Il y a cependant deux éléments relatifs à la lettre de l'accord qui motivèrent – ou appuyèrent – la volonté de Trump de l'abandonner. Le premier est lié à ce qui fut nommé les « sunset clauses », signifiant littéralement clauses crépusculaires. Celles-ci prévoient une durée de vie limitée dans le temps pour certaines des dispositions restreignant les activités de l'Iran dans plusieurs domaines, notamment le taux d'enrichissement et les réserves d'uranium autorisés, ainsi que le nombres de centrifugeuses opérationnelles. Bien que ce fut réfuté[10], l'administration Trump – aux côtés de ses partisans nationaux et internationaux – argua que cela autorisait virtuellement l'Iran à se doter de l'arme nucléaire une fois l'échéance des clauses atteinte. Le second élément concerne le développement de missiles balistiques, notamment ceux capables de transporter une tête nucléaire – que l'Iran à mainte fois nié chercher à développer. Le JCPOA en effet – comme aucun traité international d'ailleurs – ne limite pas davantage le droit de l'Iran à développer cette technologie bien que sa prolifération soit prohibée par la Résolution 2231[11] du CSNU. L'Iran fut accusé à plusieurs reprises du transfert de missiles au Yémen[12] et son arsenal balistique est vu comme une menace directe à la sécurité d'Israël particulièrement, dû à la portée de certains de ses missiles. Défiant les pressions, le pays a plusieurs fois exclu d'interrompre le développement desdits missiles car ils seraient déterminant pour assurer sa sécurité intérieure. Ainsi, ce qui précède fonda – au moins en surface – la décision de Trump de retirer les États-Unis du JCPOA.

10 « The Iranian Nuclear Deal's Sunset Clauses », Ali Vaez (*Foreign Affairs*, octobre 2017).

11 « Dissecting international concerns about Iran's missiles », Tytti Erästö (*Stockholm International Peace Research Institute*, novembre 2018).

12 *Ibid.*

Ainsi, Trump martela l'inanité du JCPOA qui souffrirait de trop de défaillances, notamment donc celles liées au danger des « sunset clauses » et du laxisme induit par l'absence de régulations relatives aux missiles balistiques. Ce sont principalement ces deux arguments qui ponctuèrent ses discours appelant à abandonner l'accord. Or, nous avons évoqué une deuxième dimension motivant le rejet du président américain. Celle-ci est plus opaque, voir controversée, car elle n'est pas explicitement revendiquée et fait également appel à une multitude de faits qui échappent à notre sujet. N'étant pas dans la capacité de les élaborer davantage, nous laisserons au lecteur le soin d'approfondir par lui-même si tant est qu'il le souhaite. Nous soulignerons ici deux aspects de cette dimension[13]. D'une part, la volonté manifeste dont fit preuve – et qui est toujours entretenue à l'heure où l'auteur écrit ces lignes – Trump pour anéantir l'héritage d'Obama. Le JCPOA, lors de sa signature, fut globalement salué par la communauté internationale et considéré comme le trophée diplomatique de l'administration Obama, qui a pu ramener l'Iran dans le rang après 40 années d'isolement tout en garantissant un droit de regard sur son programme nucléaire. Trump jura alors de l'annihiler, à l'instar des progrès diplomatiques avec Cuba, de l'Accord de Paris sur le climat et de l'Obamacare – pour ne citer qu'eux. En ce sens, c'est donc dans une croisade très personnelle que Trump se serait ici engagé, comme lorsque, quelques heures avant d'entériner le retrait des États-Unis du JCPOA, il vilipenda les piètres qualités de négociateur de John Kerry – Secrétaire d'État sous Obama – en affirmant que ce dernier « n'a jamais quitté la table des négociations sauf pour rejoindre cette course cycliste durant laquelle il tomba et

13 « Three reasons behind Trump ditching Iran deal », Anthony Zurcher (*BBC*, mai 2018).

se cassa la jambe »[14] – faisant référence à un accident subit par Kerry.

D'autre part, l'abandon de l'accord permit à Trump de capitaliser sur ses rapports avec le gouvernement israélien, avec lequel il a très vite bâtit une relation fusionnelle. Ses dirigeants considérant l'Iran comme un ennemi juré, absolu, le JCPOA fut un sérieux revers car, selon leur grille de lecture, il autorisait non seulement l'Iran de poursuivre un programme nucléaire – dont la dimension au moins partiellement militaire ne faisait à leurs yeux aucun doute – mais lui permettait également de renforcer sa puissance diplomatique et économique suite à la levée des sanctions. Les lobbies pro-israéliens – à la tête desquels l'AIPAC – se sont donc fortement mobilisés pour persuader la nouvelle administration de réparer l'erreur potentiellement fatale de leurs prédécesseurs[15]. La magnanimité de Trump à leur égard et la connivence qui en résultat dépassa probablement leurs attentes. Le retrait américain du JCPOA fut presque un bonus à côté du transfert de l'ambassade américaine à Jérusalem – déclarant ipso facto la cité capitale d'Israël –, du gel des fonds alloués à l'UNRWA[16], de la reconnaissance de la souveraineté israélienne sur le plateau du Golan et de l'annonce du Secrétaire d'État Pompeo que les colonies de Cisjordanie ne sont pas considérées comme illégales par les États-Unis – renversant ainsi 50 années de politique étrangère[17]. Cet alignement de Trump sur les inté-

14 « Trump set to reveal Iran decision after slamming John Kerry›s ‹illegal Shadow Diplomacy› on deal », Emily Shugerman (*The Independent*, mai 2018).

15 « Netanyahu denounces Iran nuclear deal in AIPAC speech », Benjy Sarlin (*NBC* News, mars 2018).

16 United Nations Relief and Works Agency for Palestinian Refugees in the Near East.

17 Sans compter le soi-disant « Peace Plan » révélé en janvier 2020 qui prétend ouvrir la voie à une résolution du conflit israélo-palestinien et dont le niveau des concessions faites au premier n'a d'égal que la spoliation infligée au second.

rêts israéliens est moins le fruit d'un positionnement idéologique que d'un pragmatisme cynique et, n'en déplaise à la déontologie, la flatterie a essentiellement pour fin un objectif électoral[18]. En effet, le soutien à Israël permet au Président américain, à grand renfort de propagande, d'attirer des voix et des faveurs – financières notamment – qui lui sont essentielles[19].

Voici en substance les éléments qui ont motivé la décision du président américain de quitter l'accord sur le nucléaire iranien. Cette résolution, dont les suites et conséquences seront discutées dans la prochaine section, fut lourde de sens. Pour les États-Unis, cela accru l'érosion de la crédibilité du pays à l'échelle internationale et provoqué déception et condamnations chez les cosignataires de l'accord[20]. En faisant voler en éclat le multilatéralisme, l'administration Trump s'est davantage aliéné la communauté internationale qui le vit désormais comme un partenaire peu fiable, voir imprévisible[21]. Pour l'Iran, la décision américaine a fortement entamé sa confiance dans les négociations et mit en péril la pérennité du JCPOA, renforçant par ailleurs la position idéologique de l'aile la plus conservatrice du spectre politique iranien, menée par le Guide Suprême[22]. Pour le monde, la sécurité relative qui fut acquise suite à la signature de l'accord s'en trouva bousculée et déstabilisée. L'incertitude consécutive risqua de faire ressurgir les craintes d'une résurgence du programme nucléaire iranien et des risques de prolifération

18 « Trump Is Not Really Pro-Israel-He is Pro-Trump », Andrew Miller (*Foreign Policy,* décembre 2019).

19 « Christian Zionist philo-Semitism is driving Trump's Israel policy », Mairav Zonszein (*The Washington Post*, janvier 2020).

20 « World leaders react to US withdrawal from Iranian nuclear deal » (*Al Jazeera*, mai 2018).

21 « Consequences of the U.S. Withdrawal from the JCPOA » (Belfer Center, mai 2018).

22 *Ibid.*

que ceci impliquerait si l'Iran décidait à son tour de sortir de l'accord[23]. L'espoir demeura cependant de maintenir en vie le JCPOA en dépit du retrait des États-Unis.

La résurgence de l'escalade

Le retrait unilatéral du JCPOA par les États-Unis fut une secousse internationale considérable et le choix de politique étrangère le plus significatif pour le président à l'approche de la moitié de son mandat. Ainsi débuta la campagne de « pression maximum » censée faire plier l'Iran et aboutir à la négociation d'un nouvel accord, plus contraignant et intrusif, afin de mieux contenir la « menace iranienne ». La réintroduction des sanctions – et notamment secondaires – à l'encontre de l'Iran représenta un évènement inédit en ce sens que les États-Unis, un membre permanent du CSNU, s'apprêtaient à pénaliser les nations du monde – y compris leurs alliés –, non pas pour avoir enfreint une résolution du CSNU, mais pour s'y conformer[24]. En effet, la Résolution 2231[25], votée à l'unanimité par le CSNU et dont nous avons parlé plus haut, appelle les États membres à implémenter le JCPOA et à « promouvoir et faciliter le développement de liens économiques et commerciaux ainsi que la coopération avec l'Iran ». L'économie iranienne, se relevant à peine d'une décennie de disette, eut à souffrir à nouveau d'être mise au ban du commerce international. Sitôt après l'annonce de la réintroduction des sanctions et avant même qu'elles soient effectives, de nombreuses entreprises mirent fin à leurs projets en Iran, afin de se protéger à la fois d'éventuelles poursuites

23 « The Strategic Fallout of U.S. Withdrawal from the Iran Deal », Dalia Dassa Kaye (*Rand Corporation*, mai 2018).

24 « Trump's sanctions against Iran are a clear breach of international law », Gholamali Khoshroo (*The Guardian*, août 2018).

25 « United Nation Security Council Resolution 2231 » (Adoptée le 20 juillet 2015).

si elles venaient à enfreindre les sanctions secondaires, et de préserver leur accès au marché américain[26]. En dépit de la dérogation temporaire concédée à huit États pour l'importation de pétrole iranien[27], ceci afin de maintenir les prix du brut et de ne pas « pénaliser » ses alliés, les États-Unis s'engagèrent alors sur une pente savonneuse dont l'issue était et demeure tout à fait incertaine.

Moins de 6 mois après l'annonce du président américain de réimposer une politique de sanctions contre l'Iran, les effets furent fulgurants. Les principaux investisseurs et banques européennes quittèrent le marché, la valeur du rial plongea et les pénuries de produits de consommation de base débutèrent[28]. Par ailleurs, une grande partie des recettes rendues possible par les dérogations sur l'export de brut furent techniquement gelées dans la mesure où nombre de banques, même les plus intrépides[29], refusèrent désormais d'opérer des transactions depuis ou à destination de l'Iran. Si les condamnations publiques de la témérité et de l'unilatéralisme américain furent un temps la seule réaction de Téhéran[30], ce ne fut qu'éphémère. En effet, exactement un an après l'annonce de Trump du retrait américain du JCPOA, Rouhani annonça à son tour le retrait partiel de son pays, faisant valoir la « réciprocité » de cette décision[31]. Face à

26 « Trump re-imposes Iran sanctions: Now what? », Jonathan Marcus (*BBC*, novembre 2018).

27 « U.S. to Give Eight Nations Oil Waivers Under Iran Sanctions », Nick Wadhams (*Bloomberg*, novembre 2018).

28 « "Sanctions are coming" - but Trump has no achievable end game for Iran », Suzanne Maloney (*Brookings*, novembre 2018).

29 « As U.S. sanctions loom, China›s Bank of Kunlun to stop receiving Iran payments », Chen Aizhu et Shu Zhang (*Reuters*, octobre 2018).

30 « Iran's man grabs European spotlight with anti-Trump focus », David Herszenhorn (*Politico*, février 2019).

31 « Iran announces partial withdrawal from nuclear deal », Patrick Wintour (*The Guardian*, mai 2019).

l'inanité de la réponse apportée à la réintroduction des sanctions par ses partenaires européens, Rouhani, vraisemblablement pressé par les conservateurs du régime de prendre les mesures nécessaires pour riposter, décida d'accroître la pression sur les cosignataires de l'accord afin qu'une résolution soit promptement convenue. Il déclara cesser l'exportation du surplus d'uranium enrichi et l'intention de l'Iran de débuter un processus d'enrichissement supérieur à la limite fixée par le JCPOA dans un délai de 60 jours si les parties encore présentes ne se décidaient pas à protéger le pays de l'impact des sanctions sur son économie. Dans son allocution à la nation, Rouhani affirma que le temps des demi-mesures était révolu et qu'afin de « sauver l'accord, ce n'est pas à des antidouleurs mais à une chirurgie qu'il faut avoir recours »[32], appelant subliminalement les Européens à s'avancer et à trouver une solution pour le revigorer. La décision de Téhéran – susceptible d'être qualifiée d'infraction à l'accord – intervint dans un contexte de renforcement des sanctions dans les semaines qui précédèrent cette déclaration.

D'une part, fin avril 2019, le Secrétaire d'État Pompeo déclara que les dérogations qui permettaient jusqu'alors à l'Iran de vendre son pétrole à huit États ne seraient pas renouvelées après leur expiration le 2 mai[33]. La volonté des États-Unis de priver l'Iran de la totalité de ses ressources pétrolières – après avoir obtenu la garantie de l'Arabie saoudite que la quantité de BPJ irriguant le marché serait maintenu afin de stabiliser le niveau du prix – attesta du durcissement d'une campagne de sanctions déjà qualifiée, nous l'avons dit, de « maximum ». D'autre part, plus tôt ce même mois, les États-Unis déclarèrent

32 *Ibid.*
33 « Oil prices surge to six-month high as US gets tough on Iran embargo », Philip Inman et Julian Borger (*The Guardian*, avril 2019).

inscrire le CGRI sur leur liste des organisations terroristes[34]. Ce fut la première fois que Washington désigna formellement une branche des forces armées d'un État en tant que groupe terroriste. Le Conseil Suprême de Sécurité Nationale iranien réagit en désignant à son tour les États-Unis comme un État parrainant le terrorisme. Le geste de Washington apparu comme relevant davantage d'une action symbolique que significative dans la mesure où l'organisation était d'ores et déjà désignée comme parrainant le terrorisme, à l'instar de l'Iran. Les effets pratiques d'une telle décision furent donc difficiles à identifier. Toujours est-il que, une grande partie de l'économie iranienne étant sous contrôle du CGRI, ceci accru très certainement la réticence des entreprises étrangères de s'engager en Iran de peur d'être indirectement affiliées à une organisation figurant sur une telle liste, si tant est qu'aucune eût été prête à outrepasser les sanctions américaines en premier lieu.

Tandis que la réaction immédiate des États-Unis à l'annonce de Téhéran fut d'imposer de nouvelles sanctions[35] – sur l'industrie métallurgique, la seconde plus lucrative à l'export après le pétrole dans la balance commerciale iranienne – et d'amorcer le déploiement du porte-avions USS Abraham Lincoln et de son groupe aéronaval au Moyen-Orient[36], les Européens furent fortement embarrassés par un dilemme possiblement lourd de conséquences. L'ultimatum de 60 jours annoncé par l'Iran mit l'Europe en passe de devoir choisir entre le risque de détériorer ses relations commerciales et sécuritaires avec les États-Unis, et celui de voir l'Iran renoncer à ses engagements ce qui forcerait

34 « Trump designates Iran's Revolutionary Guards as foreign terrorist organization », Lauren Gambino (*The Guardian*, avril 2019).

35 « Iran nuclear deal: Trump raises pressure with sanctions on metals », Jonathan Marcus (*BBC*, mai 2019).

36 « US deploying carrier and bomber task force in response to ‹troubling› Iran actions », Kate Sullivan, Barbara Starr et Brad Lendon (*CNN*, mai 2019).

l'E3 à envisager à son tour la réintroduction des sanctions, subséquemment condamnant le JCPOA et anéantissant les progrès accomplis depuis le début des négociations sur le nucléaire iranien[37]. Les alternatives semblant l'une et l'autre nuisibles, les signataires européens accrurent leurs efforts pour implémenter l'objet d'une diplomatie acrobatique que nous détaillerons dans la prochaine section. En tout état de cause, quels qu'eussent été les efforts déployés par l'E3 pour sauver le JCPOA du naufrage, ils ne furent pas suffisamment prompts à se matérialiser.

À la mi-juin, la tension entre l'Iran et les États-Unis monta d'un cran lorsque deux pétroliers furent attaqués dans le golfe d'Oman. Bien que l'Iran niât toute responsabilité, Washington accusa le CGRI d'avoir conduit l'opération et, en réaction, annonça envoyer 1 000 troupes supplémentaires au Moyen-Orient pour y être stationnées, prêtes à intervenir[38]. Aux premiers jours de juillet, l'Iran mit ses menaces à exécution : son stock d'uranium enrichi dépassa le plafond des 300 kg, et le niveau d'enrichissement de 3,67 % fut réhaussé à 4,5 %. L'initiative, fortement condamnée par l'E3, ne redéfinit toutefois pas les risques de prolifération à brève échéance ni ne raccourcit significativement le *breakout time*[39]. En effet, pour obtenir une arme nucléaire, l'Iran devrait produire au moins 1 050 kg d'uranium enrichi à 3,67 % – presque 4 fois son stock à ce moment – puis l'enrichir davantage jusqu'à obtenir environ 25 kg d'un composé de qualité militaire (U-235 ≥90 %). Alors, la matière fissile devrait être réduite en poudre puis forgée en une forme métallique qui constituerait le cœur de la tête

37 « 60 days to save the JCPOA », Ellie Geranmayeh (*European Council on Foreign Relations*, mai 2019).

38 « Iran says it 'will not wage war' after US prepares to send 1,000 more troops to Middle East », Richard Hall (*The Independent*, juin 2019).

39 « The Impact: Iran Breaches Nuclear Deal », Kelsey Davenport (*Arms Control Association*, juillet 2019).

nucléaire ultérieurement montée sur un engin conçu pour délivrer la charge explosive, vraisemblablement un missile balistique. Toutes ces étapes sont chronophages, et les mécanismes de surveillance toujours place avaient été pensés pour qu'une telle entreprise ne puisse rester indétectée. Il semble ainsi évident que la décision de l'Iran constitua davantage un coup de semonce plutôt qu'un abandon pur et simple de l'accord, sachant par ailleurs que celle-ci pourrait être inversée en très peu de temps – il suffiraient à l'Iran de diluer le surplus d'uranium enrichi avec le matériau brut afin que la concentration en U -235 décroisse jusqu'à atteindre son niveau naturel – si les Européens honoraient leur part du contrat.

Le 14 septembre 2019, quelques jours à peine avant l'Assemblée Générale des Nations Unies, un évènement d'une ampleur considérable eut lieu qui porta la pression à un point rarement égalé. En pleine nuit, deux raffineries de la compagnie nationale Saudi Aramco située à l'est de l'Arabie saoudite furent la cible d'une attaque de drones immédiatement revendiquée par les rebelles houthis. Cette offensive sans précédent sur la jugulaire du pays paralysa temporairement plus de 50 % de sa production journalière – soit 5 % de la production mondiale de pétrole[40]. Les prix du baril sur les marchés financiers internationaux bondirent et certains analystes prédirent que l'inflation pourrait augmenter à court terme à l'échelle globale. Dans l'élan des doigts qui pointèrent immédiatement vers l'Iran, le président américain a affirmé que les États-Unis étaient « locked and loaded » et prêts à répondre à cette attaque, à l'instar du gouvernement saoudien. Téhéran rejeta de son côté toute responsabilité et invita ses accusateurs à fournir les preuves susceptibles d'étayer leurs allégations. La rhétorique belliqueuse s'enflammant de chaque

40 « Saudi Arabia oil attack: Trump hints at action as US points finger at Iran », Kate Lyons (*The Guardian*, septembre 2019).

côté, un haut commandant du CGRI rappela que « Chacun doit savoir que toutes les bases américaines dans la région situées jusqu'à 2 000 km autour de l'Iran sont à la portée de nos missiles. » À la fin de ce même mois, les États-Unis déployèrent de nouvelles troupes ainsi que des batteries anti-missiles en Arabie saoudite pour « solidifier les défenses du royaume »[41]. Début décembre un rapport d'experts onusiens chargés d'enquêter sur l'attaque statua qu'ils n'avaient pas à ce jour de preuves probantes corroborant les accusations précédemment formulées et permettant d'inculper formellement l'Iran[42]. Plus tard ce même mois, les États-Unis présentèrent au CSNU de nouvelles preuves attestant qu'avant d'atteindre leurs cibles, les drones seraient venus du nord – le Yémen étant au sud –, et soulignèrent également la précision chirurgicale de l'attaque et son vecteur – le type de drone utilisé – dont ne disposeraient pas les houthis[43]. Début juin 2020, le contenu d'un nouveau rapport de l'ONU devant être présenté au CSNU établit « l'origine iranienne » des missiles ayant frappé les installations de Saudi Aramco[44].

L'escalade se poursuivit en novembre 2019 avec la décision de l'Iran de reprendre l'enrichissement sur le site de Fordo, ce qui accrut significativement ses capacités, l'installation disposant de plus de 1 000 centrifugeuses[45]. À ce stade, l'Iran avait atteint une capacité d'enrichissement équivalente à la période pré -2015. La stratégie de « pression maximum » employée par

41 « United States sending troops to bolster Saudi defenses after attack », Phil Stewart et Idrees Ali (*Reuters*, septembre 2019).

42 « Saudi Arabia oil attacks: UN ‹unable to confirm Iranian involvement› » (*BBC*, décembre 2019).

43 « U.S. probe of Saudi oil attack shows it came from north », Humeyra Pamuk (*Reuters*, décembre 2019).

44 « Missiles used to attack Saudi Arabia of ‹Iranian origin› : UN » (*Al Jazeera*, juin 2020).

45 « Iran answers Trump's maximum pressure with maximum resistance », Marc Daou (*France 24*, novembre 2019).

l'administration Trump sembla se heurter à celle de « résistance maximum » déployée par l'Iran. Ce dernier, en s'éloignant sensiblement des termes du JCPOA, appliqua à la fois une intense pression sur l'E3 et s'arma d'éléments pour affronter d'éventuelles futures négociations. Toutefois, les infractions de l'Iran restèrent prudentes, de sorte que le franchissement des lignes jaunes alerte et que soient soigneusement évitées – pour l'heure – les lignes rouges. La reprise d'un enrichissement dont le niveau atteindrait ou dépasserait 5 % serait un signal particulièrement dangereux. Début décembre, les signataires restant du JCPOA se rencontrèrent à Vienne dans un climat particulièrement tendu. L'Iran critiqua ses partenaires européens pour continuellement échouer à fournir au pays une protection face aux sanctions américaines et, ce faisant, à implémenter leurs parts du contrat[46]. Pour cette raison et tant que l'Iran ne sera pas capable de jouir des fruits de l'accord, les transgressions devaient se poursuivre. De leur côté les européens réaffirmèrent qu'ils pourraient avoir recours, si l'Iran poursuivait sur cette voie, au « mécanisme de règlement des différents » prévu dans l'accord. Il s'agit d'un processus de résolution des conflits qui, si mené à son terme, peut aboutir devant le CSNU lequel devra voter – à la majorité et sans qu'un véto soit utilisé par l'un des P5 – une résolution confirmant la levée des sanctions contre l'Iran. À défaut, les sanctions des Nations Unies prévues par toutes les résolutions précédemment interrompues pourraient être réappliquées.

Le mois de décembre 2019 fut également le théâtre d'accusations tonitruantes de la part de l'E3, faisant écho à celles des États-Unis, qui prétendirent, dans une lettre conjointe adressée aux Nations Unies, que l'Iran avait développé des missiles balistiques capables de transporter une arme nucléaire et que

46 « Iran deal limps on as Europeans delay sanctions blow », John Irish et François Murphy (*Reuters*, décembre 2019).

le pays poursuivait la prolifération de la technologie balistique dans la région[47], en violation de la Résolution 2231 du CSNU. Dans la même période, Washington annonça un nouveau round de sanctions ciblant le réseau de transport maritime iranien ainsi que Mahan Air, accusés de participer aux mouvements de fonds illégaux ainsi qu'à la prolifération en question. Dans un briefing devant le CSNU, la Cheffe des Affaires Politiques et Sous-Secrétaire Général des Nations Unies, Rosemary DiCarlo, souligna que la déliquescence du JCPOA et l'escalade des tensions dans la région doivent être imputées aux décisions mutuelles des États-Unis et de l'Iran[48]. Toujours est-il que les conséquences de cette escalade furent particulièrement ressenties par le second[49], où la reprise des sanctions américaines provoqua une profonde récession aux conséquences parfois désastreuses que nous aborderons bientôt. Limitons-nous ici à quelques éléments capitaux pour illustrer le marasme économique que connait le pays.

47 « US unveils new sanctions on Iran », Nicole Gaouette, Jennifer Hansler et Kylie Atwood (*CNN*, décembre 2019).

48 « Iran and US both undermining nuclear deal says UN political affairs chief » (*UN News*, décembre 2019).

49 « Six charts that show how hard US sanctions have hit Iran » (*BBC*, décembre 2019).

Croissance économique en Iran

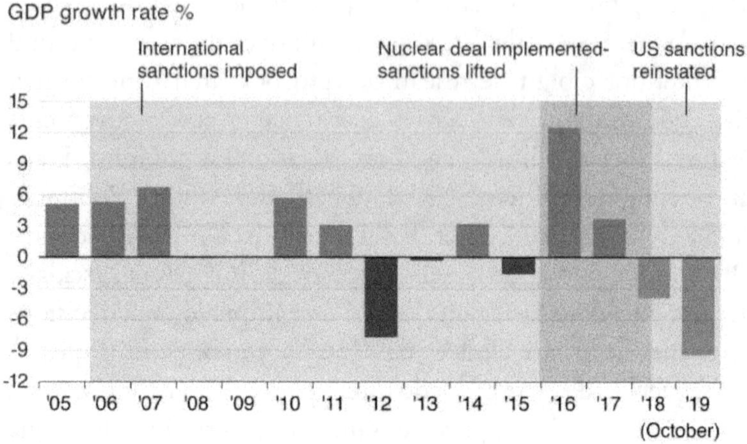

Source : *Central Bank of Iran*

Production pétrolière iranienne

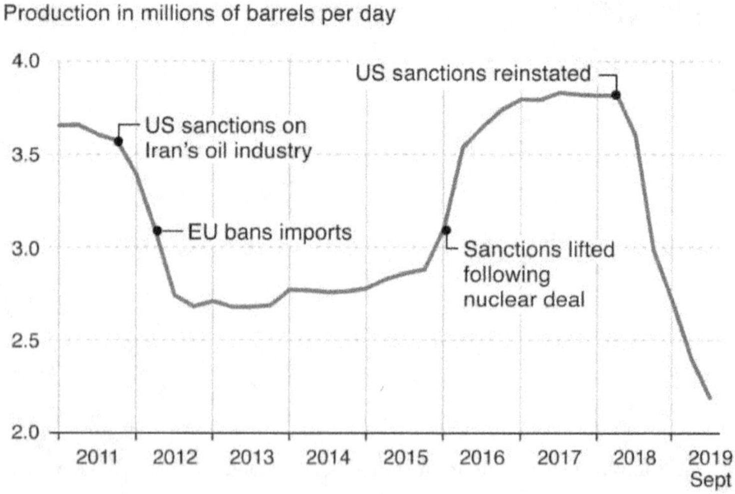

Source : *OPEC*

Cours du Rial iranien

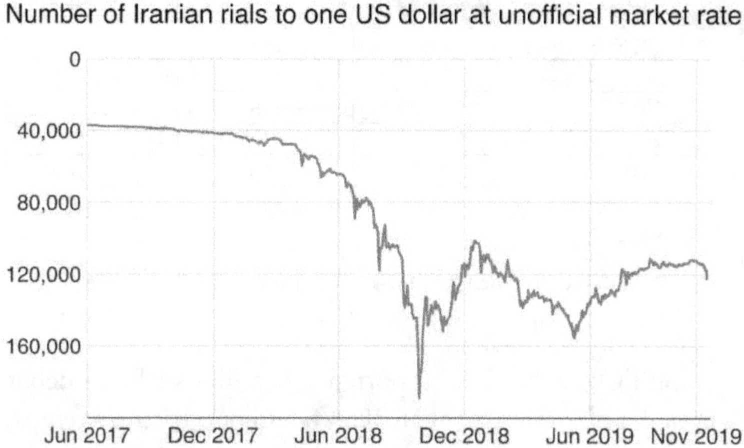

Source : *Bonbast*

L'embellie – ou, au moins l'amélioration – dont avait bénéficié l'Iran les deux années durant lesquelles le JCPOA a été implémenté fut de courte durée. La réimposition des sanctions en 2018 – particulièrement celles affectant les secteurs de l'énergie, des transports et de la finance – provoquèrent un assèchement de l'investissement direct étranger et frappa de plein fouet l'industrie pétrolière. Les entreprises qui avaient investi – ou réinvesti – le marché iranien se précipitèrent vers l'issue de secours, et celles qui étaient restées en arrière ne furent pas vraiment incitées à revenir sur leur décision. En conséquence, en 2018 et 2019, le PIB se contracta, le chômage se creusa et l'inflation explosa[50].

50 IMF DataMapper (Iran).

Années / Indicateurs (%)	PIB (évolution)	Inflation	Chômage
2015	-1,6	11,9	11
2016	12,5	9,1	12,4
2017	3,7	9,6	12,1
2018	-5,4	31,2	12
2019	-7,6	41,1	13,6
2020 (prévisions)*	-6	34,2	16,3

* NB : Les données de 2020 sont la somme des sanctions et de l'épidémie de COVID-19 qui s'est durement abattue sur le pays à partir de février 2020.

Selon l'OPEC[51], l'Iran exportait 2,3 millions BPJ au début de 2018. La plupart allaient aux 8 pays qui ont, pour un temps, bénéficié de la dérogation aux sanctions imposées à l'industrie par les États-Unis. L'une des conditions de cette dérogation étaient que les pays en question s'engagent à réduire leurs importations de pétrole en provenance de l'Iran, ce qui ramena les exportations du pays à 1 million BPJ en avril 2019. Lorsque les exemptions expirèrent et que Trump affirma vouloir « ramener les exportations pétrolières de l'Iran à zéro », le pays n'exporta plus qu'une moyenne de 213 000 BPJ en novembre 2019. Ceci eu manifestement un impact considérable sur la balance commercial iranienne et, subséquemment, sur ses réserves de devises qui auraient chuté de 20 % par rapport à 2013.

S'agissant du rial iranien, la valeur de la monnaie s'effondra 50 % par rapport au USD sur le marché officieux – celui qui est véritablement utilisé par la majorité des individus/entreprises – depuis l'abandon de l'accord par les États-Unis. La chute est due, en dehors des effets spéculatifs, à la demande soutenue en devise étrangère par la population qui a vu la valeur de son épargne

51 « Iran drops to the bottom of OPEC oil exporters list » (*Radio Farda*, décembre 2019).

s'éroder et son pouvoir d'achat se contracter sensiblement. La valeur du rial connue un bref rebond entre septembre et décembre 2018 lorsque la banque centrale injecta davantage de dollars sur le marché et que les autorités prirent des mesures fortes pour lutter contre la contrebande et le marché parallèle. La dévaluation du rial provoqua également des pénuries de produits finis et de matières premières venues de l'étranger, ce qui dynamisa l'inflation. La hausse généralisée des prix conduisit à créer des files d'attentes devant les magasins d'alimentation subventionnés par le gouvernement, notamment pour la viande qui fut rationnée. En novembre 2019, le gouvernement annonça cesser les subventions sur le prix du pétrole à la pompe qui allait donc augmenter de 50 % et serait dorénavant rationné[52]. Rouhani déclara que les 2,5 milliards de dollars d'économies qui seraient réalisées serviraient à procurer un soutien additionnel à 18 millions de familles. L'annonce fut néanmoins suivie du soulèvement populaire le plus important depuis une décennie et conduisit des centaines de milliers de personnes à descendre dans la rue. Le mouvement fut dénoncé par le gouvernement comme étant instrumentalisé et téléguidé depuis l'étranger par leurs « ennemis » et la répression qui s'en suivit provoqua, selon Amnesty International, au moins 304 morts et des milliers d'arrestations[53].

Début janvier 2020, l'assassinat du général Qassem Soleimani, commandant de la Quds Force du CGRI, par les États-Unis provoqua un véritable tremblement de terre en Iran, et une confrontation directe ne fut jamais plus proche d'éclater. L'ordre de Trump d'éliminer Soleimani, évité par ses

52 Les prix augmentèrent de 50 % pour s'établir à 15 000 IRR et chaque conducteur serait autorisé à acheter 60 L par mois à ce tarif, chaque litre supplémentaire serait facturé 30 000 IRR.

53 « Iran : Thousands arbitrarily detained and at risk of torture in chilling post-protest crackdown » (*Amnesty International*, décembre 2019).

deux prédécesseurs, fut donné depuis son club de golf floridien et exécuté par un drone MQ-9 Reaper de l'US Air Force qui retransmettais les mouvements de sa cible simultanément au Pentagon et à la CIA[54]. Probablement traqué depuis plusieurs mois, l'occasion d'abattre Soleimani fut trouvée à la faveur de renseignements qui permirent aux services secrets américains de le localiser à l'aéroport de Bagdad, en compagnie d'Abu Mahdi Al-Muhandis – le leader irakien de l'un des proxies iranien en Irak, Kata'ib Hezbollah – qui fut également tué dans l'attaque. Peu après, la première réponse du gouvernement iranien fut de déclarer que le pays n'observerait désormais plus aucune des restrictions imposées par l'accord sur le nucléaire – bien que fut précisé ici encore la réversibilité de la démarche si Washington levait les sanctions[55]. Quelques jours suivant l'opération menée par les États-Unis, l'Iran tira une salve d'une douzaine de missiles ciblant deux bases américaines en Irak[56]. L'attaque fut présentée comme les représailles du pays en réponse à l'assassinat de Soleimani, mais ne fit pas de victimes. Dans un climat de tensions exacerbé, l'Iran abattit dans la même semaine un avion civil de la compagnie Ukraine International Airlines, tuant les 176 personnes présentes à bord. Téhéran, après avoir initialement nié son implication, se désola de cette « impardonnable erreur » qui était due à une erreur humaine provoquée par la « l'alerte maximum » de ses systèmes de défense suite à « l'agression américaine »[57]. En conséquence, le pays qui, la veille, protestait

54 « Making of a martyr : how Qassem Suleimani was hunted down », Peter Beaumont (*The Guardian*, janvier 2020).

55 « Iran ends nuclear deal commitments as fallout from Suleimani killing spreads », Martin Chulov et Ghaith Abdul-Ahad (*The Guardian*, janvier 2020).

56 « Missiles launched by Iran against US airbases in Iraq », Julian Borger et Patrick Wintour (*The Guardian*, janvier 2020).

57 « Iran admits unintentionally shooting down Ukrainian airliner », Bethan McKernan (*The Guardian*, janvier 2020).

contre l'assassinat de Soleimani, descendit cette fois dans la rue pour dénoncer le gouvernement, certains appelant même à la démission du régime des mollah[58]. Face au recul graduel mais continuel de Téhéran concernant ses obligations dans le cadre du JCPOA et sa déclaration d'intention de plus respecter aucune des limitations prévues au sein de l'accord, l'E3 décida d'enclencher le mécanisme de règlement des différends, portant un coup potentiellement fatal au JCPOA, tout en réitérant formellement son intention de le préserver[59]. L'Iran, dans la foulée, condamna la décision comme « ne disposant pas de base légale et étant stratégiquement absurde ».

Notre description linéaire des évènements s'achève ici, en ce mois de janvier 2020 particulièrement troublé. La prochaine section sera une parenthèse destinée à explorer la réponse européenne au retrait américain du JCPOA ; puis, dans la dernière partie de ce livre, nous analyserons en détails les effets des sanctions sur l'Iran et leurs implications socio-économiques, politiques, et légales. Notons toutefois qu'en mars 2020, soit près de 2 ans après le retrait américain de l'accord sur le nucléaire, l'Iran avait, d'après un rapport de l'AIEA, accru son stock d'uranium faiblement enrichi à hauteur de 1 021 kg – soit plus de trois fois la limite autorisée par les termes de l'accord[60]. Ainsi, bien qu'aucun élément tangible ne vienne à ce jour témoigner de l'intention de l'Iran de produire une arme nucléaire, le pays a réduit le « *breakout time* » de moitié.

58 « Iran Protests Rage Over Downed Jet, as Lawmakers Demand Accountability », Farnaz Fassihi et Ben Hubbard (*The New York Times*, janvier 2020).

59 « Iran nuclear deal: European powers trigger dispute mechanism », Jonathan Marcus (*BBC*, janvier 2020).

60 « Despite U.S. Sanctions, Iran Expands Its Nuclear Stockpile », Colum Lynch (*Foreign Policy*, mai 2020).

Les tentatives d'interventions européennes

En juillet 2019, soit plus d'un an après le retrait américain du JCPOA, les Européens restèrent sourds aux appels de Washington – singés par Israël et l'Arabie saoudite notamment – à abandonner à leur tour l'accord et à s'aligner sur sa politique de sanctions. À contre-courant, ceux-ci appelèrent à le préserver tout en conjurant l'Iran de ne pas persévérer dans sa démarche de renoncement à ses engagements pris dans le cadre dudit accord[61]. Le fait est que les sanctions secondaires étaient – et sont toujours – perçues comme une atteinte majeure à la souveraineté et que le risque qu'elles faisaient – et font toujours – courir aux entreprises de l'Union européenne était colossal, en plus d'être considérées comme un abus de pouvoir confinant à l'abus de position dominante. De sorte que, porté par la France, un engagement à l'échelle européenne fut amorcé pour que les États soient en mesure de faire respecter leur souveraineté et, surtout, de préserver leur économie. À ce titre, plusieurs pistes furent envisagées telles que : réformer la loi de blocage française de 1968 – relative à la protection des entreprises visées par des procédures extraterritoriales – et la dupliquer au niveau européen ; renforcer l'euro pour contrer la suprématie du dollar ; indemnisation des entreprises adossée sur le budget européen – lui-même compensé par la saisie d'actifs américains non-couverts par l'immunité diplomatique sur le territoire de l'Union européenne ; création d'un OFAC (Office of Foreign Assets Control) européen pour favoriser l'équilibre des forces par la réciprocité[62]. Toutefois, l'inertie des mécanismes consultatifs des institutions de l'Union européenne étant, un consensus

61 « EU powers resist calls for Iran sanctions after breach of nuclear deal », Patrick Wintour (*The Guardian*, juillet 2019).

62 « Iran : Paris sort sa carte européenne en réponse aux sanctions américaines », Anne Drif (*Les Echos*, juin 2019).

n'a pu, à ce jour, être trouvé pour surmonter les dissensions internes. Ainsi, en l'absence d'une politique coordonnée pour lutter contre les sanctions de Washington, la réponse ne put être qu'imparfaite, fragmentée et donc maintenue en échec.

De nombreuses voix s'élevèrent pour exprimer les griefs des Européens à l'égard des États-Unis et dénoncer les conséquences de leur retrait du JCPOA, parmi lesquelles : la mise en péril des efforts globaux relatifs à la non-prolifération ; l'affaiblissement de la diplomatie multilatérale, du droit et des institutions internationales ; l'exacerbation des tensions régionales ; et la punition collective infligée à la population iranienne[63]. L'Union européenne était donc fermement opposée à la conduite américaine, déterminée à maintenir à flot l'accord sur le nucléaire, mais paralysée par l'universalisme des sanctions imposées par son allié[64]. Dans leurs tribulations, une lueur d'espoir sembla néanmoins se dessiner. En janvier 2019, l'E3 annonça la mise en place d'un fonds commun de créance (« Special Purpose Vehicle » ou SPV) pour faciliter le commerce avec l'Iran et contourner les sanctions américaines. Baptisé « INSTEX » (« *Instrument in Support of Trade Exchanges* »), ce dispositif fut officiellement lancé fin juin 2019[65] sous la forme d'une société par action dont les fondateurs – la France, le Royaume-Uni et l'Allemagne donc – sont les piliers et promoteurs. Rappelons ici, avant d'aller plus loin, un élément important. L'effet des sanctions américaines est d'une telle importance car, en plus de dissuader les entreprises – dont les banques – d'opérer en Iran, elles l'isolent complètement du système financier international et de ses différentes

63 « Open letter: The US and the Iran Nuclear Deal », (*European Council on Foreign Relation*, mai 2019).
64 « L'Union européenne veut tout faire pour sauver l'accord sur le nucléaire avec l'Iran » (*Le Monde*, juillet 2019).
65 « INSTEX : Ou Comment l'Europe Contourne Les Sanctions Contre L'Iran » (*Forbes*, juillet 2019).

structures. La plus importante d'entre elles, celle qui permet de procéder à une grande partie des transactions financières internationales, est le système de messagerie SWIFT, basé en Belgique. Afin de se protéger des sanctions, l'entreprise – comme les autres – décida de se conformer aux injonctions des États-Unis et priva de ce fait les banques iraniennes d'accéder à son système. Ceci posa un problème considérable car, en supposant qu'une entreprise suffisamment intrépide décide de nouer une relation commerciale avec un partenaire iranien, aucune transaction financière ne pourrait être effectuée si tant est que l'entreprise en question – et par extension sa banque – dépende de SWIFT, ce qui est majoritairement le cas dans le monde. Or, sans mouvements de capitaux possibles, il ne peut manifestement se constituer aucun partenariat commercial tangible ; un substitut à SWIFT devait donc être créé. Ainsi entre en scène INSTEX.

Comment donc INSTEX pourrait parvenir à créer un canal commercial depuis et vers l'Iran, sans recourir au système financier international ? Mis simplement : par le troc. En pratique, INSTEX joue le rôle d'un intermédiaire fournissant un service de coordination international sophistiqué. Rappelons une fois de plus qu'un importateur iranien quelconque aura toutes les difficultés à faire venir une marchandise d'Europe dans la mesure où, en plus du délai nécessaire – lorsque cela est possible – à la banque centrale d'Iran pour fournir les euros nécessaires à la réalisation de la transaction, celle-ci sera probablement empêchée par l'imperméabilité du vecteur financier. Or, INSTEX établit un système d'échange qui exclut la dépendance au système financier international. Prenons un exemple :

Un exportateur européen **X** reçoit une commande de médicaments d'un importateur iranien **Y.** **X** fournit alors à INSTEX la facture correspondante pour que l'entité l'inscrive sur son registre comptable. Celle-ci examinera ensuite ledit registre et identifiera une ligne où un importateur européen **A** a enregistré l'achat de pistaches à un exportateur iranien **B**. INSTEX approuvera alors le paiement émanant de **A** et destiné à **X**. Cela signifie que le paiement peut être effectué d'une banque européenne à une autre car les fonds sont transférés d'une entreprise européenne à une autre. Pour que le processus d'intermédiation soit complet, cela signifie aussi qu'une entité miroir à INSTEX, iranienne cette fois, devra faire correspondre la transaction en Iran. Alors, l'importateur **Y** paiera l'exportateur **B** via le même procédé que leurs partenaires européens. De cette façon, chacune des parties prenantes obtiendra le fruit de son négoce sans qu'aucun capital n'ait à franchir la frontière iranienne.

Si l'exemple ci-dessus illustre le mécanisme en théorie, plusieurs éléments doivent être précisés. Premièrement, la valeur des transactions en question ne correspondra pas toujours, que ce soit individuellement ou en agrégation. En effet, la balance commerciale de l'Iran vers l'Europe est fortement déficitaire, notamment depuis les sanctions sur les hydrocarbures. L'efficacité du dispositif sera donc proportionnelle au volume de transactions opérées, au nombre d'entreprises participantes et à l'équilibre des comptes. D'autre part, la première phase d'implémentation d'INSTEX est censée être focalisée sur l'échange de biens « essentiels » à la population iranienne et théoriquement hors du périmètre des sanctions en vertu de leur caractère humanitaire – tels que, justement, la nourriture et les médicaments. Enfin, notons que nombre d'entreprises se montrerons probablement réticentes à utiliser ce mécanisme pour la même raison – tout à fait rationnelle – qu'elles n'ont pas tenté d'outrepasser les sanctions en premier lieu : le risque d'être rattrapé par la justice américaine et de perdre l'accès au territoire américain est, pour la majorité des entreprises, immensément supérieur au bénéfice escompté de marchander avec l'Iran. Néanmoins, pour tenter de lutter contre cet effet adverse, l'E3 a créé INSTEX en dotant la société d'un « bouclier diplomatique »[66]. En plus d'en être actionnaires, les pays en question ont composé son conseil d'administration de hauts responsables gouvernementaux ce qui, sans éliminer le risque de pressions sur le dispositif, fait fortement monter les enjeux pour les États-Unis si ceux-ci devaient sanctionner ou tenter de contraindre INSTEX directement car ils feraient alors face non plus à une entreprise privée mais à une entité souveraine européenne.

Bien que la réaction initiale à l'annonce de la création d'INSTEX ne provoqua que peu de réactions de la part des États-Unis qui ne « s'attendent pas à ce que le mécanisme puisse alléger la pression subie par l'Iran »[67], ils menacèrent toutefois plus tard l'entité de « pénalités » si celle-ci devait conduire à protéger le commerce iranien contre les mesures qu'ils avaient instauré[68], réhaussant la confrontation rhétorique et idéologique des deux côtés de l'Atlantique. Depuis qu'il a été rendu opérationnel, INSTEX a été mis à disposition de tous les États-membres de l'Union européenne. Fin novembre 2019, la Belgique, le Danemark, la Finlande, les Pays-Bas, la Norvège et la Suède annoncèrent se joindre au dispositif[69]. Mathématiquement, le nombre de pays y adhérant accroît son efficacité potentielle, son champ d'action – en termes de catégories de marchandises –,

66 « Trading with Iran via the special purpose vehicle: How it can work », Ellie Geranmayeh et Esfandyar Batmanghelidj (*European Council on Foreign Relation,* février 2019).

67 « Europe sets up scheme to get round US sanctions on Iran », Patrick Wintour (*The Guardian*, janvier 2019).

68 « U.S. Warns Europe That Its Iran Workaround Could Face Sanctions », Jonathan Stearns et Helene Fouquet (*Bloomberg*, mai 2019).

69 « EU Committed to Finding Diplomatic Resolution to Nuclear Dispute » (*Financial Tribune*, décembre 2019).

et in fine sa capacité à contourner les sanctions américaines. Toujours est-il que, pour espérer rendre INSTEX véritablement opérationnel, l'adhésion des deux signataires restant du JCPOA – la Russie et la Chine – ainsi que celle des importateurs traditionnels de pétrole iranien – tels que la Corée du Sud, l'Inde ou le Japon – serait une étape importante. En outre, pour que la démarche soit praticable, l'Iran devait garantir que STFI (« *Special Trade and Finance Instrument* »), le SPV iranien miroir d'INSTEX, obéissait aux standards européens relatifs à la lutte contre le blanchiment d'argent et le financement du terrorisme. Le délai prit par le pays pour répondre à ces exigences retarda d'autant plus l'implémentation du dispositif[70].

Au dernier jour de mars 2020, INSTEX effectua sa première transaction. D'un montant de 500 000 euros, elle était relative à l'importation de médicaments depuis l'Allemagne. L'évènement induisit des réactions contrastées. Alors que les Européens se congratulèrent du fonctionnement du mécanisme, du côté iranien, la circonspection fut au rendez-vous[71]. Ils dénoncèrent l'insignifiance de l'opération, l'impact réduit qu'elle aura, et l'opportunisme des Européens accusés de vouloir faire de l'Iran leur faire-valoir. En effet, ce dernier suspecta l'E3, soumis aux États-Unis, d'avoir agi à des fins uniquement politiques de sorte qu'ils ne puissent être accusés d'immobilisme face à la crise humanitaire annoncée (l'Iran était alors durement frappé par l'épidémie de COVID-19 dont les effets étaient aggravés par l'impact des sanctions), mais que ce sera un vœux pieu tant que le dispositif ne fonctionnera pas tel qu'il était censé, notamment

70 « Paris presse Téhéran d'agir pour bénéficier d'INSTEX », Marine Pennetier, John Irish et Sophie Louet (*Challenges*, septembre 2019).

71 « Long-Awaited INSTEX Transaction Insufficient » (*Financial Tribune*, avril 2020).

en incluant les transactions pétrolières[72]. En effet, de nombreux observateurs s'interrogent sur la capacité d'INSTEX à remplir sa mission sans avoir atteint la taille critique – en valeur, estimée à plusieurs milliards d'euros d'échanges – à partir de laquelle le mécanisme pourrait effectivement constituer un pare-feu aux sanctions américaines[73]. Il est donc permis de s'interroger quant aux attentes réellement placées dans INSTEX par les européens. Il semble clairement improbable que le mécanisme, à défaut d'aller à l'encontre des limites fixées par Washington, puisse constituer autre chose qu'un dispensaire humanitaire de seconde catégorie et qu'il ne sera en mesure de permettre à l'E3 d'honorer les engagements qu'ils ont pris lors de la signature du JCPOA. L'unique possibilité serait d'élargir, tel que mentionné plus haut, la liste des adhérents à INSTEX – ce qui en soi représenterait un immense défi diplomatique – et d'autoriser l'Iran à l'utiliser comme canal pour recevoir les paiements liés à ses exportations pétrolières. Or, la tolérance des États-Unis est vraisemblablement conditionnée à l'inanité d'INSTEX : permettre à l'Iran de cultiver les fruits de ses ressources pétrolières représenterait probablement une ligne rouge pour l'administration Trump dont les sanctions perdraient de facto énormément en efficacité[74].

Les velléités des Européens d'interférer dans le pugilat américano-iranien ne se limita pas à l'élaboration de l'outil susmentionné. Sur le terrain diplomatique, les plus hautes instances s'activaient. Les tensions entre les deux protagonistes ayant atteint un niveau critique à l'été 2019 – fortement exacerbées

72 « INSTEX Worthless Without Oil Import », (*Financial Tribune*, juillet 2019)
73 « Can an enhanced INSTEX really work for Iran? », Nik Martin (*DW*, juillet 2019).
74 « INSTEX: More about politics than economics? », Mohsen Tavakoi (*Atlantic Council*, juin 2019).

par l'attaque sur les raffineries de Saudi Aramco – les enjeux augmentaient proportionnellement, dépassant le cadre économique et faisant craindre un conflit ouvert imminent. Dans le but d'éviter cela, les Européens optèrent pour la médiation[75] et, en particulier, le président français, Emmanuel Macron, fut à la manœuvre. Durant l'été 2019, celui-ci multiplia les initiatives diplomatiques telles que l'invitation du ministre des Affaires étrangères iranien, Mohammad Javad Zarif, en France à la veille du sommet du G7 à Biarritz[76], ainsi que plusieurs entretiens avec ses homologues Rouhani et Trump (séparément), notamment en marge de l'Assemblée Générale des Nations Unies à New York[77]. Malgré ces multiples tentatives, aucune rencontre n'eut lieu, pas un échange ne fut tenu. Ce fut pourtant très près d'arriver. La veille au soir du discours de Rouhani devant l'Assemblée Générale, Macron improvisa une visite au Millennium Hilton New York One UN Plaza où la délégation iranienne avait pris ses quartiers et annonça aux assistants de Rouhani qu'une ligne sécurisée avait été installée pour permettre un échange entre ce dernier et son homologue américain. Macron, attendant la réponse de Rouhani à l'extérieur de sa suite, fut notifié que ce dernier refusait l'entretien, laissant probablement le président français pantois et Trump suspendu au bout du fil[78]. Bien que ce ne soit que spéculations, il semble que la décision de Rouhani fut le fruit d'un arbitrage considérant que ses chances d'obtenir une concession de la part du président américain était minimes,

75 « The indispensable mediator: Europe's role in the US-Iran dispute », Ellie Geranmayeh (*European Council on Foreign Relations*, septembre 2019).

76 « G7 summit : Iran foreign minister makes surprise Biarritz appearance », Julian Borger (*The Guardian*, août 2019).

77 « Macron to meet Trump, Rouhani to push mediation efforts », John Irish et Grant McCool (*Reuters*, septembre 2019).

78 « How Iran's President Left Trump Hanging, and Macron in the Hall », Farnaz Fassihi et Rick Gladstone (*The New York Times*, septembre 2019).

tandis que la simple conversation serait instrumentalisée par ce dernier pour faire bonne presse et servir de « diplomatie spectacle » comme sa rencontre avec Kim Jong-un, le leader nord-coréen, à Singapour un an plus tôt.

Ainsi, que ce soit au travers de l'ambitieux dispositif INSTEX qui, jusqu'ici, n'a pas été à la hauteur des attentes qu'il avait pu susciter, ou bien par le biais de la traditionnelle diplomatie dont les tentatives ont été avortées, les interventions européennes ne furent pas – loin s'en faut – couronnées de succès. L'impétuosité du président américain et l'opiniâtreté de ses opposants iraniens ont semble-t-il engendré un réel kafkaïen où les repères orthodoxes des relations internationales ordinaires sont éclipsés et la stabilité volatile. Tout ce qui a été dit jusqu'ici doit nous conduire à nous interroger sur deux choses : dans le cadre d'un monde globalisé, divisé en États souverains et régulé par des normes et des institutions internationales consacrées, quelle est la signification ontologique des sanctions unilatérales et, par extension, des sanctions secondaires ? Au-delà de la rhétorique et de leurs objectif vrais ou supposés, quels sont les effets empiriques des sanctions en Iran ? Ces deux questions seront au cœur de la dernière partie de cet ouvrage.

TROISIÈME PARTIE

Effets et enjeux

En introduction de la partie précédente, nous avions noté la définition bidimensionnelle d'une sanction proposée par l'Académie française. Le premier sens est celui de son caractère contraignant ; une sanction serait utilisée pour garantir la conformité à un règlement quelconque. La seconde acception, elle, est punitive ; elle est relative à la pénalité consécutive à une entorse au règlement. En l'espèce, que peut-on dire de ce qui précède ? Des sanctions étaient-elles nécessaires pour contraindre l'Iran à se conformer aux engagements précédemment pris ? Il semblerait que non dans la mesure où le pays avait scrupuleusement implémenté toutes les clauses de l'accord visant à contrôler son programme nucléaire ; une contrainte supplémentaire apparait superflue. Parallèlement, les sanctions, comprises comme une pénalité, furent-elles consécutives à une violation du JCPOA ? Selon l'AIEA, avant mai 2019, les engagements de l'Iran avaient tous été honorés. Si donc l'usage des sanctions n'obéit pas aux principes qui sémantiquement les définissent, quel est l'objectif poursuivi ?

Depuis maintenant plus de deux ans que les sanctions sur l'Iran ont été réactivées par les États-Unis, la société a été profondément impactée. De la sphère politique à l'économie en passant par la santé publique et le tissu social en général, leurs ramifications sont incommensurables. Il s'agit par conséquent d'autre chose que d'un effet momentané, conjoncturel. Quelle qu'en soit l'issue, ce conflit marquera durablement le paysage sociétal iranien, et ce avec d'autant plus de profondeur que sa durée est prolongée. Cette partie sera consacrée à l'analyse minutieuse de l'impact de la réimposition des sanctions sur l'Iran, ses institutions, et sa population. Il sera ici également question du concept de pouvoir, de ses avatars, et de l'ascendance d'une partie sur le tout qu'il infère. Nous tâcherons de présenter les effets multidimensionnels des sanctions et d'en déterminer la légalité tout en les juxtaposant aux enjeux qu'ils supposent et qui leurs sont intrinsèquement associés.

CHAPITRE VI

De la guerre économique

« L'art de la guerre, c'est soumettre l'ennemi sans combat. »[1] Il y a 2500 ans, Sun Tzu conceptualisait la dimension passive de la guerre qui visait à vaincre son adversaire sans avoir à livrer bataille. Le procédé est toujours utilisé aujourd'hui et a même largement supplanté la guerre traditionnelle à l'aide d'instruments modernes, s'appuyant sur la configuration du commerce international contemporain et surpassant infiniment l'archaïsme des techniques des premiers âges. Nous l'avons déjà souligné, bien que ces pratiques soient répandues dans une certaine mesure, une nation en particulier se démarque par leur utilisation massive et universelle. Par ailleurs, tandis qu'en des temps reculés l'unique verdict du souverain suffisait à entériner une action, il est aujourd'hui attendu que celle-ci obéisse à un certain nombre de normes internationales, condensées dans ce que l'on appelle « le droit ». Il s'avère cependant que le droit lui-même puisse devenir une arme redoutable de sorte qu'il permette à un pays de devenir à la fois juge et bourreau et par conséquent de châtier les comportements qu'il juge bon de condamner au sein

1 « L'Art de la Guerre », Sun Tzu (5e siècle av. J.-C.).

de la communauté internationale. C'est bien toutefois, davantage que son droit, la puissance économique des États-Unis qui leur permet de n'associer virtuellement aucune limite à l'emprise de leur législation et de clamer « si fueris Rōmae, Rōmānō vīvitō mōre ». Seulement, ethnocentristes, il s'agit ici au monde de se plier à leur volonté, leur philosophie et d'avancer dans leurs pas. Ainsi, les sanctions, à l'instar de l'arme nucléaire, sont l'apanage des puissants. Employons-nous maintenant à tenter de définir leurs objectifs, d'appréhender leur fondation légale et d'identifier leurs effets.

Objectifs

Nous l'avons vu plus haut, la pratique des sanctions économiques remonte à l'antiquité et constituait traditionnellement un instrument complémentaire à l'action militaire – un support en somme – afin d'affaiblir l'adversaire et le priver de ressources. En ce sens, les exemples historiques d'utilisations de sanctions ne manquent pas ; si la première trace remonte à la guerre du Péloponnèse, nous pouvons également citer les exemples célèbres du blocus instauré par Napoléon pour saper le commerce britannique au début du XIXe siècle, ou celui du blocus mis en place par les Anglais pour affamer l'Allemagne un siècle plus tard. Or, la théorisation de l'utilisation des sanctions économiques en tant que dispositif « pacificateur » remonte vraisemblablement au Moyen-Âge. En effet, Ariel Colonomos note que « La doctrine des sanctions suit les sentiers de la « guerre juste ». Chez Augustin comme chez Thomas d'Aquin, la guerre juste est une guerre punitive. Elle est motivée par la légitime défense et l'injuste ennemi est assimilé à un pécheur. Dans le régime des sanctions, la cible est punie en raison du danger qu'elle représente et suivant les fautes qui lui ont déjà été attribuées. »[2] Au sortir de la Première Guerre mondiale, la création de la Société des Nations (SDN) marqua l'avènement du multilatéralisme. Le président américain Thomas Woodrow Wilson en fut l'un des architectes et reçut en 1919 le prix Nobel de la paix pour son rôle fondateur. Ceci marqua un tournant qui sépara les sanctions de l'intervention militaire.

Les sanctions commencèrent à ce stade à être envisagées comme un outil de substitution à l'action armée et « Wilson, le père originaire de l'idéalisme américain, fut leur principal apôtre. Il prit appui sur les ressorts de l'économie moderne et opéra, sur le plan théorique comme dans la pratique, l'articulation entre une morale puritaine et un droit international idéaliste. Il est légitime de punir une nation comme on puni un coupable, un individu, ou plutôt un enfant. Ce mode de jugement fut le socle d'une théologie politique de l'international. L'embargo était une arme politique, les sanctions auraient valeur de politique morale. »[3] Une autre figure majeure de l'après-guerre louait les vertus pacificatrices de cette alternative. En 1929, l'économiste John Maynard Keynes participa à une « ébauche de convention pour l'assistance financière par la SDN » qui proposait la prévention future des conflits par cette dernière au moyen de l'arsenal financier et déclara notamment être « sûr que le monde sous-estime grandement l'effet des sanctions économiques », convaincu de leur efficacité. Il s'avéra cependant que les sanctions qui furent appliquées par la SDN à cette période à l'encontre de l'Italie et du Japon pour les dissuader d'entrer en guerre manquèrent leur objectif et, possiblement, précipitèrent

2 « La morale dans les relations internationales », Ariel Colonomos (Odile Jacob, 2005).

3 *Ibid.*

le conflit.[4] Toujours est-il qu'après la Seconde Guerre mondiale, l'utilisation des sanctions économiques évolua davantage dans le sens prôné par Wilson et Keynes.

S'agissant des objectifs spécifiques prêtés aux sanctions économiques, James Barber en propose une typologie étalée sur un spectre censé englober l'ensemble de leurs itérations et distingue ainsi les objectifs primaires, secondaires et tertiaires[5]. Alors, les objectifs primaires seraient d'infléchir le « comportement » de la cible ; les objectifs secondaires seraient mobilisés à des fins de politique intérieure – telles que la satisfaction d'un électorat – ; les objectifs tertiaires seraient destinés à soutenir, auprès de la communauté internationale, un modèle de valeurs et de principes fondamentaux. Barber précise également que la réussite des objectifs secondaires et tertiaires est indépendante de celle des objectifs primaires, signifiant par là que les dimensions domestique et internationale peuvent être satisfaites même si le comportement de la cible ne s'ajuste pas conformément aux objectifs primaires. La typologie fut plus tard complétée par James Lindsay qui y ajouta un quatrième objectif lié à la dissuasion[6]. Il est néanmoins acquis que, bien que chacun des objectifs puisse avoir un intérêt particulier à un moment donné, ce sont les objectifs primaires qui occupent un rôle central dans le cadre d'une politique de sanctions économiques. En ce sens et tel que nous l'avons défini plus en amont, un régime de sanctions appliqué par un État émetteur est avant tout destiné à pressuriser l'État cible de sorte que celui-ci soit contraint de se

4 « Performance des sanctions internationales », Sylvie Matelly, Carole Gomez et Samuel Carcanague (Institut de Relations Internationales et Stratégiques, mars 2017).

5 « Economic Sanctions as a Policy Instrument », James Barber (*International Affairs*, juillet 1979).

6 « Trade Sanctions as Policy Instruments: A Re-Examination », James Lindsay (*International Studies Quarterly*, 1986).

soumettre à une injonction particulière ou de modifier sa ligne de conduite en général. Les sanctions sont donc purement et simplement un instrument de politique étrangère coercitif. Les buts sous-tendus par l'utilisation de cet instrument peuvent eux être multiples : affaiblir l'adversaire avant ou pendant un conflit armé, éviter un conflit en pesant sur la volonté et les capacités de l'adversaire, condamner une ou plusieurs infractions au droit international, et enfin utiliser les sanctions comme un outil de domination dans le cadre d'une « guerre économique ». Selon les nomenclatures établies par Barber et Lindsay donc, les éléments susnommés seraient à inclure parmi les objectifs primaires. Les objectifs secondaire, tertiaire et quaternaire étant relativement accessoires.

Par conséquent, nous pouvons réduire le scope des objectifs – potentiellement cumulatifs – portés par les sanctions au triptyque suivant : *contrainte – influence – dissuasion*. Les motifs – par opposition aux objectifs et compris comme la justification accompagnant l'implémentation du mécanisme de sanctions – peuvent être extrêmement variés : punir les pratiques commerciales illégales, lutter contre la prolifération de certains armements, promouvoir le droit international, protéger les droits de l'homme... Le lecteur l'aura compris, ceci suppose une éventuelle discontinuité entre les motifs exposés et les objectifs réels. Selon David Allen Baldwin, les sanctions sont entendues comme le juste milieu entre l'inaction et l'entrée en guerre[7]. En ce sens, elles permettent d'exercer une contrainte économique – dont le degré est variable –, de dissuader par l'exemple, et d'avoir un effet de levier sur des enjeux de politiques intérieures ou extérieures sans avoir à recourir aux forces armées. Ainsi, à supposer que l'État émetteur dispose des capacités nécessaires

7 « Economic Statecraft », David Allen Baldwin (Princeton University Press, 1985).

pour implémenter une politique de sanctions, celui-ci aura en sa possession un outil peu coûteux et sans risques pour mener à bien ses objectifs. Par ailleurs, Matelly, Gomez et Carcanague introduisent l'idée de « but systémique » et la définissent comme suit : « Les buts systémiques des sanctions sont liés à l'établissement et au maintien de normes internationales [...] Les sanctions peuvent, dans ce cas, être appréhendées comme une forme d'instrument de promotion d'une gouvernance globale, une tentative des États puissants de réguler les comportements d'acteurs qui se situent au-delà de la sphère formelle de leur souveraineté. »[8] Les sanctions seraient dès lors un outil visant à l'extension géographico-légale de la souveraineté de certains États.

Admettons que l'on doive synthétiser les finalités de l'application de sanctions. En lien avec tous les éléments cités ci-dessus, nous pouvons définir deux catégories selon qu'elles sont : un outil de politique étrangère, ou un outil au service des conventions internationales. D'une part, lorsque la finalité d'un régime de sanctions est de servir une politique étrangère particulière, alors ledit régime est appliqué par un État particulier, avec des enjeux, des moyens et des objectifs particuliers. Ce sont donc mécaniquement les intérêts nationaux qui sont mis en avant, lesquels peuvent être en contradiction – voir au détriment – avec la poursuite d'intérêts multilatéraux[9]. La manifestation type en sera l'application de sanctions unilatérales qui, selon Kim Richard Nossal, auront toutes les chances de faire apparaitre une asymétrie entre les motifs exposés et les objectifs réels

8 *Ibid.*

9 L'Union européenne pourrait ici constituer une exception dans la mesure où une politique étrangère commune est définie par le Parlement européen. Néanmoins, les faits ont montré que les États membres ne sont que rarement unanimes sur les sujets pour lesquels les intérêts nationaux individuels peuvent diverger, si bien que les ententes sont d'une manière générale bornées aux thématiques consensuelles.

dans la mesure où l'émetteur ne souhaite pas apparaître comme « irrationnel ou vindicatif »[10]. D'autre part, lorsque la finalité d'un régime de sanctions est de soutenir les convention internationales – à priori entérinées par la quasi-totalité des États dans le monde –, alors celui-ci est toujours appliqué par un groupe d'États et/ou par les institutions multilatérales – sachant que, dans le premier cas, cela peut aussi être le fruit d'une convergence d'intérêts privés. Ainsi, bien que les deux dimensions ne soient pas nécessairement exclusives, la première est animée par un intérêt particulier tandis que la seconde vise à assurer la stabilité internationale sur la base des traités/conventions/normes préalablement établies pour assurer une cohésion globale. Notons cependant que, parfois, ledit intérêt particulier peut être aligné à l'intérêt général et que, à l'inverse, les institutions internationales, censées représenter l'intérêt général, peuvent être influencées dans leurs politiques par certains acteurs particulièrement puissants, si bien qu'elles sont susceptibles d'être amenées à promouvoir, en certaines occasions, un intérêt particulier.

« Les sanctions ne peuvent être utilisées, fonctionner ou échouer sans cadre approprié. Les mesures seront d'autant plus effectives pour maintenir ou restaurer la paix et la sécurité internationales si elles sont appliquées dans le cadre d'une stratégie exhaustive incluant tous les éléments nécessaires au maintien et au développement de la paix. » Le CSNU définit ainsi[11] la ligne directrice que doit prendre toute politique de sanctions afin d'être conforme aux directives internationales et d'obéir à son objectif premier qui est d'assurer la stabilité internationale dans une situation conflictuelle sans avoir à recourir à une intervention militaire. Un régime de sanctions légitime

10 « International sanctions as international punishment », Kim Richard Nossal (*International Organization*, 1989).

11 United Nations Security Council website – "Sanctions"

reposerait donc sur un socle multilatéral, serait défini dans le cadre du droit international et animé par un objectif stratégique commun. Ceci se heurte à l'évidence à l'initiative polarisée qui, quelle que soit la finalité recherchée, intervient avec des mesures unilatérales dont les effets risquent de ne pas aller dans le sens de l'intérêt général. Lesdites mesures peuvent revêtir un caractère tangible – avec des effets quantifiables – ou symbolique. Tandis que les effets tangibles sont généralement atteints au moyen des objectifs primaires des sanctions – selon la typologie de Barber –, les effets symboliques correspondent davantage aux objectifs secondaires et tertiaires en ce sens qu'ils ont une visée immatérielle, une visée d'influence. À titre d'exemple, saisissons-nous du cas des sanctions imposée sur la personne de Mohammad Javad Zarif, le ministre iranien des Affaires étrangères[12]. En juillet 2019, les États-Unis décidèrent de s'en prendre directement – et personnellement – au principal canal diplomatique entre l'ouest et l'Iran, en le qualifiant de « complice du comportement hors-la-loi du régime à l'instar du reste de la mafia Khamenei ». Les sanctions consistèrent principalement au gel d'éventuels actifs que Zarif possèderait aux États-Unis. L'Iran faisant face aux sanctions américaines depuis maintenant plus de 40 ans, il était peu probable que le ministre des Affaires étrangères iranien, impliqué de longue date dans la politique de son pays, eut possédé de quelconques actifs aux États-Unis, ce qu'il a par ailleurs déclaré ne pas être le cas. Toutefois, en s'attaquant à un élément si central de la sphère politique iranienne – comme ils l'avaient fait deux mois auparavant à l'encontre du Guide Suprême lui-même – Washington voulu afficher sa détermination à frapper durement le régime iranien, même si en substance, les effets furent limités. Ce qui précède est donc

12 « US imposes sanctions on Iran›s foreign minister, Javad Zarif », Julian Borger (*The Guardian*, juillet 2019).

l'archétype d'une sanction symbolique, davantage destinée à convaincre un auditoire qu'à impacter la cible.

Le concept de « guerre économique » est polysémique car il a revêtu plusieurs acceptions au fil des siècles. Entendu au sens contemporain, il renvoie à l'emploi d'outils et de procédés économiques offensifs pour défaire un adversaire si bien que, dans ce contexte, la prospérité réciproque visée par le commerce traditionnel s'évanouit pour céder sa place à un schème plus ou moins agressif dont la finalité est la ruine de l'autre ou, à tout le moins, la domination absolue de l'instigateur. Ainsi, la guerre économique fait s'éteindre le « doux commerce » que Montesquieu louait comme faiseur de paix[13]. Nous avons ici présenté les divers objectifs – à ne pas confondre avec les motifs – d'une politique de sanctions et souligné l'ambivalence qui se dessine selon que son socle est unilatéral ou multilatéral. En tout état de cause, quels que soient leurs objectifs ou leur mode d'administration, nous pouvons affirmer qu'à travers des moyens économiques, les sanctions poursuivent un dessein politique. Avant de nous intéresser aux résultats qui découlent de ces objectifs, intéressons-nous de plus près à la dimension légale qui encadre les sanctions unilatérales et leur usage.

Légalité

Puisque nous venons d'évoquer ci-dessus le cas d'espèce du ministre des Affaires étrangères iranien, penchons-nous, pour commencer, sur la dimension légale de la décision des États-Unis d'imposer des sanctions – que nous avons défini comme symboliques – directement sur sa personne. En juillet 2019 donc, le Secrétaire au Trésor américain implémenta l'« *Executive Order 13876* », promulgué un mois plus tôt par Trump et en vertu

13 « De l'esprit des lois », Montesquieu (Barillot & fils, 1748).

duquel le Département du Trésor fut autorisé à imposer des sanctions sur quiconque serait qualifié par ce dernier « d'agent de l'État iranien »[14]. En dépit de la réaction nonchalante de l'intéressé[15] et des effets limités – voire inexistants – des sanctions sur sa personne, celles-ci peuvent potentiellement nuire à sa fonction[16]. Théoriquement, le droit international coutumier prévoit qu'un ministre des affaires étrangères bénéficie d'une immunité spéciale – à l'instar des chefs d'État – qui leur permet d'assumer leurs fonctions sans interférences judiciaires : le *ratione personae.* En l'espèce, concernant la légalité de la procédure, les avis d'experts divergent sur la question – ce qui reflète peut-être moins un débat légal qu'une dispute idéologique – puisque chaque « camp » évoque une interprétation spécifique de la règle de droit[17]. Néanmoins, si l'on peut éventuellement admettre que techniquement les sanctions à l'encontre de Zarif peuvent être en accord avec la lettre du droit international, elles sont en contradiction manifeste avec son esprit. En effet, l'objet de l'immunité susmentionnée est d'autoriser le ministre en question d'honorer ses fonctions quelques soient les circonstances. Il semble par conséquent contre-intuitif qu'un ministre

14 « Executive Order 13876 » (Executive Office of the President, 24 juin 2019).

15 « US sanctions Iran›s Foreign Minister Mohammad Javad Zarif » (*BBC*, août 2019).

16 Admettons que Zarif ait à se rendre à Vienne, au siège de l'AIEA. Supposons qu'il souhaite descendre à un hôtel ou manger à un restaurant. Si l'un des deux est au moins partiellement détenu par une « *US person* », alors servir le ministre iranien serait une violation des sanctions et l'établissement en question ferait face aux sanctions en vigueur prévues par le droit américain. Parallèlement, si ce dernier utilisait une carte de crédit, la banque autrichienne qui traiterait son paiement serait elle aussi passible d'être sanctionnée. Ces restrictions peuvent être contournées mais représentent néanmoins un obstacle à l'exercice des fonctions du ministre des Affaires étrangères iranien pour qui les déplacements internationaux sont essentiels.

17 « U.S. Sanctions Against Iran's Foreign Minister and International Law », Steven Ratner (*Just Security*, août 2019).

des affaires étrangères puisse être immunisé contre les décisions judiciaires d'un État mais pas lorsque ledit État étend son autorité et l'exerce d'une manière plus indirecte en utilisant son pouvoir exécutif contre les entités avec lesquels ce dernier est en relation. Ainsi, les sanctions qui, en pratique, constituent un obstacle à la bonne marche des fonctions qui incombent audit ministre – tels que les déplacements à l'étranger – ne sont pas cohérentes avec une telle immunité.

Afin de protéger les populations civiles des répercussions d'un conflit, les règles d'engagement sont encadrées par les Conventions de Genève et leurs Protocoles Additionnels. Ceux-ci régissent notamment le droit international humanitaire et visent à garantir que les non-combattants ne soient pas les victimes collatérales d'un conflit entre deux des États signataires. En revanche, la régulation des moyens de coercition non-violents – comprendre « économiques » – en dehors du cadre d'un conflit armé est longtemps resté embryonnaire et est toujours sous-développé, bien que lesdits moyens équivalent – ou, à tout le moins, s'approchent – dans certains cas aux méthodes de coercition violentes[18]. En effet, certains États émetteurs de sanctions vont au-delà des mesures d'embargo et instaurent des blocus de fait, ce qui correspond à un acte de guerre. Afin de faciliter la bonne marche des relations internationales, un certain consensus fut établi afin de centraliser les prérogatives liées à l'imposition de sanctions. La Chartre des Nations Unies désigne en ce sens le CSNU comme garant de la paix et de la sécurité internationale[19] et lui confère le pouvoir exclusif d'adopter des sanctions économiques dans les cas où celles-ci seraient mises en danger[20].

18 « Unilateral Economic Sanctions, International Law, and Human Rights », Idriss Jazairy (Cambridge University Press, septembre 2019).

19 « Charter of the United Nations », Chapter V, Article 24.

20 *Ibid*, Chapter VII.

Ceci conduit, selon Idriss Jazairy, à la vision dominante au sein de la communauté internationale selon laquelle toute mesure de sanctions économiques prise en dehors de ce cadre est par définition unilatérale et donc illégale[21].

Cette assertion est renforcée par exemple par le vote de la Résolution 74/7, adoptée à la quasi-unanimité (187 votes contre 3[22]) par l'Assemblée Générale des Nations Unies, qui vint consacrer l'occurrence 2019 du rituel annuel visant à rappeler la « Nécessité de lever l'embargo économique, commercial et financier imposé par les États-Unis contre Cuba »[23]. Si cette Résolution – comme les nombreuses qui l'ont précédée – appelle nominalement à lever l'embargo contre Cuba en particulier, les termes utilisés poussent à l'extrapolation. En effet, « L'Assemblée Générale réitère sa demande auprès de tous les États de s'abstenir de promulguer et d'appliquer lois et mesures [économiques, commerciales et financières] telles que référées dans le préambule de cette Résolution, en conformité avec leurs obligations en vertu de la Charte des Nations Unies et du droit international qui, inter alia, affirment les libertés de commercer et de naviguer ; [Et] une fois encore exhorte les États qui ont et continuent d'appliquer de telles lois et mesures de prendre les dispositions nécessaire pour les abroger ou les invalider dès que possible, en adéquation avec leurs droits respectifs. »[24] Le préambule de cette Résolution stipule également que « L'Assemblée Générale prend note des déclarations et résolutions des différents forums intergouvernementaux, instances et gouvernements qui expriment le rejet par la communauté internationale et l'opinion publique

21 *Ibid.*
22 Seuls les États-Unis, Israël et le Brésil ont voté contre. La Colombie et l'Ukraine se sont abstenus.
23 « Resolution 74/7 » (United Nations General Assembly, novembre 2019).
24 *Ibid.*

de la promulgation et de l'application de mesures dont la nature [économique, commerciale, financière] a été ci-dessus référée »[25]. Jazairy souligne que ces prises de position témoignent que les sanctions unilatérales aux effets extraterritoriaux – secondaires donc – « qui affectent la souveraineté d'États tiers, le légitime intérêt des entités ou des personnes relevant de leur juridiction, ainsi que la liberté de commercer et de naviguer », sont presque universellement vues comme illégitimes par la communauté internationale.

Dans notre première introduction aux sanctions, nous avions évoqué leur histoire, notamment contemporaine, et les raisons pour lesquels à leur application dite « totale », les Nations Unies décidèrent de substituer des mesures « ciblées », ceci afin d'épargner les inévitables victimes collatérales que le premier cas de figure supposait. Cependant, Jazairy note que les sanctions ciblées ont prouvé être un instrument émoussé dans le sens où elles provoquent aussi, inévitablement, des dommages collatéraux puisque, dans beaucoup de cas, la surimposition de sanctions ciblées dans un pays donné fini par ressembler à une politique de sanction totale dont on ne dit pas le nom[26]. Ainsi, les rapports successifs établis par le Conseil des Droits de l'Homme[27] et l'Assemblée Générale des Nations Unies[28] affirment que les sanctions unilatérales représentent une menace pour les droits de l'homme dans leur ensemble, y compris le

25 *Ibid.*

26 *Ibid.*

27 « Research-based progress report of the Human Rights Council Advisory Committee containing recommendations on mechanisms to assess the negative impact of unilateral coercive measures on the enjoyment of human rights and to promote accountability » (Human Rights Council 28th Session, février 2015).

28 « Human rights and unilateral coercive measures, Note by the Secretary-General » (United Nations General Assembly, août 2015).

droit à la vie, à la santé, à l'éducation, et à un niveau de vie décent satisfaisant les besoins de subsistance primaires tels que l'accès à la nourriture, à l'habillement et à un abri.

Par ailleurs, l'imposition de sanctions semble être en contradiction directe avec le droit à l'autodétermination tel que consacré dans le Pacte international relatif aux droits civils et politiques[29] du Haut-Commissariat aux Droits de l'Homme des Nations Unies. En effet, celui-ci stipule notamment que « Tous les peuples ont le droit de disposer d'eux-mêmes. En vertu de ce droit, ils déterminent librement leur statut politique et assurent librement leur développement économique, social et culturel ; Pour atteindre leurs fins, tous les peuples peuvent disposer librement de leurs richesses et de leurs ressources naturelles, sans préjudice des obligations qui découlent de la coopération économique internationale, fondée sur le principe de l'intérêt mutuel, et du droit international ; Les États parties au présent Pacte [...] sont tenus de faciliter la réalisation du droit des peuples à disposer d'eux-mêmes, et de respecter ce droit, conformément aux dispositions de la Charte des Nations Unies. » Le Comité des Droits de l'Homme précisera plus tard[30] que « le droit à l'autodétermination est d'une importance particulière car sa réalisation est une condition nécessaire à la garantie effective et au respect des droits de l'homme, ainsi qu'à la promotion et au renforcement de ces droits ; En vertu de ce droit, [les peuples] déterminent librement leur statut politique et poursuivent librement leur développement économique, social, et culturel ; Un peuple ne saurait en aucun cas être privé de ses propres moyens de subsistance. » Par conséquent, l'imposition de sanctions par

29 « International Covenant on Civil and Political Rights » (United Nations General Assembly, décembre 1966).

30 « The Right to Self-Determination of Peoples » (United Nations Human Rights Committee, mars 1984).

un État ou un groupe d'États à l'encontre d'un autre, en dehors du périmètre de la Charte de Nations Unies, équivaut à une intervention prohibée par le droit international et à un déni du droit à l'autodétermination[31].

Le Conseil des Droits de l'Homme réaffirma son positionnement en 2017[32] en rappelant notamment que « les sanctions unilatérales coercitives sont un obstacle majeur à l'implémentation de la Déclaration sur le droit au développement et, dans toutes leurs occurrences, ont un impact négatif sur les droits de l'homme. En outre, le Conseil exhorta de nouveau à abandonner ces mesures « car elles sont contraires à la Charte et aux normes et principes gouvernant la coexistence pacifique entre les États »[33], et condamna leur application continuelle par certains d'entre eux. En particulier, la dimension extraterritoriale desdites sanctions dans certains cas est objectée puisqu'elle porte atteinte à la souveraineté inaliénable.

En mai 2018, peu de temps après que les États-Unis eurent réintroduit leurs sanctions contre l'Iran, le Secrétaire d'État Pompeo déclara la chose suivante : « Le régime iranien se bat à travers le Moyen-Orient depuis des années. Une fois que nos sanctions seront implémentées, il devra lutter pour maintenir son économie en vie. L'Iran sera forcé de faire un choix : soit se battre pour préserver son économie domestique, ou gaspiller de précieuses ressources dans des batailles à l'étranger. Le pays n'aura pas les ressources pour faire les deux. »[34] Cette déclaration sans équivoque témoigne de l'intention des États-Unis

31 « The International Covenant on Economic, Social and Cultural Rights: Commentary, Cases, and Materials », Ben Saul, David Kinley et Jacqueline Mowbray (Oxford University Press, 2014).

32 « Resolution 34/13 » (*Human Rights Council*, mars 2017).

33 *Ibid.*

34 « Pompeo Declares Economic War on Iran », Krishnadev Calamur (*The Atlantic*, mai 2018).

d'appliquer sur l'Iran une campagne de sanctions massive et indiscriminée afin de faire s'écrouler son économie et, finalement, provoquer un revirement politique – ceci alors que, paradoxalement, l'administration américaine a maintes fois répété que « les sanctions ne nuiraient pas au peuple iranien »[35]. De ce qui a été évoqué plus haut, Marossi et Bassett[36] font la synthèse suivante : « Les sanctions unilatérales sont largement critiquées pour leur violation de la souveraineté, de la règle de droit et d'autres principes du droit international. En ce sens, elles pourraient être considérées comme mettant en jeu l'ordre juridique international existant, consacré dans la Charte des Nations Unies. Celle-ci prévoit que tout régime de sanction doit être imposé par le CSNU après que ce dernier a défini l'existence d'une menace ou constaté une violation de la paix et et/ou de la sécurité internationales. » Autrement dit, les États membres des Nations Unies ne sont ni habilités ni légitimes pour imposer des sanctions économiques sur un autre État souverain[37].

Précisons, avant d'achever cette section, que la dimension juridique relative à la légalité des sanctions unilatérales ne saurait être réduite à ce qui a été développé dans les quelques paragraphes qui précèdent. En effet, leurs partisans et leurs détracteurs, tous experts en droit international, rivalisent d'arguments pour appuyer leurs points de vue respectifs. Un argument en faveur du droit des États à mettre en place des sanctions unilatérales se base, par exemple, sur le fait que la Commission du droit international défini les circonstances dans lesquelles un

35 « Mike Pompeo insists US sanctions will not hurt Iranian people », Ed Pilkington (*The Guardian*, novembre 2018).

36 « Economic Sanctions in International Law : Unilateralism, Multilateralism, Legitimacy, and Consequences », Ali Marossi et Marisa Bassett (Springer, 2015).

37 « Economic sanctions in international law », Jana Ilieva, Aleksandar Dashtevski et Filip Kokotovic (*UTMS Journal of Economics*, mars 2018).

État est autorisé à engager des « contremesures »[38] à l'encontre d'un autre État si celui-ci se trouvait responsable d'une « action internationale illicite ». Au-delà du fait que ladite action doit être prouvée au préalable, et dans la mesure où les moyens ne sont pas spécifiés, les sanctions économiques – unilatérales, donc – peuvent être considérées comme des contremesures et ne sont dès lors pas exclues. Néanmoins, est précisée par la Commission, entre autres choses et à l'instar de tous les éléments juridiques similaires applicables en l'espèce, l'obligation pour l'État instigateur des contremesures d'agir eut égard et en conformité avec les droits de l'homme fondamentaux. C'est par conséquent sur ce point fondamental que s'opère la dispute : les sanctions, à fortiori secondaires, représentent-elles une atteinte aux droits de l'homme ? En lien avec les éléments que nous avons apporté plus haut, la majorité des États du monde ainsi que les organes compétents au sein des Nations Unies semblent penser que la réponse est oui. Qu'en est-il réellement ?

Résultats

Ainsi que nous l'avons déjà mentionné, les sanctions sont devenues plus fréquentes et de plus en plus populaires ces trois dernières décennies. Dans les années 90, leur usage se généralisant, les régimes de sanctions étaient introduits à un rythme de sept par an en moyenne pour un total de 67 cas distincts dont les deux tiers furent imposés par les États-Unis[39]. Sous la présidence de Bill Clinton, il a été estimé que 40 % de la population mondiale de l'époque – soit 2,3 milliards de personnes – était impactée d'une manière ou d'une autre par

38 « Responsibility of States for Internationally Wrongful Acts » (*International Law Commission*, 2001).

39 « Seven key misconceptions about economic sanctions », Hassan Hakimian (*World Economic Forum*, mai 2019).

les sanctions américaines. Toujours aujourd'hui, la majorité des sanctions sont imposées par de grands États contre de plus petits et, en 2019, les États-Unis avaient près de 8 000 sanctions en place à travers le monde, l'Iran étant la cible la plus représentée. Cependant, il s'avère que bien que leur usage soit répandu, les éléments empiriques qui pourraient permettre de les justifier manquent, ou démontrent au contraire leur inefficacité. Hufbauer, Schott, Elliott et Oegg estiment que, parmi 170 cas post Première Guerre mondiale étudiés, le régime de sanction imposé atteignit ses objectifs déclarés dans seulement un tiers d'entre eux[40]. Robert Pape, pour sa part, est beaucoup plus pessimiste et suggère que leur taux de réussite se situe en deçà des 5 %[41]. Manifestement, quels que soient les chiffres exacts – qui dépendent probablement des critères qu'enquête utilisés –, la littérature est relativement unanime : les sanctions sont, au mieux, un outil très aléatoire aux effets incertains, au pire, un instrument aveugle ravageant l'économie d'un pays sans aboutir à un effet positif tangible.

Un peu plus en amont, nous avions vu que la justification principale qui accompagne l'utilisation des sanctions est qu'elles constituent une alternative à la guerre. Toutefois, nous avons aussi montré que, plus qu'une alternative, celles-ci représentent une forme de guerre spécifique. Nous avons vu également que l'un des arguments les justifiant était la défense des droits de l'homme et que pour pousser le pays contrevenant à s'y conformer, elles pouvaient être de rigueur. Il s'agit, ainsi que nous l'avons démontré, d'une contradiction dans les termes car ceux-ci – les droits de l'homme – sont précisément mis en danger par les sanctions. Une autre ambition consiste à inférer un changement

40 *Ibid*, « Economic Sanctions Reconsidered ».
41 « Why Economic Sanctions Do Not Work », Robert Pape (*MIT Press Journals*, décembre 2012).

de régime à l'imposition de sanctions. Nonobstant les cas de l'Afrique du Sud et du Zimbabwe, cette assertion est incorrecte. En effet, pour certains pays tels que Cuba, l'Iran, le Myanmar ou la Corée du Nord qui en sont des cibles de longue date, l'inflexion se fait toujours attendre. Affaiblir un régime par l'imposition de sanctions semble par ailleurs un pari risqué car leurs effets directs déstabilisent avant tout la sphère économique, y compris le climat des affaires, l'investissement et la consommation privée. Par conséquent, un pouvoir répressif ne pourra s'en trouver que renforcé car il deviendra encore plus centralisé et contrôlera en plus grande proportion les ressources stratégiques dont la pénurie sera consécutive aux sanctions. Le fait que celles-ci endommagent effectivement l'économie d'un pays ne signifient pas qu'elles fonctionnent si elles échouent à entrainer les changements qui étaient escomptés lors de leur implémentation. En revanche, en dépit des prétentions selon lesquels les civils sont épargnés, il semble qu'ils soient bien au contraire, plus que ses dommages collatéraux, les premières victimes d'un régime de sanction. Même si celles-ci sont qualifiées de « ciblées », elles ne le sont guère en pratique dans le cadre d'une politique de sanction « totale » et représentent davantage une illustration de punition collective[42].

Certains défenseurs des sanctions prétendent que si elles échouent et/ou impactent la population civile plus que nécessaire, c'est parce qu'elles sont mal employées[43]. Or tous les éléments que nous avons présentés jusqu'ici montrent que leurs résultats sont par nature très incertains et que l'infliction d'un profond dommage à la société est intrinsèquement liée à leur utilisation,

42 « Sanctions économiques : les civils victimes de punitions collectives », Idriss Jazairy (*Libération*, octobre 2018).

43 « Sanctions are effective – if used correctly », Brian O'Toole (*Atlantic Council*, novembre 2019).

toutes choses égales par ailleurs, puisque c'est l'économie dans son ensemble qui est visée dans la plupart des cas. En ce sens, les ramifications ne peuvent être que systémiques, si bien que l'onde de choc inhérente ne peut mécaniquement pas être détournée ni la population protégée. Ceci est bien sûr d'autant plus vrai lorsque les sanctions en question sont unilatérales et font office de relai de la politique étrangère d'un pays. Un groupe d'activistes iranien pour la défense des droits des femmes déclara dans un communiqué[44] la chose suivante : « Tandis que les partisans des sanctions prétendent se préoccuper du peuple iranien, les politiques appliquées ont laissé une nation entière las, déprimée et sans espoir. Les sanctions et autres pressions économiques ciblent en son cœur la structure de la société et ne peuvent être restreintes uniquement aux entités gouvernementales. Il est clair que sanctionner les canaux principaux de l'économie iranienne, tels que l'exportation pétrolière et métallurgique, ainsi que la banque centrale d'Iran, infligera des dommages irréparables au secteur privée, aux travailleurs et à leurs familles. » Cette idée de l'universalité inéluctable des sanctions est également défendue par certains hauts responsables des pays émetteurs, comme la Représentante Ilhan Omar ainsi qu'une partie – largement minoritaire – de ses collègues au Congrès des États-Unis[45] qui dénoncent leurs effets indiscriminés et dévastateurs.

Dans le cadre conceptuel de la doctrine de la « guerre juste » dont nous avons déjà parlé, Christiansen et Powers soulèvent la question des sanctions économiques et établissent que, pour qu'elles soient conformes à leurs objectifs, elles doivent être en pratique conçues comme une alternative à la guerre et

44 « We Oppose War, Sanctions and Repression : Statement by Iranian Women's Rights Defenders » (*Iranian Women*, mai 2019).

45 « Sanctions are part of a failed foreign policy playbook. Stop relying on them. », Ilhan Omar (*The Washington Post*, octobre 2019).

non comme une forme de guerre[46]. En ce sens, elles doivent être subordonnées à un ferme engagement et à une stratégie réalisable pour trouver une solution politique au problème qui appelait l'usage des sanctions à l'origine. Ils ajoutent que « La population civile devrait être immunisée contre les dommages sérieux et irréversibles que pourraient engendrer les sanctions bien qu'un moindre mal pourrait être envisagé. Des garanties devraient être établies de sorte que les droits de l'homme fondamentaux, tels que les droits à l'accès à la nourriture, aux soins et à un abri ne soient pas violés. » Or, il semble qu'une telle vision stratégique, une telle immunité et de telles garanties soient par nature antinomiques avec un régime de sanctions lorsque celui-ci est total, unilatéral et indiscriminé. Kofi Annan, ancien Secrétaire Général de l'ONU affirmait que « si les sanctions peuvent dans certains cas apparaître comme des outils performants, certains types de sanctions, notamment les sanctions économiques, sont des instruments grossiers infligeant souvent de graves souffrances à la population civile, sans toucher les protagonistes »[47]. Hufbauer, Schott et Elliott affirment en effet que les sanctions économiques ont une capacité limitée à atteindre leurs objectifs[48]. Pis, elles provoqueraient un obstacle à la sauvegarde des droits élémentaires. Les effets néfastes corollaires des sanctions impactant la population civile sont en outre connus ; les analyses à la fois légales et empiriques tendent à montrer un rapport de cause à effet entre l'imposition

46 « Economic Sanctions in the Just War Doctrine », Drew Christiansen et Gerard Powers dans « Economic Sanctions: Panacea or Peacebuilding », David Cortright (*Routledge*, 1995).

47 « Les sanctions internationales, ou la délicate mesure de l'efficacité », Carole Gomez (*Revue Internationale et Stratégique*, mars 2016).

48 « Economic Sanctions reconsidered: History and Current Policy », Gary Hufbauer, Jeffrey Schott et Kimberly Elliott (Peterson Institute, 2007).

de sanctions et la détérioration des droits de l'homme dans le pays ciblé au-delà de toute proportionnalité[49].

Par ailleurs, les pressions économiques visent souvent – implicitement – à provoquer un soulèvement populaire censé aboutir au renversement du pouvoir en place. Or, c'est souvent l'inverse qui se produit car l'opportunité est donnée aux dirigeants de blâmer les émetteurs des sanctions comme responsables de tous les maux auxquels est confronté le pays. En conséquence, un phénomène de « rally-around-the-flag » (i.e. « mobilisation autour du drapeau ») est souvent observé et la propagande institutionnelle permet au pouvoir de recapitaliser son soutien populaire. Le cas du Venezuela en est l'exemple par excellence[50]. Les sanctions peuvent également amener à directement favoriser l'élite au pouvoir, bien qu'elle soit publiquement désignée comme la cible principale. En effet, la corruption peut facilement s'en accommoder et le système clientéliste s'y épanouir d'une manière très lucrative. De plus, cette situation présente également le risque de faire émerger les franges les plus extrêmes capables d'infuser la société devenue vulnérable aux idéologies radicales qui profitent alors de l'espace dégagé par la contestation pour s'infiltrer. En outre, les pressions peuvent pousser les régimes dans les affres de l'autoritarisme et de la violence dans une tentative désespérée de conserver le pouvoir. Ce point peut être illustré par le cas irakien où, lorsque le pays fut le plus durement frappé par les sanctions, Saddam Hussein devint plus déterminé que jamais à résister aux pressions extérieures[51], ce

49 « Economic sanctions and human rights: quantifying the legal proportionality principle », Jerg Gutmann, Matthias Neuenkirch, Florian Neumeier et Armin Steinbach (*Leibniz Information Centre for Economics*, mai 2018).

50 « Have U.S. Sanctions Against Venezuela Actually Helped Maduro? », José Cardenas (*Foreign Policy*, mars 2015).

51 « Economic Sanctions against Iraq: The ideal case », Maarten Smeets (*Journal of World Trade*, décembre 1990).

qui finalement aboutit à une intervention militaire. De surcroit, davantage que les effets politiques, ce sont les conséquences sociales qui sont les plus évidentes dans un pays ciblé par un régime de sanctions. Paupérisation, dégradation des institutions et services publics ainsi que troubles sociaux sont des conséquences prévisibles sur lesquelles nous reviendrons bientôt.

En pratique, toute limitation dans la pratique ordinaire du commerce dans un pays donné, que ce soit à travers un accroissement des coûts ou l'application de restrictions quelconques, réduira ipso facto le niveau de bien-être général[52]. Interrogé sur la capacité effective de l'Iran d'importer des produits de première nécessité, le Secrétaire d'État Pompeo déclarait en fin d'année 2018 que c'est au gouvernement iranien qu'il appartient de « décider s'ils veulent que leur population puisse se nourrir »[53]. Il reconnaissait donc là la sévérité de la situation et souligna que leur politique de sanction avait placé l'Iran dans un tel état de détresse que le gouvernement serait incapable d'à la fois subvenir aux besoins de sa population et de poursuivre sa politique étrangère jugée menaçante par les États-Unis. En d'autres termes, la fin justifie donc les moyens pour le plus haut diplomate américain qui revendique l'utilisation de la vulnérabilité populaire comme un levier coercitif censé faire infléchir la politique d'un régime. Selon cette perspective, la population civile n'est plus protégée mais précarisée et instrumentalisée pour servir un intérêt particulier. Ceci contrevient directement aux principes évoqués précédemment qui entérinent et consacrent la protection des populations civiles comme fondamentale eut égard aux normes internationales.

52 « Can economic sanctions be effective? », Maarten Smeets (*WTO Economic Research and Statistics Division*, mars 2018).

53 « Mike Pompeo Says Iran Must Listen to U.S. "If They Want Their People to Eat" », Brendan Cole (*Newsweek*, novembre 2018).

Boutros Boutros-Ghali, ancien Secrétaire Général de l'ONU, déclara aux sujets des sanctions les choses suivantes[54] : « Je rappelle qu'il faudra être prudent dans la prise et la mise en œuvre des sanctions pour éviter de donner l'impression qu'elles sont prises dans un esprit de vengeance, pour punir au lieu d'avoir comme objectif la modification de comportements politiques illicites, menaçant la paix et la sécurité internationales, ou contraindre un État à se conformer à ses obligations. [...] C'est la raison pour laquelle je reste très circonspect à l'égard des sanctions unilatérales qui sont adoptées par les instances politiques d'une manière arbitraire, quel que soit la cause de leur adoption. La priorité doit être accordée au règlement pacifique des différends sur la scène internationale par la négociation, les bons offices, la conciliation et la médiation. Les sanctions ne doivent être prises qu'en dernier recours et par un organe neutre. Leur application devra être contrôlée d'une manière à assurer leur effectivité. » Les sanctions ne devraient donc pas prendre le pas sur la diplomatie multilatérale et la résolution pacifique des conflits. Si celle-ci s'avérait impossible et seulement alors, un régime de sanctions pourrait être envisagé si et seulement si celui-ci était coordonné sous l'égide des Nations Unies. Ceci constituerait certainement la garantie nécessaire pour qu'un régime de sanction soit appliqué en vertu du droit international et dans l'intérêt général, et non en fonction des intérêts hétérogènes et versatiles de ses États membres.

54 « Le respect du droit et l'équité, fondement indispensable de la société internationale » (Discours de Boutros Boutros-Ghali devant l'Académie de Géopolitique de Paris, avril 2016).

CHAPITRE VII

Les effets réels

Idriss Jazairy, dont nous avons évoqué le nom plus haut et qui se trouvait être le Rapporteur Spécial des Nations Unies sur l'impact négatif des mesures coercitives unilatérale déclarait en mai 2019 que : « L'application extraterritoriale des sanctions unilatérales est en claire contradiction avec le droit international. Je suis très préoccupé de la propension d'un État en particulier à utiliser sa position dominante dans la finance internationale pour nuire non seulement au peuple iranien, qui a jusqu'à ce jour respecté ses obligations relatives au JCPOA, mais aussi à l'ensemble du monde avec qui il commerce. La communauté internationale doit s'associer pour remettre en question ce qui équivaut à des blocus n'ayant cure de la souveraineté d'un État, des droits humains de son peuple, et des droits des pays tiers de commercer avec les États sanctionnés par lui ; tout cela en représentant une menace pour la paix et la sécurité mondiale. J'appelle la communauté internationale à engager un dialogue constructif avec le Venezuela, Cuba, l'Iran et les États-Unis afin de parvenir à une résolution pacifique conforme à la lettre et à l'esprit de la Charte des Nations Unies avant que l'usage arbitraire des privations économiques ne devienne la nouvelle norme. »[1] Nous avons jusqu'ici seulement évoqué l'aspect « conceptuel » de l'impact des sanctions en ce qu'elles peuvent constituer, selon les éléments présentés ci-avant, une infraction aux droits de l'homme. Voyons maintenant, en détails, comment cela se matérialise dans le cas de l'Iran.

Effondrement économique et social[2]

Lorsque les États-Unis réintroduisirent leurs sanctions contre l'Iran en 2018, les décisionnaires au sein de l'administration pensaient que le niveau de contrainte imposé serait tel qu'il ferait s'écrouler l'économie iranienne en quelques mois et forcerait subséquemment le régime à concéder son retour à la table des négociations. Il ne se trompèrent bien sûr pas quant à la première dimension, le tissu économique convalescent de l'ère post JCPOA n'ayant pas eu le temps de récupérer qu'il fut pulvérisé par la nouvelle salve de sanctions et rapidement ramené à un niveau encore plus alarmant qu'il ne l'était fin 2012, avant le début des négociations. En revanche, deux ans plus tard, les institutions sont toujours debout et le régime à la manœuvre ; l'économie iranienne, si elle n'a pu rebondir, fonctionne péniblement, en mode survie, mais fonctionne. Ses dirigeants sont en effet parvenus à puiser parmi les ressources considérables du pays – au premier rang desquels sa population de 80 millions d'habitants permettant de capitaliser sur une demande intérieure significative – les moyens de résister tant bien que mal à la pression croissante des Américains. Le tribut est néanmoins

1 « US sanctions violate human rights and international code of conduct, UN expert says » (*Office of the High Commissioner for Human Rights*, mai 2019).

2 L'épidémie de COVID-19 qui s'est abattue sur le pays en février 2020 et qui continue à ce jour à faire des ravages ne sera pas évoquée bien que ses effets aient également une influence sur les éléments qui seront ci-dessous développés. Néanmoins, il est à noter que lesdits effets sont eux-mêmes en partie dus aux sanctions qui restreignent la capacité de l'Iran à gérer cette nouvelle crise.

de taille : les flux de capitaux en direction du pays – qu'ils soient issus de la rente pétrolière ou des investissements directs – se sont taris, les exportations de toutes natures se raréfient, la valeur du rial dégringole littéralement, l'inflation explose et le chômage poursuit son ascension, affaiblissant proportionnellement la consommation et donc les revenus. Au-delà de la dimension strictement économique, le tissu social aussi se désagrège peu à peu, emporté par la récession inédite subie par le pays. Nous avons déjà mis en lumière plus en amont les données macroéconomiques attestant de la situation critique à laquelle fait face l'Iran. Dans cette section, nous nous focaliserons donc sur ce qu'elles signifient empiriquement.

Commençons cette plongée dans l'abyssale débandade qu'est l'économie iranienne par l'analyse de l'élément qui semble être la conséquence alpha – de laquelle émanent toutes les autres – du régime de sanctions imposé à l'Iran : la valeur du rial. Depuis des décennies, nonobstant certaines périodes de reprises, la valeur relative du rial[3] est tendanciellement à la baisse ce qui a détérioré d'une manière constante le pouvoir d'achat de la population, notamment à l'étranger et pour les produits importés. Depuis le retrait américain du JCPOA et la réintroduction des sanctions, les choses se sont passablement aggravées. Le premier domino dont la chute provoqua une réaction en chaine est l'embargo de fait sur les exportations iranienne, au premier rang desquelles le pétrole qui est devenu presque impossible au pays d'écouler. Cette interruption brutale causa une pénurie de devises étrangères qui allait, par le jeu de l'offre et de la demande, écorcher la valeur relative du rial, l'entrainant dans une chute inexorable et incontrôlable.

3 Nous prendrons à partir d'ici l'USD comme monnaie de référence.

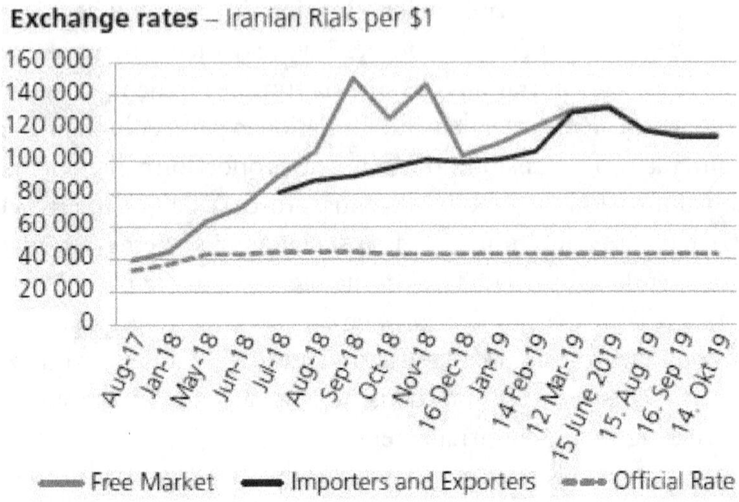

Source : *Central Bank of Iran ; bonbast.com*

En janvier 2020, le dollar équivalait à environ 130 000 rials sur le marché libre. Le 19 juillet de la même année, le dollar s'échangeait à 259 500 rials, soit une perte de valeur de 50 % en l'espace de 6 mois[4]. L'anticipation de cette situation dramatique avait conduit la banque centrale d'Iran (BCI), peu avant la rupture de l'accord par l'administration Trump, à mettre en place un système de change séquentiel censé endiguer la menace de la fluctuation des taux. Depuis les premiers jours de la République islamique, deux taux de change distincts coexistent : le taux officiel, subventionné et défini par la BCI, et le taux variable, déterminé librement par le marché. En avril 2018, pour faciliter les échanges internationaux, la BCI introduisit un troisième taux qui vint se superposer aux deux premiers : le *Forex Management Integrated System* (ou « NIMA »). De ce triptyque, ressort la distribution suivante : les entreprises

4 www.bonbast.com

iraniennes important des produits dits « vitaux » (e.g. médicaments, viande, blé) bénéficient du taux officiel (1 USD = 42 000 IRR) qui valorise le rial bien au-delà de sa valeur relative réelle ; les importateurs de produits « essentiels » (e.g. composants électroniques, machines-outils, grains) – impossibles et/ou trop coûteux à produire en Iran – utilisent le taux NIMA (théoriquement situé entre les taux officiel et variable) ; les autres importateurs doivent utiliser le taux variable. Les exportateurs, eux, sont contraints de déclarer et de vendre une part significative de leurs devises – entre 50 et 90 % en fonction de la valeur de l'échange[5] – à la BCI qui les réinjecte alors dans le système NIMA afin d'assurer artificiellement la circulation des fonds des exportateurs aux importateurs. L'objectif est donc de soutenir les importations grâce à la « saisie » des devises permettant de subventionner certaines d'entre elles, le manque d'assise financière empêchant le gouvernement de généraliser la pratique à tous les types d'importations.

Bien que le dispositif ait été conçu comme un système de « solidarité financière » entre les importateurs et les exportateurs, ces derniers sont lésés dans le processus. En effet, malgré le rapprochement récent des taux variable et NIMA, un exportateur vendant ses devises à ce dernier perçoit moins de rials que s'il les avait vendus au marché libre, occasionnant un manque à gagner. Parallèlement, ledit exportateur n'est pas nécessairement éligible pour bénéficier du taux NIMA lorsqu'il importe d'éventuelles matières premières et/ou produits intermédiaires nécessaires à la conduite de son opération et devra donc souvent s'accommoder du taux variable. Il achète par conséquent ses devises au taux réel mais les vend au rabais, menaçant sa cohérence opérationnelle, sa stabilité financière, et jusqu'à son

5 « Iran's economy and the burden of multiple exchange rates », Mohsen Tavakol (*Atlantic Council*, mai 2020).

existence. Ainsi, bien que le poids du système repose principalement sur les exportateurs, les entreprises d'une manière générale sont contraintes de naviguer entre les trois taux de change, complexifiant leurs activités, voir les mettant en péril. Toutefois, si la méthode peut questionner, son objectif est vraisemblablement consensuel ; le fait de soutenir l'importation de produits vitaux/essentiels permet de protéger les consommateurs du second fléau qui frappe inlassablement le pays : l'inflation.

La dépréciation du rial a deux conséquences directes majeures : perte de pouvoir d'achat à l'international pour tout détenteur de rials, et hausse du coût de revient pour les entreprises, toutes deux étant intrinsèquement liées. D'une part, la perte de valeur relative de la monnaie iranienne implique une capacité réduite à l'utiliser à l'international et/ou à importer des produits dans la mesure où leur prix relatif augmente. Aussi, le gouvernement iranien tente de geler l'importation de certains produits[6] – notamment les produits dits « de luxe » (e.g. téléphonie haut-de-gamme, haute-couture, automobile)[7] – afin d'inciter les agents à se départir de leurs devises et d'approvisionner ses réserves de change. D'autre part, la chute de la valeur de la valeur relative du rial fait des entreprises – en particulier celles dont les activités sont structurellement dépendantes de produits d'importation – la courroie de transmission qui propage la crise monétaire à l'économie tout entière, la rendant systémique[8]. En effet, la hausse continue des coûts de revient génère une inflation tendancielle consécutive à l'adaptation des entreprises aux

6 دلیل ممنوعیت واردات گوشی بالای ۳۰۰ یورو چیست ؟

7 Notons que lesdits produits ne sont évidemment pas, à cause des sanctions, vendus directement à des distributeurs en Iran. Ceux-ci trouvent des circuits d'importations alternatifs pour se les procurer ces (en les important d'un pays tiers voisin par exemple, tel que l'Azerbaïdjan).

8 « The interplay between exchange rates and inflation in Iran », Bijan Khajehpour (*Al-Monitor*, septembre 2019).

nouveaux paramètres – volatiles – du marché. L'augmentation d'abord circonscrite aux produits d'import s'est vite répandue par effet de diffusion à l'ensemble de l'offre et provoque désormais une hausse des prix généralisée – presque quotidienne – y compris sur les produits de première nécessité comme le pain, le riz et la viande[9]. Les tentatives de la BCI de soutenir le rial en injectant des centaines de millions de dollars dans l'économie fit peu pour soulager la défiance des agents et stabiliser la monnaie. La perte de valeur du rial et l'augmentation des prix qui l'accompagne sont si soudaines qu'elles en sont devenues palpables, poussant de semaine en semaine davantage d'individus dans la précarité, répandant la paupérisation.

L'inflation génère mécaniquement une baisse générale de la consommation qui accroit subséquemment le chômage – qui à son tour fait chuter la consommation – et l'installe durablement dans cette économie à l'agonie. L'inflation combinée au ralentissement ambiant de l'activité jettent le pays dans une stagflation profonde, le rapprochant inéluctablement de la faillite. Par ailleurs, le gouvernement s'enlise dans un déficit public record, se creusant d'année en année : basé sur des prédictions de Décembre 2019, le déficit de l'actuelle année fiscale s'élèvera à plus de 13 milliards de dollars (convertis du montant en rials selon le taux officiel), soit 2,7 % de son budget[10]. La croissance du déficit budgétaire risque en outre d'aggraver d'autant plus l'inflation et la dépréciation du rial. De plus, dans sa quête de fonds, le gouvernement a engagé une vague de privatisations[11] qui risque de permettre à la frange semi-publique et informelle

9 « Currency crisis impoverishes Iranians, strains economic defences », Parisa Hafezi et Davide Barbuscia (*Reuters*, juillet 2020)

10 « Iran budget deficit expected to top $13b next year » (*Tehran Times, décembre* 2019).

11 سهم ۱۸ شرکت بزرگ دولتی در بورس واگذار می شود

de s'emparer de davantage de segments de la sphère économique – le secteur privé traditionnel ne disposant pas des fonds pour de telles acquisitions –, y renforçant son contrôle et en en réduisant la transparence. Ce type d'opérations s'effectuent in fine au détriment de la population car elles permettent à la corruption et aux pratiques clientélistes de s'y épanouir à loisir. Dans le même registre, les effets combinés des sanctions et du marasme économique – que ces dernières ont en grande partie provoqué – facilitent le bourgeonnement de réseaux de corruption et de contrebande[12] qui profitent des pénuries et nuisent à l'économie conventionnelle.

Aux facteurs strictement économiques s'ajoutent par ailleurs les ramifications sociales sous-jacentes. Omniprésentes, elles colorent le paysage iranien d'un clair-obscur dont la description n'est pas chose aisée. Notons tout d'abord que ce type d'épreuves est tout sauf inhabituel pour les iraniens qui n'y sont guère étrangers dans la mesure où ils s'y débattent depuis maintenant plus de 40 ans. Au sortir de la guerre contre l'Irak, par exemple, l'Iran avait dû faire face à un défi économique sans précédent et se démena avec 12 taux de change différents[13] dont on imagine fort bien le fardeau que cela a pu représenter. Mais même la plus grande ténacité finie par faner et être emportée par la lassitude. Selon une enquête annuelle réalisée par l'institut Gallup auprès d'adultes de 142 pays à travers le monde[14], l'Iran affiche un niveau de détresse émotionnelle parmi les plus élevés (5e position). Confrontés à cette démonstration de force des États-Unis, les Iraniens sont impuissants, à la fois spectateurs et victimes.

12 « Smuggling surges as US sanctions hit Iranian rial », Bijan Khajehpour (*Al-Monitor*, octobre 2018).

13 « Why does Iran have three foreign exchange rates? », Maziar Motamedi (*Al Jazeera*, juillet 2019).

14 « Gallup Global Emotions Report 2019 ».

L'espoir qu'avait pu faire naitre la signature de l'accord sur le nucléaire fut de courte durée et s'est très vite envolé, ne laissant derrière lui qu'amertume et plaies trop béantes pour qu'elles puissent, à l'instar des précédentes, cicatriser[15]. L'écroulement de la structure économique donne à la population le sentiment que le sol se délite sous ses pieds, imposant une atmosphère de morosité chez un peuple d'ordinaire jovial qui a substitué un morne fatalisme à son éternel optimisme.

L'inflation se ressent au quotidien[16] et est devenue le sujet de conversation principal de beaucoup de gens qui, d'un jour sur l'autre, commentent leur perte de pouvoir d'achat et la dégradation de leur niveau de vie qui s'opèrent à un rythme jusqu'ici inégalé. La tension est palpable, et la colère croissante. Que celle-ci soit dirigée vers la furie sans bornes du président américain ou l'incurie du régime de Khamenei – voir vers les deux à la fois – n'est qu'accessoire car l'objet des frustrations est lui unanime : les Iraniens perdent le contrôle de leur propre vie, leur droit à l'autodétermination et, surtout, leur temps. Le sentiment de consumer des années de vie à tenter de survivre, l'inanité du lendemain plus sombre que la veille et l'idée que la possibilité d'un dénouement s'éloigne peu à peu fait sombrer une société entière dans la dépression et le pessimisme. Une des conséquences les plus visibles est la recrudescence du fantasme de l'exil, le souhait de tourner la page sous d'autres latitudes et de prospérer sous des cieux plus cléments. De nombreux Iraniens – essentiellement la jeune classe moyenne instruite – parlent en effets de migrer vers l'ouest, que ce soit en Géorgie, en

15 « Impact of the US sanctions on the Iranian economy », Bijan Khajehpour dans « One year after the re-imposition of sanctions » (*Friedrich Ebert Stiftung*, novembre 2019).

16 « The economic impact of US sanctions on Iran›s streets », Zein Basravi (*Al Jazeera*, juillet 2019).

Turquie, ou plus loin en Europe et même au Canada, en quête d'un épanouissement qu'ils jugent ici inaccessible. L'incertitude qui caractérise l'avenir conduit notamment à l'effet adverse de la fuite des cerveaux. En Iran, où en mars 2019 plus de 40 % des individus au chômage détenaient un diplôme universitaire, 150 à 180 000 personnes quittent le pays chaque année pour travailler à l'étranger[17]. Le manque de perspectives et le fléau du chômage endémique poussent en effet vers la sortie un nombre croissant d'individus, qu'ils soient étudiants, jeunes diplômés ou ouvriers qualifiés.

Le chômage, qui est à la fois le corollaire de la crise et sa force vive, est probablement beaucoup plus important que ce que les chiffres officiels semblent indiquer en raison de la définition très restrictive choisie par l'administration. En effet, selon celle-ci, un individu âgé de 15 ans ou plus travaillant au moins une heure par semaine est considéré comme étant employé[18]. Ceci laisse forcément dubitatif et interroge quant à la véritable ampleur du phénomène. Par ailleurs, la question du logement est également devenue la source de toutes les angoisses pour les Iraniens qui craignent de ne plus être en mesure d'honorer leurs obligations financières. La chute du rial a entrainé une ruée vers le marché immobilier par les investisseurs en quête de valeurs refuges ce qui a propulsé les prix du mètre carré vers des sommets et, subséquemment, fit grimper celui des loyers. Sur les 9 derniers mois de 2019, ils bondirent de 70 %[19], forçant les familles incapables de suivre à s'éloigner des centres-villes[20]. Face à cette situation dramatique, les esprits s'épuisent et les cœurs

17 « Top Cleric Admits 'Brain Drain' Is A Problem » (*Radio Farda*, mars 2019)
18 بالاخره یک ساعت کار در هفته شغل محسوب می‌شود؟
19 « Housing price up 70% in 9 months on year » (*Tehran Times*, janvier 2020).
20 « ‹My salary can›t keep up›: Iranians brace as Trump threatens ‹most severe sanctions ever› », Bahar Makooi (*France 24*, septembre 2019).

souffrent. Les Iraniens sont livrés à eux-mêmes, perpétuellement menacés par l'insécurité financière, alimentaire et foncière, et contemplent le désastre, résignés dans leur désespoir. Les regards autrefois tournés vers l'est à la recherche d'une main tendue semblent avoir été déçus[21], la réalité universelle des sanctions américaines ayant prouvé leur supériorité hégémonique face aux souverainetés et au bien des peuples.

Périclitation sanitaire[22]

En octobre 2018, un contentieux lié à un traité de 1955 entre l'Iran et les États-Unis relatif aux relations économiques et aux droits consulaires fut porté devant la Cour Internationale de Justice à la suite d'une plainte déposée par l'Iran. Celle-ci décida dans une décision provisoire que les États-Unis devront, dans l'attente d'un règlement définitif, « lever tout obstacle né des mesures annoncées le 8 mai 2018 » (i.e. l'annonce de la réimposition des sanctions américaines) à l'exportation vers l'Iran « de médicaments et autres appareils médicaux ainsi que de produits alimentaires et agricoles ». Le jugement détermina également que les États-Unis devront assurer que « les paiements et transferts de fonds [associés] ne seront sujets à aucune restriction ». La Cour justifia sa décision en mentionnant que « les restrictions relatives à l'achat et à l'importation de marchandises requises à des fins humanitaires telles que les produits alimentaires et les médicaments, y compris les traitements préventifs et/ou contre les maladies chroniques et les équipements médicaux, seraient susceptibles d'avoir un impact attentatoire considérable sur la

21 « The East Fails Iran », Alex Vatanka (*Foreign Policy*, juin 2020).
22 Cette section se base essentiellement sur le rapport « Maximum pressure », publié par Human Rights Watch en octobre 2019.

santé et la vie de la population vivant en Iran »[23]. La réaction des États-Unis ne se fit pas attendre : le jour même, le pays se retira du traité en question[24].

La dimension médicale est au cœur du débat relatif aux sanctions car elle touche directement aux droits de l'homme, à la condition humaine. Les conventions, règlements et traités internationaux sont unanimes et exhortent les parties à un conflit de faire preuve de retenue en limitant, au maximum de leurs capacités, les impacts sur la population civile. Si cela concerne principalement les règles d'engagement militaire, cela vaut aussi pour un conflit non armé, économique donc. En l'espèce, les sanctions appliquées par les États-Unis sur l'Iran respectent-elles ce principe ? Le droit à l'accès au soin – et donc à la préservation décente de la vie – est-il maintenu ? Tout-est-il fait par l'État émetteur pour que la population de l'État cible puisse jouir du droit inaliénable qu'est « le droit à la vie, à la liberté et à la sûreté de sa personne »[25] ?

Pour tenter de répondre à ces questions, commençons par rappeler les obligations incombant à un État s'agissant du droit à la santé. Le Pacte relatif aux droits économiques, sociaux et culturels[26] (que nous avons déjà mentionné plus haut), ratifié par l'Iran et signé par les États-Unis, engage les États à reconnaitre « le droit qu'a toute personne de jouir du meilleur état de santé physique et mentale qu'elle soit capable d'atteindre » ainsi que celui de l'accès à « un niveau de vie suffisant pour elle-même et sa

23 « Alleged Violations of 1955 Treaty of Amenity, Economic Relations, and Consular Rights », Islamic Republic of Iran V. United States (Press Release, International Court of Justice, 3 octobre 2018).

24 « U.S. Withdraws From 1955 Treaty Normalizing Relations With Iran », Edward Wong et David Sanger (*The New York Times*, octobre 2018).

25 « Déclaration Universelle des Droits de l'Homme » (Assemblée Générale des Nations Unies, décembre 1948).

26 *Ibid.*

famille, y compris une nourriture, un vêtement et un logement suffisants, ainsi qu'à une amélioration constante de ses conditions d'existence ». Les parties au pacte sont ainsi « engagés » à agir « au maximum de [leurs] ressources disponibles en vue d'assurer progressivement le plein exercice des droits reconnus dans le [...] Pacte par tous les moyens appropriés, y compris et en particulier par l'adoption de mesures législatives ». Ainsi, un pays ou une coalition de pays imposant des sanctions économiques doivent prendre en considération l'impact sur les droits de l'homme parmi la population affectée, y compris le droit à la santé. S'exprimant au sujet des sanctions, le Comité des droits sociaux, économiques et culturels des Nations Unies – l'organisme composé d'experts indépendants qui interprète les obligations des États membres parties au pacte – détermine « qu'il faut tenir pleinement compte de ces droits pour élaborer un régime de sanctions approprié » et que « les habitants d'un pays ne [sauraient être] privés de leurs droits économiques, sociaux et culturels fondamentaux parce qu'il a été déterminé que leurs dirigeants ont violé des normes relatives à la paix et à la sécurité internationales »[27].

Le Comité observe également que « les États parties devraient en toutes circonstances s'abstenir d'imposer un embargo ou des mesures restrictives du même ordre sur l'approvisionnement d'un autre État en médicaments et matériel médical », précisant que la « fourniture de biens de ce type ne devraient jamais servir d'instrument de pression politique ou économique »[28]. Commentant l'usage des sanctions, le Comité statue également que « si une partie extérieure assume, même partiellement, la

27 « General Comment No. 8 : The relationship between economic sanctions and respect for economic, social and cultural rights » (*CESCR*, décembre 1997).

28 « General Comment No. 14 : The Right to the Highest Attainable Standard of Health » (*CESCR*, août 2000).

responsabilité de la situation dans un pays, il lui appartient aussi inévitablement de faire tout ce qui est en son pouvoir pour protéger les droits économiques, sociaux et culturels de la population touchée »[29]. Par ailleurs, le Comité établit que les dispositions du pacte « ne peuvent pas être considérées comme inopérantes, ni, en aucun cas, comme inapplicables pour la simple raison qu'il a été décidé que des considérations relatives à la paix et à la sécurité internationales justifiaient l'imposition de sanctions »[30]. En outre, les Principes de Maastricht – ayant vocation à clarifier les obligations extraterritoriales des États dans le cadre du droit international – affirment la chose suivante : « Les États doivent s'abstenir de prendre des mesures, tels que des embargos ou autres sanctions économiques, qui auraient pour résultat de rendre impossible ou de nuire à la jouissance des droits économiques, sociaux et culturels. Lorsque des sanctions sont prises pour remplir d'autres obligations juridiques internationales, les États doivent veiller à ce que les obligations en matière de droits de l'homme soient pleinement respectées dans la conception, la mise en œuvre et la cessation de tout régime de sanctions. Les États doivent s'abstenir en toutes circonstances d'instaurer des embargos et autres mesures équivalentes sur des biens et des services essentiels au respect des obligations fondamentales. »[31] Les pays ont par conséquent l'obligation d'assurer que toute sanction imposée ne viole pas le droit à la santé d'une population, quelles que soient les circonstances.

Alors, qu'en est-il en pratique ? Officiellement, les produits liés à l'alimentation et aux soins sont effectivement exemptés de sanctions et leur commerce est permis par les États-Unis

29 *Ibid* (General Comment n° 8).
30 *Ibid.*
31 « Maastricht Principles on Extraterritorial Obligations of States in the Area of Economic, Social and Cultural Rights » (2011).

afin de prémunir la population iranienne. Toutefois, à plusieurs occasions, l'administration américaine a laissé entendre que les effets néfastes que les sanctions causent aux Iraniens ordinaires sont intentionnels et font partie d'une stratégie pour pousser la population à se retourner contre son gouvernement autocratique. En février 2019, par exemple, Pompeo déclara dans une interview que « les choses sont bien pires pour les Iraniens [avec les sanctions] et nous sommes convaincus que cela amènera la population à se soulever et à demander au régime une modification de son comportement »[32]. Ce qu'il faut comprendre ici c'est que le nerf des répercussions de la politique de sanctions imposée par les États-Unis sur le secteur de la santé est son effet dissuasif. Adverses au risque et effrayées d'être à leur tour ciblées par les sanctions américaines, les banques et entreprises internationales s'abstiennent massivement d'entretenir tout lien commercial avec l'Iran, même lorsque cela concerne les produits de nature humanitaire, théoriquement exemptés. Cette contrainte, combinée à la forte dépréciation du rial, résulte dans l'ardente difficulté pour les entreprises et les hôpitaux iraniens de s'approvisionner en médicaments et équipements essentiels depuis l'étranger pour subvenir aux besoins de ceux qui en dépendent cruellement. En conséquence de quoi l'accès des Iraniens aux traitements essentiels et leur droit à la santé est négativement impacté, ce qui représente un risque existentiel pour des millions d'entre eux.

La prudence excessive ou « *overcompliance* » des banques et des entreprises pharmaceutiques craignant de tomber sous la coupe des sanctions américaine est un facteur déterminant dans l'aggravement de l'accès aux fonds, aux médicaments et aux équipements médicaux. En novembre 2018, Zarif publia les emails envoyés par quatre compagnies pharmaceutiques

32 Secretary of State Pompeo Interview (*CBS News*, 13 février 2019).

annonçant la rupture anticipée de leurs contrats avec l'Iran à cause des sanctions. Celui-ci souligna également dans une interview donnée au Guardian que, dans la mesure où les États-Unis ont imposé un tel niveau de contraintes empêchant le commerce avec l'Iran, lorsqu'une entreprise locale ou étrangère veut transférer de l'argent du ou vers le pays, les banques ne se préoccupent pas de la nature de la transaction et préfèrent simplement éviter d'être impliquées, « c'est pourquoi les sanctions frappent toujours la nourriture et les médicaments »[33]. Ces dernières peuvent justifier leur crainte, par exemple, par le fait que financer l'achat de matières premières utilisées pour la production de médicaments pourrait ne pas être inclus dans le scope des exemptions puisque, précisément, il ne s'agit pas de médicaments – ce qui est faux selon les critères de l'OFAC mais illustre bien le niveau d'incertitude ambiant.

Cette peur a également causé des problèmes aux acteurs humanitaires qui viennent en aide à des dizaines de milliers de réfugiés afghans vivant en Iran tels que le Norwegian Refugee Council (NRC) et les différentes agences onusiennes opérant en Iran (e.g. UNHCR, UNICEF, OCHA, WHO). Le refus des banques de transférer de l'argent à ces organismes compliquent leurs activités et mettent littéralement en danger leurs opérations. La tendance de l'administration Trump à catégoriser comme « terroriste » un nombre croissant et de plus en plus large d'organisations menace d'autant plus le commerce humanitaire avec l'Iran. En effet, les États-Unis ne sont pas parvenus – ou n'ont pas voulu – à clarifier les conséquences que la désignation des CGRI en tant qu'organisation terroriste – celui-ci, répétons-le, ayant une influence particulièrement importante dans la sphère économique – pourrait avoir sur les échanges

33 « ‹We are desperate› : economic crisis hits ordinary Iranians », Patrick Wintour (*The Guardian*, novembre 2018).

avec les entreprises iraniennes. Selon un ancien fonctionnaire au Département d'État américain, même si les médicaments sont en théorie exemptés de sanctions, « ils deviennent en pratique sanctionnables s'ils s'avèrent [être connectés d'une manière ou d'une autre] à une entité désignée comme terroriste »[34]. Faisant référence à ce flou administratif, Jan Egeland, Secrétaire-Général du NRC, déclara lors d'une conférence sur l'aide humanitaire que « personne n'est capable de me dire si, en conduisant mes opérations de telle manière, moi ou mes collègues serions susceptibles d'être en violation de la régulation américaine ». Il affirma également que le NRC « a dépensé en vain des centaines de milliers d'euros dans des études et conseils juridiques additionnels pour clarifier auprès des banques la légalité des transferts de fonds car elles sont trop effrayées par les sanctions américaines »[35].

En septembre 2019, en réponse à l'attaque contre la Saudi Aramco et en vertu de son « autorité contreterroriste », l'administration américaine imposa de plus amples sanctions sur la BCI, restreignant fortement la capacité de la dernière institution iranienne capable d'engager des transactions internationales ayant une dimension humanitaire ; rendant les prétendues « exemptions humanitaires » stériles. Subséquemment, en octobre, les banques sud-coréennes, alors parmi les dernières à traiter avec l'Iran, suspendirent leurs relations. Le zèle des banques et des entreprises internationales – notamment européennes – employé à assurer leur conformité aux directives américaines, combiné à la hausse des prix relatifs, conduit les entreprises iraniennes à rechercher des alternatives pour

34 « Iran sanctions : What impact are they having on medicines? », Anahita Shams (*BBC*, août 2019).

35 « Future of Humanitarian Aid », Jan Egeland (*Center for Strategic and International Studies*, septembre 2019).

leur approvisionnement, en Chine et en Inde notamment. Le système financier plus souple et les coûts réduits facilitent ces transactions mais la nature différente des produits risque d'impacter négativement la qualité des médicaments disponibles en Iran, notamment concernant les maladies rares. Certains patients ont déclaré souffrir de sérieux effets secondaires dus à la nécessité qui fut la leur d'opter pour un traitement alternatif puisqu'ils n'étaient plus capables de trouver sur le marché celui qui leur avait été prescrit. Human Rights Watch spécifie dans son rapport que les sanctions causent une souffrance superflue et injustifiée aux citoyens iraniens souffrant d'un large éventail de problèmes médicaux. En particulier, les plus affectés sont précisément les individus touchés par des pathologies rares requérant un traitement spécial devenu introuvable dans les conditions actuelles.

Selon l'Organisation iranienne pour la nourriture et les médicaments, le pays produit 97 % de ses besoins en médicaments localement. Néanmoins, cette donnée élude l'importance du risque que font peser les sanctions sur le secteur de la santé. Plus d'un tiers desdits médicaments produits en Iran sont en réalité dépendants de produits d'importation ; et les 3 % des besoins qui ne sont pas assurés par la production locale représentent 30 % de la valeur du marché, notamment liée au traitement pour les maladies rares ainsi que de multiples formes de cancers. En analysant la liste des médicaments importés par l'Iran, Human Rights Watch identifia au moins 240 médicaments différents (sur un total de 433) figurant sur la liste des médicaments essentiels publiée par l'OMS. Le marché des équipements médicaux est encore plus dépendant avec, selon le Ministère de la santé iranien, 70 % de ses éléments importés (e.g. IRM, scanners, lits d'hôpitaux). Un médecin propriétaire d'une clinique privée à Téhéran témoigna qu'en plus des difficultés administratives, l'un des plus gros problèmes pour importer est l'augmentation des prix. Dans la mesure où la plupart des équipements importés ne sont pas éligibles pour bénéficier du taux de change subventionné, le taux de remplacement s'effondre car les nouveaux équipements sont devenus inabordables. Par ailleurs, la couverture maladie – quasi – universelle absorbe une part significative des coûts des soins aux patients, mais la faillite du système risque de provoquer une érosion de la prise en charge ce qui aura vraisemblablement un effet dévastateur sur des millions d'entre eux. Depuis la réimposition des sanctions, la part des médicaments couverts s'est déjà contractée, excluant – selon une estimation de juin 2019 – 79 références.

Bien qu'il n'y ait pas (encore) à proprement parlé de profonde « pénurie » de médicaments en Iran, la population éprouve d'une manière générale de plus en plus de difficultés pour se procurer ses traitements, à fortiori concernant les maladies rares, mais pas uniquement. Un élément aussi banal que l'insuline – ou même le paracétamol – peut être difficile à trouver, conduisant les personnes diabétiques – ou leur famille – à parfois devoir parcourir les villes pour s'en procurer, à un coût toujours plus élevé et prohibitif. Les gouttes ophtalmiques importées se font également de plus en plus rares, accroissant la souffrance d'un nombre important de patients affectés par l'usage d'armes chimiques par l'Irak durant la guerre. Un professionnel du secteur confia à Human Rights Watch qu'avant les sanctions, les entreprises étaient capables de constituer des stocks, ce qui n'est dorénavant plus possible. Il poursuivit en affirmant que « si rien ne change d'ici un an, les patients iraniens seront confrontés à un défi de taille pour accéder aux traitements les plus demandés » – à comprendre à la fois en termes matériels et financiers. En avril 2019, selon le Centre statistique d'Iran, les coûts liés à

la santé pour une famille avaient augmenté de 18,8 % sur les 12 mois précédents à travers le pays.
Human Rights Watch inclut dans son rapport une série de recommandations faites aux différentes parties prenantes pour tenter de juguler la crise et notamment les suivantes, au gouvernement américain :

- Clarifier publiquement et au plus haut niveau que les banques et entreprises ne feront face à aucun risque légal et/ou financier en finançant ou exportant les marchandises de nature humanitaire exemptées à destination de l'Iran.
- Les États-Unis devraient initier un effort diplomatique, incluant des pourparlers directs avec l'Iran, pour assurer que des canaux humanitaires vers le pays soient – réellement – ouverts et lui permettent d'importer les médicaments et équipements nécessaires à la sauvegarde du droit à la santé de la population iranienne.

En dépit du fait que le gouvernement américain a mis en place des exemptions pour les importations de nature humanitaire dans le régime de sanctions qu'il a imposé à l'Iran, son échelle, associée à la rhétorique agressive des responsables américains, a drastiquement limité la capacité de l'Iran à financer en pratique ce type d'importations. Les conséquences du renforcement des sanctions représentent donc une grande menace au droit à la santé des iraniens. Même le très partial – favorable à la ligne gouvernementale américaine – think tank « Atlantic Council » dénonça dans une tribune les effets néfastes des sanctions sur le droit à la santé de la population et parla de « punition collective »[36]. Cette entrave continue néanmoins d'être qualifiée de « mythe » par l'administration américaine qui s'obstine dans

36 « How US sanctions hinder Iranians' access to medicine », Sina Azodi (*Atlantic Council*, mai 2019).

son interprétation et application rigoristes de la campagne de « pression maximum »[37]. Par ailleurs, les effets ci-avant déclinés des sanctions sur le droit à la santé de la population iranienne ont été sensiblement aggravés par l'épidémie de COVID-19 qui secoue actuellement le pays, la mettant davantage en danger[38]. L'administration américaine n'a jusqu'ici pas pris de mesures significatives pour limiter l'impact adverse de ses sanctions sur le secteur humanitaire. En décembre 2003, lorsqu'un terrible tremblement de terre tua 26 000 personnes en Iran, l'administration américaine de l'époque autorisa une suspension temporaire des sanctions. De multiples avions militaires américains atterrirent en Iran pour la première fois depuis la révolution de 1979, transportant presque 70 000 kg de matériel médical et plus de 200 personnels civils pour assister l'Iran dans la recherche, le sauvetage, la chirurgie d'urgence et la gestion de crise[39]. En revanche, l'administration actuelle a jusqu'ici refusé le moindre assouplissement de sa politique. C'est un exercice tragique que d'imaginer qu'il soit possible d'être si cruel et apathique qu'en comparaison George W. Bush et Dick Cheney apparaissent compatissants et raisonnables.

Déstabilisation et embrasement

La résolution de la « crise du nucléaire iranienne » fut une victoire considérable pour Rouhani qui prouva qu'une approche de politique étrangère pragmatique fondée sur le dialogue peut être couronnée de succès. Le retrait unilatéral américain

37 « U.S. Sanctions Are Killing Cancer Patients in Iran », Abbas Kebriaeezadeh (*Foreign Policy*, août 2019).

38 « Economic sanctions and Iran's capacity to respond to COVID-19 », Adrianna Murphy, Zhaleh Abdi, Iraj Harirchi, Martin McKee et Elham Ahmadnezhad (*The Lancet*, avril 2020).

39 « The Coronavirus Is Killing Iranians. So Are Trump's Brutal Sanctions. », Mehdi Hasan (*The Intercept*, mars 2020).

a démoli cette avancée. L'expérience avortée de l'accord sur le nucléaire a eu des conséquences importantes sur la politique extérieure iranienne. En effet, la promesse bafouée aux Iraniens a davantage terni leur confiance – au demeurant déjà limité – envers l'ouest, ainsi qu'envers les mécanismes et organisations internationaux. Dans cette perspective, le JCPOA était plus qu'un accord de circonstances, c'était une expérience de politique étrangère. Son échec manifeste a galvanisé les critiques qui se sont trouvées confortées dans leur éternel défiance et leur conviction que l'initiative était vouée à l'échec. La politique de « pression maximum » a entravé la capacité du gouvernement iranien d'implémenter les réformes fondamentales promises par Rouhani pour relancer l'économie iranienne. Tandis que les premiers développements montraient des signes encourageants (telle que la baisse momentanée de l'inflation), la trajectoire bifurqua subitement lorsque les États-Unis se retirèrent du JCPOA en mai 2018. Le rebond de la crise économique et la vague de critique qui déferla sur l'administration Rouhani, l'accusant de ne pas avoir tenu ses promesses, lui fit perdre énormément de sa superbe et éroda sa crédibilité.

Nous avons vu précédemment qu'en novembre 2019, le plus important soulèvement populaire spontané que l'Iran ait connu depuis une décennie éclata. Ce qui le motiva fut la soudaine annonce du gouvernement que les prix du carburant à la pompe allaient être multipliés par trois, passant de 8 à 25 centimes (USD de l'époque) le litre. Le gouvernement souhaitait ainsi exporter le carburant invendu localement, lui permettant d'accroitre légèrement ses ressources – d'à peine quelques centaines de millions de dollars à l'année. Celui-ci affirma également que les revenus générés seraient mobilisés pour venir en aide aux familles les plus démunies. Cela ne suffit pas à faire taire les protestations, et la réponse du régime fut alors bien plus brutale que lors des précédentes. Outre les centaines de morts décomptés par Amnesty International[40], le gouvernement imposa une coupure du réseau internet à l'échelle nationale qui dura plusieurs jours pour éviter la diffusion d'informations, et procéda à des milliers d'arrestations dans les mois qui suivirent, certaines aboutissant dans le couloir de la mort[41]. À la fois la réforme des prix de l'essence et la répression brutale des manifestations qui suivirent racontent le dénuement du régime. Le risque d'embrasement social prit pour un si faible rendement attendu révèle bien à quel point ce dernier est pris à la gorge et à quel point il est prêt à tout pour assurer sa survie. Si le plan de l'administration Trump est bel et bien de renverser le régime, il n'y a que bien peu de chance que cela aboutisse, en tout état de cause pas sans payer un lourd tribut, pas sans un massacre[42].

Le manque de discernement des États-Unis dans l'adoption de leurs politiques régionales n'est malheureusement pas nouveau. En 2003, l'administration Bush décida d'envahir l'Irak pour renverser le régime de Saddam Hussein, accusé d'entretenir des liens avec Al-Qaïda et de posséder des armes de destruction massives[43]. Qu'elles qu'aient été les motifs réels de cette invasion, elle fut également grossièrement justifiée par le fait que cela permettrait de réduire l'influence régionale de l'Iran. Ceci fut l'une des plus flagrantes erreurs de calcul dans l'histoire de la politique étrangère américaine. L'Iran fut au contraire le

40 *Ibid.*

41 « Iran stays execution of anti-government protesters on death row », Michael Safi et Akhtar Makoii (*The Guardian*, juillet 2020).

42 « Iran Protests Suggest Trump Sanctions Are Inflicting Serious Pain », Keith Johnson (*Foreign Policy*, novembre 2019).

43 Dont aucune trace, s'agissant des armes nucléaires, n'a jamais été retrouvée. En ce qui concerne les armes chimiques, il eût été fort étonnant que cela ait surpris les américains dans la mesure où ceux-ci avaient participé à leur approvisionnement au régime durant la guerre contre l'Iran.

grand gagnant de l'invasion qui élimina son adversaire le plus redoutable dans la région, faisant s'écrouler la domination du parti Baas, symbole de la domination sunnite sur un pays à majorité shiite. Ceci créa une opportunité pour les leaders shiite irakiens en exil – la plupart vivant en Iran – de s'emparer du pouvoir dans leur pays. L'insurrection post-invasion conduisit l'administration Bush à imposer un nouveau système électoral garantissant la proportionnalité confessionnelle, ce qui porta automatiquement la majorité shiite au pouvoir – une aubaine pour l'Iran. Le désir de revanche d'une population longtemps persécutée l'amena alors à persécuter à son tour ; la minorité sunnite souffrit de la transition, ce qui contribua à l'émergence, un peu moins d'une décennie plus tard, de l'État islamique. Ainsi, l'Iran se vit offrir, à la faveur du renversement d'un ennemi, un allié stratégique qui joue un rôle clé dans sa résistance face aux sanctions – que ce soit en termes de contrebande de marchandises, de vente de pétrole, et surtout d'échange de devises. Cette importance capitale de l'Irak conduit l'Iran à tenter d'y renforcer son influence, au grand dam de la population qui voit là sa souveraineté s'affaisser, et qu'il contribue à violement réprimer lorsque celle-ci s'en indigne[44].

Par ailleurs, l'assassinat du Général de la Quds Force, Qassem Soleimani, en Janvier 2020 eut l'effet d'un ouragan en Iran. Celui que certains médias américains nommaient « the world's No.1 bad guy »[45] fut éliminé par les États-Unis pour son influence considérable dans la région, qui permettait à l'Iran d'avancer ses pions. En Iran cependant, Soleimani demeura largement inconnu du grand public la majorité de sa

44 « US sanctions are driving Iran to tighten its grip on Iraq », James Risen (*The Intercept*, décembre 2019).

45 « America just took out a man many consider the world's No. 1 bad guy », Jake Novak (*CNBC*, Janvier 2020).

carrière jusqu'à ce qu'il soit – ironiquement – popularisé par les médias occidentaux[46] à une époque où la montée en puissance de l'État islamique terrorisait les iraniens. Soleimani, à la tête des forces extérieures du pays, commença à être vu comme un rempart contre l'innommable, un symbole de courage national et d'héroïsme, ce qui fut naturellement instrumentalisé par le régime. Les conservateurs s'empressèrent de récupérer cette nouvelle icône populaire, le dépeignant comme l'un des leurs car il s'efforçait de faire rayonner l'Iran au-delà de ses frontières, qu'il protégeait avec bravoure. Mais, à la vérité, Soleimani ne s'est jamais investi dans la politique intérieure de l'Iran, manœuvrant avec agilité entre les différents courants sans prendre ostensiblement parti. Pis, en dépit de la ligne dure que les conservateurs souhaitaient lui associer, Soleimani était largement perçu comme un modéré[47] en raison des liens personnels qu'il entretenait avec certains d'entre eux – tels que Zarif. Selon un sondage de l'Université du Maryland réalisé en 2019, 82 % des iraniens en avait une image favorable et 59 % d'entre eux une image très favorable[48]. Il n'était, parmi la population, pas vu comme une personnalité politique, mais comme l'avant-garde de la défense des iraniens en général et ses soutiens comptaient de nombreux critiques du régime. Son assassinat l'éleva au rang de martyr et provoqua un mouvement solidaire et consensuel rare au sein de la société iranienne qui s'en alla marcher par millions pour protester contre l'interventionnisme américain, elle qui s'était mobilisée contre le régime quelques semaines plus tôt.

46 *Ibid*, « The Shadow Commander ».
47 « Killing Suleimani Has United Iranians Like Never Before », Rohollah Faghihi (*Foreign Policy*, janvier 2020).
48 « Iranian public opinion under "Maximum pressure" », Nancy Gallagher, Ebrahim Mohseni et Clay Ramsay (*University of Maryland*, octobre 2019).

Toujours est-il que le mécontentement populaire envers le régime – revitalisé notamment par l'accident dont nous avons déjà parlé qui amena l'armée à abattre un avion de ligne – refit rapidement surface. Ceci se matérialisa fin février 2020, lors des élections législatives où la victoire écrasante des conservateurs leur octroya 230 des 290 siège du Majlis (le Parlement unicaméral iranien)[49]. Ce résultat, attendu, est multifactoriel. Premièrement, la désaffection de la population à l'égard des élections est considérable, si bien que le taux de participation se limita à 42,6 % (chiffre officiel – il pourrait être en réalité moitié moins élevé). Par ailleurs, le Conseil des Gardiens de la Révolution ne valida la candidature que de 44 % des candidats, les réformistes représentant la large majorité du contingent qui s'est vu refusé toute participation. C'est donc avant tout la défiance envers un mécanisme structurellement partial qui désincite la population à s'impliquer dans un système qu'ils voient comme profondément corrompu et illégitime. Néanmoins, le coup d'éclat des conservateurs qui subtilisa au camp Rouhani au moins 90 % de ses sièges n'est pas uniquement fortuit et témoigne aussi de la montée en puissance de la ligne dure du spectre politique. Celle-ci, enhardie par le manque de résultats de la politique menée depuis sept ans par les réformistes et par l'assassinat de Soleimani, mena une campagne particulièrement offensive qui séduisit la frange conservatrice de la population, fidèle à la révolution et exaspérée par l'incapacité du gouvernement actuel à résoudre les problèmes économiques auxquels est confronté le pays. La victoire des conservateurs, grandement facilitée donc par les conditions économiques désastreuses, en appelle vraisemblablement une plus grande encore en 2021, lors des prochaines élections présidentielles. Ceci risquerait d'accentuer l'autarcie

49 « Where's Iran Going? », Ali Fathollah-Nejad (*Orient XXI*, avril 2020).

de l'Iran sur la scène internationale, de renforcer sa croyance en « l'économie de résistance » et de compromettre davantage ce qu'il reste de l'accord sur le nucléaire[50].

L'état de détresse vertigineux où les sanctions ont conduit l'Iran, la rhétorique enflammée des deux camps ainsi que l'initiative américaine d'éliminer Soleimani ont semble-t-il ébranlé les possibilités de résolution par le canal diplomatique et galvanisé l'hostilité des conservateurs à l'encontre de Washington. Lors de sa première allocution devant le nouveau Parlement, Mohammad Bagher Ghalibaf, son président, déclara que « les négociations et compromis avec les États-Unis, le centre névralgique de l'arrogance globale, sont inutiles et dangereuses [...] notre stratégie contre l'Amérique terroriste est de mener à bien notre vengeance pour le sang du martyr Soleimani »[51]. Ceci annonce assez clairement la couleur et dessine la ligne politique qui sera conduite par les conservateurs, au sein du corps législatif et probablement au-delà après les élections de 2021. La ligne modérée qui avait jusqu'ici été défendue par l'administration Rouhani a vu sa légitimité oblitérée par le cours des évènements, ouvrant la voie à un spectre politique quasiment homogène dans son orientation conservatrice et unanime dans son rejet de l'ouest. En outre, l'écrasante majorité conservatrice au Parlement promet un affaiblissement du contrôle de Rouhani sur la politique du gouvernement pour le reste de son mandat par la réduction de ses marges de manœuvre, voir par l'obstruction directe de son autorité[52].

50 « Rise of Iran hardliners threatens nuclear diplomacy, Europe warned », Patrick Wintour (*The Guardian*, juin 2020).

51 « Iran Is Becoming Immune to U.S. Pressure », Sina Toossi (*Foreign Policy*, juillet 2020).

52 « Iran›s hardline lawmakers move to summon Rouhani », Parisa Hafezi et William Maclean (*Reuters*, juillet 2020).

Sur le plan de la défense, la situation parait elle aussi s'envenimer. Au début du mois de juillet 2020, une série d'incidents étranges, souvent des explosions, sans aucun lien apparent entre eux survint en plusieurs endroits en Iran. L'une d'entre elles, survenue sur le site d'enrichissement de Natanz, a causé des dommages considérables – dont l'évaluation exacte est tue par les autorités – à un point d'assemblage de centrifugeuses nouvelle génération censées accélérer la capacité d'enrichissement de l'usine. L'évènement a été globalement analysé comme une entreprise de sabotage fomentée par Israël pour qui ce type d'action visant à ralentir le programme nucléaire iranien n'est pas inédit[53]. Bien que l'implication du pays n'ait pas été officiellement confirmée, plusieurs de ses plus hauts représentants ont communiqué à ce sujet de manière ambigüe et volontairement évasive, ce qui est la norme lorsque l'intérêt est de faire planer le doute. Gabi Ashkenazi, le ministre des Affaires étrangères israélien confia en réaction que « Israël prend des mesures pour stopper la menace nucléaire iranienne qu'il est préférable de taire » tandis que le ministre de la Défense Benny Gantz déclara qu'Israël « fera tout [pour empêcher l'Iran de devenir une puissance nucléaire mais] tous les accidents survenant en Iran ne sont pas nécessairement de notre fait ». Cet évènement signal en tout état de cause une escalade préoccupante dans une guerre qui jusqu'ici était restée essentiellement « froide » et pourrait être interprété comme une tentative de provoquer l'Iran pour le pousser à interrompre la passivité qui jusqu'ici lui a garanti la « sympathie » de la communauté internationale. Un peu plus tard ce même mois, un avion de la compagnie Mahan Air en route vers Beyrouth fut intercepté par deux chasseurs F-15 américains pendant son survol de la Syrie. Bien que le haut

53 « US and Israel shift from sanctions to alleged sabotage against Iran », Sina Azodi et Mohsen Solhdoost (*Atlantic Council*, juillet 2020).

commandement américain ait par la suite affirmé que ses pilotes avaient simplement procédé à « une inspection visuelle standard en toute sécurité », l'Iran affirma que l'avion de ligne dut procéder à un « changement brutal d'altitude » pour éviter l'un des chasseurs, blessant plusieurs passagers[54].

Par ailleurs, l'objectif des États-Unis de réduire à zéro les exportations de pétrole iraniennes a poussé le régime à se tourner vers des canaux de distribution opaques afin de se garantir un flux en devises minimum et d'alimenter ses réserves de change[55]. Ce n'est pas inédit, dans la mesure où un plus grand recours et une plus grande dépendance au marché noir a déjà été observé par le passé dans d'autres régimes de sanction. Puisque le CGRI, en plus d'être intrinsèquement lié à de nombreux pans de l'économie iranienne, contrôle les frontières du pays, il dispose d'une position de choix pour organiser la contrebande et ainsi indirectement – et paradoxalement – profiter des mesures de contournement des sanctions, c'est-à-dire des sanctions elles-mêmes. Nous avions déjà mentionné un point similaire : le désengagement de l'appareil d'état dans l'économie profite aux franges plus obscures du spectre étatique. Ainsi, les sanctions conduiraient dans ce cas à cultiver l'économie parallèle et opaque, ne profitant qu'à l'appareil de sécurité semi-officiel que celles-ci étaient précisément censé handicaper. Il est clair, en conséquence, que les sanctions à elles seules et la détérioration économique qui leur est consécutive ne parviendra pas à faire plier le régime[56]. Celui-ci, fort de 40 ans d'expérience, a su cultiver son opiniâtreté ainsi que ses capacités de résistance et, face à la menace que représente seule la

54 « Passengers injured after Iranian airline pilot swerved to avoid US fighter jet » (*France 24*, juillet 2020).

55 « Missing the target », Azadeh Zamirirad dans « One year after the re-imposition of sanctions » (*Friedrich Ebert Stiftung*, novembre 2019).

56 « "Maximum pressure" on the economy won't change Iran's behavior », Raz Zimmt (*Atlantic Council*, juin 2020).

contestation populaire, dispose aujourd'hui de méthodes répressives perfectionnées pour juguler tout soulèvement potentiel et garantir son pouvoir. En effet, un régime de sanction visant à déstabiliser un État accroit sa posture défensive et le conduit à renforcer ses velléités répressives[57]. L'État ayant par ailleurs resserré son emprise sur les moyens de subsistance – la sphère économique se contractant – les iraniens sont de plus en plus réfractaires à descendre dans la rue ; beaucoup craignent un scénario syrien ou libyen dans lequel le pays risquerait de sombrer dans une interminable guerre civile, n'offrant aucune débouchée.

En l'espace d'un peu plus de six mois, l'Iran et les États-Unis ont été très proches de faire évoluer le conflit en une véritable guerre ouverte. En ces deux occasions, l'attitude téméraire de Washington semble avoir été à l'origine de l'escalade. L'assassinat de Soleimani (illégal au regard du droit international[58]) provoqua l'ire de l'Iran que probablement seuls la retenue et la peur d'un basculement dans le chaos ont empêché de répliquer proportionnellement. Ce fut néanmoins un moment décisif qui aurait pu avoir des conséquences dramatiques pour la région et le monde en général[59]. En juin 2019, l'Iran abattit un drone de surveillance américain survolant le golfe Persique à l'aide d'un missile sol-air. Un ordre fut alors donné dans la foulée par Trump de procéder à une série de frappes sur l'Iran. Les navires et l'aviation américaines étaient en position lorsque ce dernier

57 « A Hand upon the Throat of the Nation: Economic Sanctions and State Repression, 1976-2001 », Reed Wood (*International Studies Quarterly*, septembre 2008).

58 « Qassem Soleimani: US strike on Iran general was unlawful, UN expert says » (*BBC*, juillet 2020).

59 « Fears of new conflict in Middle East as Tehran vows to avenge killing », Julian Borger, Oliver Holmes, Martin Chulov et Ed Pilkington (*The Guardian*, janvier 2020).

annula l'opération au dernier moment[60]. Quelle qu'eut été la raison de ce revirement, il a très certainement évité, là aussi, le déclenchement d'une guerre entre les deux pays. Bien que ceux-ci se disputèrent au sujet de la légitimité de l'attaque – les États-Unis affirmant que le drone survolait les eaux internationales tandis que l'Iran maintenait qu'il se trouvait au-dessus de ses eaux territoriales au moment de l'abattre –, le fait est qu'il semble raisonnable d'admettre que l'inquiétude de l'Iran est fondée lorsque le pays se trouve presque assiégé par l'appareil militaire américain.

Les éléments qui ont été développés plus haut attestent du niveau de tension extrêmement élevé en Iran, que ce soit en termes de politique intérieure, de défense extérieure ou de sécurité en général. La pression gargantuesque imposé au pays fait s'effriter ses fondations, rend sa stabilité volatile et menace de faire basculer l'équilibre précaire qui a jusqu'ici été maintenu. Il semble évident qu'acculer l'Iran de plus en plus loin dans ses retranchements risque de faire surgir du désespoir une action désespérée. La politique de « pression maximum » imposée par les États-Unis, si elle a peu de chance d'aboutir au changement de régime tant espéré, risque néanmoins de fonctionner au sens littéral : faire imploser le pays. L'onde de choc est cependant à craindre car dans sa chute l'Iran entrainerait la région tout entière dans un conflit sans précédent.

60 « Strikes on Iran Approved by Trump, Then Abruptly Pulled Back », Michael Shear, Eric Schmitt, Michael Crowley et Maggie Haberman (*The New York Times*, juin 2019).

CHAPITRE VIII

Quelles perspectives ?

Alors que l'épilogue est proche, ce chapitre ambitionne d'élargir légèrement notre lentille et de brièvement approfondir quelques questions et thématiques que notre sujet sous-tend. Il s'agira d'élaborer sur certains éléments clés identifiés par l'auteur comme intrinsèquement liés au sujet – mais dont la portée le transcende – et dont l'analyse ne pourra qu'éclairer le lecteur sur les enjeux qui leur sont associés. Si les parties qui précèdent ont toutes été rédigées dans le cadre d'une recherche factuelle et en quête de l'exactitude la plus rigoureuse, ce qui suit est davantage imprégné de subjectivité. Cela ne doit pas conduire à penser que l'argumentation avancée est infondée mais signifie que, étant davantage conceptuelle, elle relève plus d'une interprétation que d'une objectivité parfaite.

La fabrication de l'ennemi

Livrons-nous à une petite expérience de pensée. Souvenons-nous de l'épisode du drone américain évoqué quelques lignes plus haut qui, après que celui-ci eut été abattu par l'Iran, suscita une discussion enflammée, alimentée par la presse internationale[1], visant à savoir qui de l'Iran ou des États-Unis disaient la vérité au sujet de la position exacte du drone au moment de l'impact et de ce que cela signifierait en termes de responsabilité le cas échéant. Selon la Convention des Nations Unies sur le Droit de la Mer, un État côtier dispose d'un espace maritime national sur lequel s'étend sa souveraineté. Appelé « eaux territoriales », il est compris dans une largeur maximale de 12 nautiques (environ 22 km) à partir de sa ligne de base[2]. Imaginons maintenant qu'un drone de surveillance *RQ-4 Global Hawk* – le même que celui qui fut utilisé par les États-Unis au-dessus du détroit d'Ormuz – ou équivalent eût été envoyé patrouiller au large des côtes de la Floride, tout en maintenant scrupuleusement la distance des 12 nautiques délimitant la souveraineté maritime des États-Unis. Il y a bien peu matière à douter que l'US Air Force aurait abattu l'engin instantanément dès que celui-ci serait apparu sur ses radars – probablement bien en amont des 12 nautiques – et aurait immédiatement crié à l'agression. Ce qui est intéressant ici est de se figurer les réactions à la fois de la communauté internationale et de la presse mondiale. Toutes deux auraient vraisemblablement été effarées, indignées de tant de témérité de la part de l'Iran ; et il n'y aurait certainement eu nul débat quant à la position précise de l'appareil, mais plutôt une condamnation unanime de l'attitude cavalière du régime iranien et de son bellicisme. Pourtant, cela semble faire partie de l'ordre naturel des choses que la marine et l'aviation américaines stationnent et opèrent à quelque distance des côtes iraniennes, et à 12 500 km des leurs.

1 « Iran Shot Down a $176 Million U.S. Drone. Here›s What to Know About the RQ-4 Global Hawk », Tara Law (*Time*, juin 2019).

2 « Convention on the Law of the Sea », Part II, Section 2, Article 3 (United Nations, 1982).

Partant de ce constat, *Le Monde Diplomatique* a publié une excellente analyse[3] du système « deux poids, deux mesures » adopté par une grande partie du journalisme mondial – et par l'ensemble des organes de presse américains – selon qu'il s'agit des attitudes respectives des États-Unis, et par extension de ses alliés – soit le monde libre et libéral –, ou de pays autres – souvent réputés autoritaires et antidémocratiques. Autrement dit, selon que le pays en question soit un « gentil » ou un « méchant », le traitement variera en fonction. Pour appuyer leurs propos les auteurs comparent deux évènements relativement similaires survenus dans les années 80 à cinq ans d'intervalle. Le premier, que nous avons déjà mentionné, est la destruction par un croiseur américain (patrouillant, soulignons-le, dans les eaux territoriales iraniennes) d'un avion de ligne iranien volant vers Dubaï jugé « menaçant ». Le second, bien que plus ancien, a durablement marqué les esprits en occident. Reliant New York à Séoul, un avion de ligne de la Korean Air Lines fut abattu par un chasseur soviétique Soukhoï après avoir accidentellement dévié de sa route et pénétré dans l'espace aérien soviétique. La différence dans le traitement médiatique appliqué à ces deux accidents révèle la profondeur du biais idéologique caractérisant les médias occidentaux. L'asymétrie du registre et des éléments de langage utilisés dans les deux cas est en effet saisissante : alors que les articles consacrés au second sont criblés de superlatifs honnissant les auteurs du drame et pleurant les victimes, ceux réservés au premier disculpent et excusent les auteurs tandis qu'ils désessentialisent voir minimisent les pertes humaines. La couverture médiatique fut aussi d'une bien moindre importance et étendue sur une durée bien plus réduite pour le premier. Les auteurs concluent en affirmant que ces choix sémantiques

3 « Si tu veux la guerre, prépare la guerre », Serge Halimi et Pierre Rimbert (*Le Monde Diplomatique*, août 2019).

« contribuent à la désinformation autant que des mensonges caractérisés ».

La rhétorique à géométrie variable est tout sauf fortuite et est bien souvent délibérée. Dans le cas de l'Iran, un battage médiatique en règle – à grand renfort de sémantique sensationnelle – basé sur sa diabolisation et un discours alarmiste sur la menace sans cesse imminente qu'il figure est omniprésent depuis la révolution, variant seulement en intensité selon les périodes. L'objectif, non revendiqué bien qu'il soit particulièrement limpide, est de créer un climat propice à la guerre. Que celle-ci soit finalement livrée ou non n'est que contingent car l'essentiel est de mobiliser l'opinion publique pour qu'elle soutienne, animée par le mépris, la défiance et la crainte, l'action d'un gouvernement. En présentant constamment l'Iran comme une menace, qu'elle soit militaire, nucléaire, idéologique, symbolique, ou politique, un processus inconscient s'engage dans l'esprit des masses qui associent alors une idée à un objet, souvent en dépit de l'absence d'éléments tangibles susceptibles de l'étayer. Les États-Unis sont bien entendu les champions dans ce domaine, puisqu'en plus de l'écho considérable dont jouit son administration – quelle qu'elle soit – le pays dispose d'un appareil de propagande unique au monde, qu'il s'agisse des médias traditionnels – dont les positions par ailleurs divergentes s'harmonisent étrangement lorsqu'il s'agit de l'Iran –, des réseaux sociaux, et même de son industrie du divertissement (e.g. Hollywood). L'Iran est ainsi caractérisé à l'envie comme « État voyou »[4] par excellence, « la plus grande menace à la

4 « Iran's Gambit : Force the World to Rein In Trump », Max Fisher (*The New York Times,* juin 2019).

stabilité régionale »[5], la « nation la plus génocidaire »[6] (rien que ça), « exportateur du terrorisme »[7]... ad nauseam.

L'espace médiatique démesuré qui est concédé à ce que les américains appellent les « Iran hawks »[8] contribue fortement à insensibiliser le public aux conséquences dévastatrices qu'entrainerait un conflit armé avec l'Iran tout en cultivant son apathie et son hostilité. Bret Stephens, un chroniqueur en vogue du New York Times, réagissant aux tensions de l'été 2019 dans le détroit d'Ormuz, suggéra par exemple de simplement « couler sa marine si l'Iran ne change pas de comportement »[9]. Nonobstant le choix intéressant du mot « comportement », évoquant un enfant qu'il convient de discipliner, et les milliers de morts qu'un tel bombardement impliquerait, notons qu'il conclut son article en déclarant que « Personne ne veut d'une guerre avec l'Iran. Mais ne pas vouloir une guerre ne signifie pas devoir rester passif face à ses offenses. On coule sa marine d'abord. Téhéran sera notifié que nous sommes préparés et capables de le faire de nouveau. » Si, donc, nous parvenons à correctement lire entre les lignes, monsieur Stephens affirme que la meilleure manière d'éviter une guerre avec l'Iran est d'amorcer une guerre avec l'Iran. Gregory Shupak, spécialiste des médias à l'université de Guelph-Humber (Canada), affirme la chose suivante : « Présenter sans cesse l'Iran comme une menace, nucléaire ou autre, induit le message qu'il faut l'attaquer. Or, dire que ce sont

5 « Iran Poses Greatest Threat to Region, Centcom Commander Says », David Vergun (*US Department of Defense*, juin 2020).

6 David Brooks on PBS, 11/05/2018.

7 « How terrorism helps - and hurts - Iran », Daniel Byman (*The Washington Post*, janvier 2020).

8 i.e. Qualifie des individus particulièrement favorables à une intervention militaire contre l'Iran – cf. John Bolton, l'ancien conseiller à la sécurité nationale de Trump qui l'a à maintes reprises invité à engager les hostilités contre l'Iran.

9 « The Pirates of Tehran », Bret Stephens (*The New York Times*, juin 2020).

les États-Unis qui menacent l'Iran serait beaucoup plus fidèle à la vérité que de prétendre l'inverse. Après tout, c'est bien le gouvernement américain qui, en ce moment, détruit l'économie iranienne par des sanctions, restreignant l'accès de la population à la nourriture et aux médicaments, tout en encerclant l'Iran de bases militaires et de forces armées à la fois terrestres, maritimes et aériennes. L'Iran n'a rien entreprit de vaguement comparable avec les États-Unis »[10]. Ainsi, la « menace iranienne » est essentiellement hyperbolique. Elle est instrumentalisée afin de fédérer l'opinion de sorte que celle-ci soutienne inconsciemment un modèle offensif d'expansionnisme qui s'autojustifie par la lutte contre le chaos et l'obscurantisme. La construction d'une altérité est à cette fin nécessaire car elle permet une opposition dichotomique des valeurs fondamentales : la nation libre, dans son élan civilisateur, se doit de confronter l'odieux agitateur, son antithèse de corps et d'esprit.

C'est précisément ce que s'efforcent de combattre, en réalité et depuis plus d'un demi-siècle, les États-Unis : l'irrévérence et l'anticonformisme. Un document déclassifié[11] du début des années 60 illustre ceci en alertant le Président Kennedy de la diffusion de l'idéologie castriste d'émancipation et d'autodétermination, en rupture avec l'universalisme américain. L'idée que cette hérésie puisse faire des émules était bien évidemment intolérable pour le dogme globaliste de l'administration américaine qui a, nous l'avons vu, pris par la suite les dispositions nécessaires. L'Iran s'inscrit dans cette lignée en clamant haut et fort son mépris envers l'hégémonie américaine. En particulier, la présence de leurs forces armées dans la région est

10 « Creating a Climate for War with Iran », Gregory Shupak (*Fair*, juillet 2019).

11 « Memorandum From the President's Special Assistant (Schlesinger) to President Kennedy » (Kennedy Library, Schlesinger Papers, White House Files, Latin America Report, mars 1961).

particulièrement dénoncée, étant jugée menaçante et illégitime par le régime qui conspue l'impérialisme et suspecte le dessein des États-Unis de le renverser. Il serait difficile de le persuader du contraire, étant donnés les faits d'armes de ces derniers dans la région : du coup d'État organisé contre Mossadegh au soutien de Saddam Hussein en passant par la création des Talibans[12], la liste est longue. C'est donc afin d'assurer sa propre survie que le régime iranien s'est constitué un réseau de proxies, employé à maintenir ses intérêts dans la région et formant pour l'Iran une sorte de force de dissuasion. Pour Noam Chomsky, l'éminent linguiste et historien, « C'est la véritable menace iranienne : la stratégie dissuasive. Pour les États qui veulent être libres de faire des ravages dans la région, la dissuasion est une menace existentielle. Vous ne voulez pas être découragé ; vous voulez pouvoir faire ce que vous voulez. Il s'agit principalement des États-Unis et d'Israël, qui veulent être libres d'agir avec force dans la région sans aucune mesure dissuasive. Pour être précis, c'est la vraie menace iranienne. C'est ce que le département d'État appelle une « provocation réussie ». C'est le terme qu'il utilisait au début des années 60 pour expliquer pourquoi nous ne pouvions tolérer le régime de Castro ; parce qu'il constituait une « provocation réussie » envers les États-Unis. »[13]

Il semble que ce soit effectivement en définitive la véritable raison du regain d'hostilité des États-Unis envers l'Iran. Il est peu probable que même le négationnisme caractérisé de l'administration Trump eut été suffisant pour remettre sérieusement en question les rapports à la fois de l'AIEA et de ses propres services de renseignement qui disculpent l'Iran de poursuivre

12 « The Taliban in Afghanistan », Lindsay Maizland et Zachary Laub (*Council on Foreign Relations*, mars 2020).

13 Noam Chomsky on Alternative Radio, 04/06/2019.

un objectif militaire dans son programme nucléaire[14]. La dénonciation du JCPOA se basa exclusivement sur l'affirmation que ce fut « le pire accord jamais négocié » ; à aucun moment une preuve tangible n'est venue étayer les accusations de fraude – et nous pouvons être raisonnablement convaincus qu'elle eut été produite si seulement elle eût existé. L'obsession nucléaire serait dès lors davantage un prétexte que la véritable source du litige. Ceci est par ailleurs appuyé par les appels répétés – y compris de l'Iran[15] – de faire du Moyen-Orient une région exempte d'armes nucléaires qui furent méthodiquement bloqués par les États-Unis depuis des décennies[16]. Si un tel accord venait à être conclu, ceci signifierait qu'Israël devrait non seulement reconnaitre publiquement qu'il dispose d'un arsenal nucléaire, mais de surcroit devrait se soumettre à l'inspection internationale de ses armes de destruction massive, ce qui est inacceptable – sachant par ailleurs qu'Israël n'est pas signataire du Traité de Non-Prolifération. Par conséquent, si la question du nucléaire n'est pas prégnante, ce ne peut être que celle de l'influence de l'Iran dans la région qui nourrit l'acharnement des États-Unis.

Le Département d'État américain, suite au retrait du pays de l'accord sur le nucléaire, communiqua une liste de 12 conditions préalables[17] à la reprise des négociations avec l'Iran en vue d'aboutir à un nouvel accord et à la levée progressive des sanctions. Sur ces 12 conditions, trois sont relatives à la question du nucléaire, tandis que six sont liées au réseau de proxies de

14 « U.S. does not believe Iran is trying to build nuclear bomb », Ken Dilanian (*Los Angeles Times*, février 2012).

15 « Iran›s foreign minister calls for world›s nuclear weapons states to disarm », Julian Borger (*The Guardian*, juillet 2015).

16 « UN Body Seeks Mideast WMD-Free-Zone Talks », Alicia Sanders-Zakre (*Arms Control Association*, décembre 2018).

17 « Mike Pompeo speech: What are the 12 demands given to Iran? », (*Al Jazeera*, mai 2018).

l'Iran dans la région. Lesdites conditions s'apparentent à de la diplomatie spectacle car chacun sait qu'il n'y a aucune chance pour que l'Iran s'y soumette dans la mesure où cela équivaudrait à une capitulation pure et simple. Si donc la voie de la négociation n'est pas sérieusement envisagée par les États-Unis, c'est que leur stratégie est autre. L'influence de l'Iran dans la région est une claire obstruction à leurs propres desseins et entrave leur hégémonie. À travers la bataille pour faire plier l'Iran, c'est le contrôle exclusif d'une région stratégique qui est visé. L'échec syrien, la perte de Bagdad, l'enlisement du Yémen et le renoncement au Liban sont autant de facteurs suggérant que ledit contrôle est en train de s'affaisser. Téhéran est en ce sens un élément perturbateur qui contrarie les ambitions d'une nation qui ne tolère pas la dissidence. Le mythe de la présence légitime des États-Unis dans la région, que ce soit pour la promotion de la démocratie, la stabilité économique ou la sauvegarde des droits de l'homme relève de la supercherie confinant à la farce du plus mauvais goût. Seules la promotion de leurs intérêts, la stabilité de leur économie, et la sauvegarde de leur influence ont toujours prévalu. Leurs soutiens oscillants au gré de la propension des dirigeants à se ranger derrière leurs intérêts, leur interventionnisme politique et leurs multiples campagnes militaires en témoignent[18]. Certaines d'entre elles, soit dit en passant, font l'objet d'une enquête pour crimes de guerre et crimes contre l'humanité par la Cour Internationale de Justice. En réaction, les États-Unis se sont empressés de promulguer des sanctions contre les enquêteurs en charge du dossier, alléguant « un affront à leur souveraineté » et accusant l'institution de « corruption »[19].

18 « Continuing Storm: The U.S. Role in the Middle East », Stephen Zunes (*Institute for Policy Studies*, avril 1999).

19 « U.S. to Penalize War Crimes Investigators Looking Into American Troops », Lara Jakes et Michael Crowley (*The New York Times*, juin 2020).

Il n'est pas ici question de présenter l'Iran tel un modèle de résistance, en une sorte de figuration inversée de David contre Goliath. Il semble que nous avons suffisamment insisté tout au long de ce livre quant à la violence symptomatique, la corruption généralisée et la répression organisée dont est coupable son gouvernement. L'élite clérico-militaire n'œuvre elle-même que pour son propre intérêt et n'a cure de la soif de liberté de la population, prise en tenaille entre la rigueur intérieure et la brutalité extérieure. Toujours est-il que l'impérialisme américain est en grande partie responsable de l'attitude de l'Iran qui, tout condamnables que puissent être les moyens, tâche d'assurer sa survie et de défendre son modèle comme l'aurait fait n'importe quel État. Les moyens sont ceux qui sont à sa disposition, face au Goliath de fait que représente les États-Unis. Ceux-ci, souhaitant légitimer leurs actions, ont opéré une formidable opération de communication pour transformer un obstacle à leurs intérêts en danger universel, un antagonisme désigné qui doit à tout prix être défait. Ce n'est pas les atteintes aux droits de l'homme du gouvernement iranien que Washington veut contrer – l'Arabie saoudite peut se flatter de disposer d'un palmarès impressionnant en la matière et cela ne semble pas poser problème – ni formellement sa capacité nucléaire – qui pour Henry Kissinger, ancien Secrétaire d'État, n'était pas une source d'inquiétude à l'époque du Shah, leur « allié »[20] – mais sa détermination à ne pas se laisser dévorer. Alors, pour châtier l'insubordination et justifier ses propres excès, on fabrique un ennemi.

Du haut de son piédestal érigé sur les vestiges de la vertu, de la moralité, et du pacifisme, l'Amérique veille au bon ordre du monde ; selon ses termes, sa conscience et ses objectifs. La chute de l'URSS, bien que signifiant la victoire des États-Unis

20 « Past Arguments Don›t Square With Current Iran Policy », Dafna Linzer (*The Washington Post*, mars 2005).

sur l'ombre métastatique du communisme soviétique, eut un effet secondaire problématique. Pierre Conesa rapporte[21] qu'en 1989, Alexandre Arbatov, conseiller diplomatique de Mikhaïl Gorbatchev, aurait déclaré que « Nous allons vous rendre le pire des services, nous allons vous priver d'ennemi. » La multiplication des « menaces » s'est alors substituée, après sa disparition, au spectre de l'antagonisme rouge, ceci afin de maintenir une cohésion relative à l'échelle nationale (cf. le concept de « rally-around-the-flag » mentionné précédemment) et de justifier la politique extérieure qui suivie. L'idée sous-jacente est qu'il n'est rien de tel qu'un ennemi universellement identifié pour unifier une population au nom des intérêts supérieurs de la nation, de sa sécurité, et de ses valeurs. Washington, à travers son attitude schizophrénique de pompier-pyromane, œuvre pour maintenir la position dominante que le pays a occupé les 70 dernières années sans aucune autre contrainte que celle de maintenir un niveau de soutien minimum ou, à tout le moins, de doute raisonnable parmi la population occidentale. Ainsi entrent en scène les cercles de réflexion et les relais d'opinion chargés de façonner et de diffuser la pensée officielle aspirant à « fabriquer le consentement ». Auteur de ce concept, Edward Bernays, neveu de Sigmund Freud proclamé « père des relations publiques », écrivit en 1928 que « La manipulation consciente et intelligente des opinions et habitudes organisées des masses est un élément important des sociétés démocratiques. Ceux qui manœuvrent ce mécanisme sociétal secret constituent un gouvernement invisible qui est le véritable souverain de notre pays. »[22]

21 « La fabrication de l'ennemi », Pierre Conesa (Robert Laffont, 2011).
22 « Propaganda », Edward Bernays (*Routledge*, 1928).

De la surpuissance

Le monde unipolaire qui naquit au crépuscule de la Guerre froide et devint la réalité géopolitique pour les deux décennies qui suivirent est à présent progressivement en train de basculer. Cette nouvelle dynamique, non pas caractérisée par une néo-bipolarité portée par la Chine mais par une multiplication des zones d'influences, fera inéluctablement décroître l'hégémonie américaine et lui fera perdre son quasi-monopole d'autorité planétaire. Nous n'en sommes néanmoins pas encore là et, alors que le géant s'essouffle, ses velléités de conserver ses prérogatives jadis indisputées se font plus agressives et plus diffuses. Cet intervalle transitif, le philosophe italien Antonio Gramsci s'y est particulièrement intéressé et affirmait notamment que lorsque « le vieux monde se meurt, le nouveau tarde à apparaître et dans ce clair-obscur surgissent les monstres »[23]. « L'hégémonie culturelle » définie par Gramsci est ici illustrée par un syncrétisme de l'idéologie et des représentations outre-Atlantique où un ordre du monde fonctionnel est nécessairement subordonné à une domination américaine. Le dogme trinitaire fusionnant nationalisme, patriotisme sécuritaire et consumérisme aboutit à la consécration d'un ethos autocentré qui consacre le soutien – revendiqué ou tacite – à la superstructure. Le socle culturel – ou « *soft power* » – est par ailleurs renforcé par une suprématie militaire inégalée dans l'histoire de l'humanité et une capacité économique sans équivalent – ou « *hard power* ». De ces éléments combinés émerge une entité quasiment omnipotente dominant un monde sous sa tutelle, écrasé par la volonté d'un titan qui n'entend de raisonnable que l'allégeance à son dessein et la reconnaissance de sa surpuissance.

23 « Cahiers de prison », Antonio Gramsci (*Einaudi*, 1948).

Nous entendons par « surpuissance » le caractère transcendant du pouvoir américain comparé à celui des autres forces dominantes dans le monde. Bien que celui-ci s'affaiblisse relativement, il demeure immensément supérieur à quelque pays que ce soit. En 2019, le PIB des États-Unis s'élevait à 21 428 milliards de dollars – presque un quart du PIB mondial[24] – et son budget militaire à 732 milliards de dollars – 3,4 % de son PIB et 15 % de son budget fédéral – soit l'équivalent de ceux de la Chine, de l'Inde, de la Russie, de l'Arabie saoudite, de la France, de l'Allemagne, du Royaume-Uni, du Japon, de la Corée du Sud et du Brésil combinés[25]. À ceci s'ajoute que le pays est la première place financière du monde[26], que les plus grandes firmes technologiques et certaines des plus grandes banques y sont domiciliées, que 7 des 10 plus grands datacenters de la planète s'y trouvent[27], que sa législation jouit d'une portée extraterritoriale, qu'il est le principal financeur des organisations multilatérales[28], et que sa monnaie règne sans partage sur le commerce mondial. Voici là une domination sans pareil ; paroxysmique, universelle, totale. Les États-Unis concentrent donc un pouvoir démesuré qui se manifeste et qu'ils exercent en premier lieu à travers leur politique extérieure. Il ne s'agit ni plus ni moins que d'un empire[29] moderne, adapté aux normes de l'époque fondées sur les principes de l'État-nation et de la souveraineté, mais bien organisé comme tel et outrepassant,

24 United States GDP, Current USD – World Bank.

25 « U.S. Defense spending compared to other countries », (Peter G. Peterson Foundation, mai 2020).

26 Global Financial Centres Index (2020).

27 *Ibid*, « Top 10 biggest data centres from around the world ».

28 « Who actually funds the UN and other multilaterals? », John McArthur et Krista Rasmussen (*Brookings*, janvier 2018).

29 L'Académie française définit un empire comme un « Ensemble de vastes territoires soumis à un État étranger, quelle que soit la forme politique de ce dernier. ».

indirectement et de manière opportune, ces principes, de telle sorte que son influence ne souffre virtuellement d'aucune limite. En ce sens, son pouvoir n'est fondé non pas exclusivement sur le hard power– à l'image de l'empire traditionnel –, mais d'une forme hybride, contemporaine, qui exploite davantage son soft power, inaugurant un impérialisme immatériel.

Ce néo-empire ne repose pas sur une doctrine coloniale ni sur un modèle expansionniste de conquête à proprement parlé mais sur une suprématie économique. La dimension militaire est en réalité subalterne, fabriquée de manière à adosser sa domination à un objet tangible, un peu comme on indexerait une monnaie à la valeur de l'or pour garantir sa propre valeur. Elle agit donc à la fois comme un facteur symbolique et dissuasif, exaltant la légitimité qu'ont les États-Unis de diriger les affaires du monde, de veiller sur leurs alliés et de sanctionner ceux de leurs adversaires qui ne se conforment pas assez aux règles qu'ils ont édicté. Étant infaillibles et par essence apôtres de la paix, une intervention – quelle que soit sa forme – des États-Unis dans un pays tiers ne peut relever dans ces conditions que d'une démarche salvatrice ayant pour mission la protection des intérêts du peuple, de sa liberté et de ses droits. Cet attachement séculaire au prosélytisme dans la conquête accompagnait déjà les pérégrinations d'Alexandre le Grand à travers le Moyen-Orient où la propagande le présentait comme un libérateur des peuples, déterminé à défaire la tyrannie et à libérer les opprimés[30]. Bien que les moyens aient sensiblement évolué, la même rationalité s'applique et conduit aujourd'hui l'administration américaine à manifester à la moindre occasion sa sollicitude et son

30 « Égypte, autopsie d'un malentendu », Damien Agut (*Pour la Science*, juillet 2017).

authentique « support au brave peuple d'Iran »[31] qu'elle s'efforce bien entendu de protéger, ainsi que nous l'avons constaté plus en amont. La force militaire des États-Unis est donc un argument pacificateur, son économie le socle de la stabilité internationale et son autorité le leadership nécessaire.

Aux États-Unis, le syndrome du messie est particulièrement répandu parmi une population dont est profondément ancrée dans l'inconscient collectif la croyance selon laquelle l'Amérique est au monde le guide et le gendarme, chargée de diffuser la bonne parole et de veiller au maintien de la paix. Cette conviction populaire, cultivée par l'instrumentalisation de l'héritage historique et la surreprésentation symbolique dans les espaces culturels et sociaux, infère une responsabilité et une compétence universelles, au nom d'une vision et de valeurs universelles. Cependant, nombre des actions de ses administrations successives n'ont pas servi et ne servent pas un intérêt universel – pas même un intérêt national – mais obéissent aux injonctions des différents groupes de pressions infiltrés dans toutes les strates des institutions[32], du Congrès à la Maison Blanche, œuvrant pour les intérêts de leurs commanditaires. Ceux-ci sont protéiformes et peuvent aussi bien avoir des objectifs nationaux, comme la « National Rifle Association » (NRA), ou internationaux, comme l'AIPAC que nous avons déjà mentionné. Le fait qu'une grande partie des parlementaires américains soit financée par des entités privées qui subséquemment attendent un retour sur investissement n'est un secret pour personne. Or, sachant que la dimension législative américaine a une portée extraterritoriale, on peut donc en conclure que les vœux des lobbyistes sur le sol

31 « Trump Tweets Support, in Farsi, to Iranian Protesters », (*VOA News*, janvier 2020).

32 « How Corporate Lobbyists Conquered American Democracy », Lee Drutman (*The Atlantic*, avril 2015).

américain, matérialisés par les deux Chambres et implémentés ensuite par l'administration, rejaillissent sur la conduite de la politique extérieure américaine, et donc sur le reste du monde.

Ceci pose un problème quant à la question de la représentation. Le Congrès et l'exécutif américain agissent-ils en qualité de représentants du Souverain – le peuple – qui les a élus, ou leurs décisions sont-elles la somme des innombrables intérêts corporatistes, évoluant selon des volontés privées versatiles et souvent très concentrées ? Quoi qu'il en soit, sa suprématie économique permet aux États-Unis d'étendre leur influence de manière presque illimitée. Le système d'extraterritorialité juridique repose in fine sur un seul élément : le critère de rattachement d'un acteur étranger avec les États-Unis, qui sert de base aux poursuites. Dans la mesure où l'implication de la première puissance mondiale dans les affaires globales est tentaculaire, quasiment omniprésente, le pays dispose presque toujours d'un moyen pour rattacher une activité **X** effectuée par **Y** en un lieu **Z** à son propre droit. Ceci a d'une part bien entendu une finalité politique. Souvenons-nous du *Helms-Burton Act* que nous avons déjà cité et qui entérina pour le droit américain la possibilité de poursuivre et de condamner une entreprise ressortissante d'un pays tiers au regard de certaines de ses activités à Cuba. Il s'agit ni plus ni moins que la consécration du droit des États-Unis à œuvrer pour aboutir au renversement d'un gouvernement étranger, tel qu'indiqué dans la Section 201 du Titre II où un certain nombre de dispositions visent à appuyer « une transition démocratique »[33]. Toutefois et d'autre part, des objectifs purement économiques sont parfois particulièrement poursuivis.

Le droit américain qui prétend servir un idéal de justice commun est en réalité utilisé au service d'un intérêt

33 « Cuban Liberty and Democratic Solidarity (Libertad) Act » (104th Congress of the United States of America, 1996).

exclusivement national, visant à asseoir la domination du nouveau monde au détriment du reste. Nous avons vu un peu plus haut comment la construction d'une « menace » était artificiellement orchestrée pour justifier la finalité expansionniste de Washington et son attitude belliqueuse. Il en va de même pour la dimension purement économique qui nous renvoie au concept de « guerre économique » que nous avons évoqué plus en amont. Depuis une vingtaine d'années, le Département de Justice (DoJ) américain se sert de l'arsenal juridique national dont il s'est doté pour imposer ses vues à l'ensemble du monde et par la même estropier la concurrence qui ose limiter la suprématie de ses entreprises. Ainsi, celui-ci dépèce régulièrement et méthodiquement les entreprises européennes, cumulant un butin de plusieurs dizaines de milliards d'euros[34] notamment puisés chez Volkswagen, BNP Paribas, Siemens, Alcatel, et Airbus – parmi de nombreuses autres – qui vinrent abreuver le budget fédéral américain, jusqu'à celui de la ville de New York. Cet universalisme juridique qui confine au racket extraterritorial a manifesté son caractère attentatoire à la concurrence notamment dans le cas maintenant bien connu d'Alstom. Une instruction ouverte par le DoJ contre le géant français accusé – à raison – de pratiquer la corruption sur ses différents marchés publics aboutit au rachat de la branche énergie – les trois quarts de l'activité du groupe – par l'américain General Electric (GE). N'élaborant pas ici sur les détails sordides d'une procédure particulièrement agressive ni sur la collusion manifeste entre le DoJ et GE[35], rappelons cependant que la vente revient à confier à un groupe étranger la maintenance des turbines des 58 réacteurs nucléaires

34 « Au nom de la loi… américaine », Jean-Michel Quatrepoint (*Le Monde Diplomatique*, janvier 2017).

35 « Alstom-General Electric : les preuves du grand racket américain », Emmanuel Lévy (*Marianne*, janvier 2019).

français[36] – produisant 75 % de l'électricité consommée en France –, dont celles du porte-avions Charles de Gaulle et probablement celles des quatre sous-marins nucléaires lanceurs d'engins. Autrement dit, le passage d'Alstom Power sous pavillon américain rend littéralement contingente la maintenance du parc nucléaire français au bon vouloir de l'Oncle Sam et à son allégeance ad vitam aeternam à l'atlantisme.

Une concentration des pouvoirs n'est pas en soi une mauvaise chose. Le détenteur dudit pouvoir pourrait l'utiliser, dans un élan désintéressé et éthique, pour harmoniser le vacarme du concert des nations, contourner ses obstacles et surmonter son clientélisme afin d'instaurer un ordre mondial plus juste et équitable. Mais ce n'est pas le monde dans lequel nous vivons. Dans la réalité, la concentration des pouvoirs conduit mécaniquement à l'autoritarisme à aux dérives les plus éhontées. Au niveau national, la démocratie fut inventée à cette fin, pour tenter de palier à ce problème ; tel doit être fait – véritablement – à l'échelle internationale pour qu'un espace de coexistence plus harmonieux puisse enfin émerger. Dans le cas contraire, l'ensemble des Nations du monde seront à jamais vassalisées, soumises à l'imperium d'un ou de quelques géants despotiques, et condamnées à rester spectatrices de leur propre déliquescence. Il est donc essentiel dans ce contexte pour la communauté internationale et notamment pour l'Union européenne de se prémunir contre l'universalisme américain. Développer des mécanismes de résistance (e.g. une réduction de la dépendance au dollar) et de dissuasion (e.g. l'application d'un principe de réciprocité au niveau européen pour contrer les sanctions secondaires et les procédures judiciaires abusives) apparait être l'unique moyen pour les États – fussent-ils suffisamment puissants – de préserver

36 « Le bilan de la vente d'Alstom est catastrophique pour l'emploi et pour notre souveraineté », Étienne Campion (*Le Figaro*, juin 2019).

leur existence économique autonome ainsi que leur souveraineté. En effet, malgré son isolement croissant sur la scène internationale, sa gestion désastreuse de la pire crise sanitaire depuis un siècle et sa perte d'influence à l'échelle globale, les États-Unis, comme se plaisent à le rappeler les médias « réalistes »[37], demeurent la première puissance de la planète.

Les élections présidentielles américaines 2020

Le 3 novembre 2020, se tiendront les élections les plus importantes de l'histoire récente. La défaite d'Hillary Clinton en 2016 fut l'équivalent pour les États-Unis et pour le monde d'un saut dans l'inconnu. L'obscurité du gouffre qui s'était alors ouvert sous le regard stupéfait et impuissant de la communauté internationale dissimulait encore la profondeur des abîmes. Le monde a depuis basculé et, en chute libre, ses yeux se sont progressivement adaptés à la pénombre et lui ont fait réaliser l'ampleur du désastre : le président de la nation la plus puissante de la planète est un sociopathe à qui ont été confiées les clés du château – et les codes nucléaires. Ses faits d'armes intérieurs, tels que l'explosion de la xénophobie, l'accroissement des inégalités, la revitalisation du suprématisme blanc, et l'élévation à un niveau inédit de défiance et de partisanisme ont été maquillés par la reprise économique qui fut en partie initiée par son prédécesseur. Sur le plan extérieur, si tant est que cela soit possible, c'est encore pire. Le climatoscepticisme décomplexé, le nouveau souffle donné aux idées d'extrême droite à l'échelle globale (du Brésil aux Philippines en passant par l'Europe), le déséquilibrage du multilatéralisme, la propagation des « faits alternatifs » délétères, l'escalade conflictuelle avec la Chine, et l'aventurisme au Moyen-Orient (du retrait du JCPOA et du regain de tension

37 « The Sad Story of Superpower America's Foreign Policy Failures », Nikolas Gvosdev et Ray Takeyh (*The National Interest*, juillet 2020).

subséquent avec l'Iran au feu vert donné implicitement à la Turquie de massacrer les Kurdes syriens en passant par l'abdication à toutes les exigences d'Israël) sont les fruits de la politique de Trump. Ainsi, les élections qui vont se tenir sont d'une importance capitale dont l'issue peut, en fonction, interrompre – ou à tout le moins ralentir – la chute ou la prolonger, voir l'accélérer. Notre propos n'est pas de nous livrer à une analyse comparée exhaustive des conséquences de l'élection de l'un ou l'autre des candidats. Limitons-nous simplement, au cours de cette dernière section, à l'examen des débouchées potentielles concernant l'Iran.

À l'heure où l'auteur écrit ces lignes, le compte à rebours de l'élection présidentielle américaine affiche moins de deux mois. Les quatre années passées ont montré au monde la menace qu'un président tel que Donald Trump à la tête de l'administration américaine représente. Le sentiment d'être en apnée dans l'attente du résultat redouté ne va faire que s'accentuer à mesure que s'approche l'heure fatidique et que s'accentue la lutte politique. La présidence de Trump a mis en exergue les dangers de la démagogie extrême et la fragilité des fondations de la démocratie qu'autrefois on croyait imprenable. Dès ses premiers jours d'exercice, le mandat du magnat de l'immobilier a été entaché par les irrégularités et les soupçons d'atteintes à la Constitution : la connivence avec le pouvoir russe et la manipulation des élections, les interférences répétées au sein du DoJ, et la tentative d'entraver les élections à venir avec le concours d'un État tiers pour discréditer son opposant sont autant d'accusations qui interrogent sur la légitimité de Trump d'occuper la fonction présidentielle, sans même parler des nombreuses plaintes liées à des agressions sexuelles antérieures à son élection. L'accession à la Maison Blanche d'une personnalité aussi instable pose évidemment un énorme problème en termes de sécurité et de respect de la règle de droit au niveau local mais, dans la mesure où il s'agit des États-Unis, ceci a également de sévères répercussions à l'échelle internationale. Le mandat de Donald Trump aura donc été caractérisé par plus d'instabilité au niveau mondial, davantage de défiance envers les organisations internationales, et la perte d'un leadership qui jusqu'ici incombait à Washington. L'octroiement de quatre années supplémentaires à la tête du pays à un tel individu représente sans aucun doute un danger.

Son opposant est la personnification du dilemme auquel font face nombre de démocraties de nos jours. La majorité des votes qui lui seront confiés ne le seront pas en vertu d'une foi particulière pour le candidat, mais parce qu'il est de très loin « le moins pire ». Ainsi, voter non plus pour mais contre un individu est tristement devenu la nouvelle norme républicaine pour une grande partie des citoyens. Joe Biden est le candidat du système et fait partie de l'« *establishment* » si controversé qu'il a coûté le Bureau Ovale à Hillary Clinton. Il est le candidat dont personne ne veut mais dont tout le monde a besoin en ce sens qu'il n'existe qu'en tant qu'unique rempart face à Trump. Son étendard est qu'il fut le Vice-Président d'Obama pendant les huit ans que celui-ci a passé à la Maison Blanche et son autorité se fonde exclusivement sur cet héritage. Biden se positionne fortement à droite du spectre démocrate. Il est notamment critiqué pour certaines de ses positions anti-sociales et, surtout, pour avoir voté – étant alors Sénateur – en faveur de la guerre contre l'Irak en 2002. Il ne sera certainement pas le candidat du changement et œuvrera probablement pour un retour au statu quo, tâchant de rebâtir ce qui fut démoli par Trump, de restaurer le « prestige » de l'Amérique à l'international, et de canaliser la tension explosive qui s'est emparée des rues ces derniers mois aux États-Unis. Sur le fond, donc, il est peu probable qu'un changement sociétal fondamental s'opère et que le pays cesse d'agir constamment en tant que dépositaire de l'autorité universelle. À ceci près que le choix de « running mate » fait par Biden marquerait, si ce dernier venait à être élu, un moment clé dans l'histoire politique américaine : Kamala Harris deviendrait la première femme – de surcroit d'ascendance afroasiatique – Vice-Présidente des États-Unis.

Mais revenons à l'Iran. Ces derniers mois, il est devenu de plus en plus clair que le pays a adopté une position tactique de « *standby* ». Outre les envolées lyriques sur Twitter et le pugilat qui s'annonce devant le CSNU pour savoir si oui ou non l'embargo sur les armes – censé échoir en octobre 2020 selon les termes du JCPOA – serait maintenu, il n'y a pas eu de développement particulier pendant la première partie de l'année. Ce silence de l'Iran est tonitruant compte tenu de l'assassinat de Soleimani en janvier et de la situation économique dramatique dans laquelle se trouve le pays. Cela signifie très probablement que les dirigeants attendent les résultats de l'élection présidentielle américaine pour décider d'une orientation stratégique ultérieure qui sera fonction du vainqueur. Ainsi, que se passerait-il si l'actuel locataire de la Maison Blanche venait à être réélu ? Début août, Trump, usant du tragicomique avec une dextérité dont lui seul a le secret, annonça que, s'il venait à être réélu, il parviendrait à un nouvel accord avec l'Iran sous quatre semaines[38]. Cette présomption insolente pour qui a passé la moitié de son mandat à tenter sans succès d'écraser l'Iran sous-tend néanmoins une conviction tenace au sein de l'administration Trump : les mollahs agonisent, sont sur le point de céder et, leurs dernières forces jetées dans la bataille, ils attendent les résultats des élections, priant pour le meilleurs mais prêts pour le pire, pour s'arranger avec le vainqueur, quel qu'il soit. C'est évidemment une erreur

38 « Trump vows ‹deal with Iran within four weeks› if reelected », Gabby Birenbaum (*The Hill,* août 2020).

monumentale. Non seulement l'expérience acquise par le régime de résister aux sanctions lui permettra probablement de survivre longtemps encore, mais renégocier l'accord sur le nucléaire en sa défaveur sonnerait comme une capitulation pour Téhéran, qui ne peut se permettre de perdre la face.

Le narcissisme de Trump l'empêche à l'évidence de comprendre que le corps qui tient bon dans l'adversité est plus résilient et déterminé que celui qui n'a connu que l'opulence et la satisfaction. Si ce dernier l'emporte en novembre, tout conduit à penser que Téhéran maintiendra sa politique de « résistance maximum » face à la campagne de « pression maximum » américaine. Les conditions ubuesques de Trump ne mèneront certainement pas l'Iran à la table des négociations mais le pousseront au contraire à renforcer sa stratégie de dissuasion, que ce soit à travers ses programmes nucléaire ou balistique ou l'accroissement de sa présence dans la région et de l'influence qu'il y exerce, lui octroyant davantage de marge de manœuvre en cas de confrontation militaire. Par ailleurs, Téhéran réduira drastiquement le niveau de conformité au JCPOA qu'il maintient encore, notamment en poursuivant l'enrichissement de l'uranium jusqu'au moins 20 %. Sa coopération avec l'AIEA se contractera d'autant plus, et cela pourrait aller jusqu'à la suspension de l'implémentation volontaire du Protocole Additionnel[39], voir un retrait du TNP. L'objectif pour l'Iran ne sera bien sûr pas de réellement développer une force nucléaire à usage militaire in fine mais bien d'accroitre sa capacité nucléaire (i.e. disposer des éléments nécessaires à la fabrication d'un arsenal nucléaire, même si ce n'est pas fait en pratique) de sorte

39 Approuvé par le Conseil des gouverneurs de l'AIEA en 1997, le Protocole Additionnel complète les accords de garanties conclus par les États. Celui-ci accroit la capacité de l'AIEA de vérifier que tout dispositif nucléaire dans un État donné obéisse à un usage pacifique de la technologie.

de créer les conditions d'accéder aux négociations ultérieures en situation de symétrie[40]. Parallèlement, le but n'est pas non plus de développer une réponse militaire pouvant rivaliser avec les États-Unis en cas d'attaque – car c'est impossible – mais de faire monter le coût (financier, stratégique, humain, temporel...) qui serait supporté par ces derniers dans le cas d'une intervention directe. Une guerre ouverte est donc peu probable dans la mesure où chacune des parties y aurait beaucoup à perdre. Néanmoins, confier cette responsabilité à Trump pour quatre années supplémentaires impliquerait une escalade des tensions – au moins à moyen terme – et reviendrait à lancer un défi aux probabilités qui, dans un contexte décisionnel pulsionnel et non raisonné, pourraient redéfinir la notion d'anticipation.

En revanche, quid de l'éventualité où Biden remporterait les élections et devenait le 46e Président des États-Unis ? Le parti démocrate et son candidat ont maintes fois répété leur adhésion au JCPOA et leur engagement d'y revenir si leur candidat était élu puisque l'accord est pour eux un accomplissement majeur de l'administration Obama et une étape clé vers la pacification du Moyen-Orient. Les démocrates ne souhaitent toutefois pas en rester là et prévoient de poursuivre leurs efforts diplomatiques pour mettre un terme aux « activités menaçantes de l'Iran, y compris son agressivité régionale, son programme balistique et sa répression domestique »[41]. Leur programme stipule également qu'ils « mettront fin à la course à la guerre avec l'Iran et prioriseront la diplomatie nucléaire, la désescalade et le dialogue régional » et qu'ils croient que « les États-Unis ne devraient pas imposer un changement de régime dans d'autres pays et

40 « Power in International Negotiations : Symmetry and Asymmetry », Frank Pfetsch (*Négociations*, février 2011).

41 « Democrats› Presidential Platform Commits to Return to Iran Nuclear Deal », Amir Tibon (*Haaretz*, juillet 2020).

rejettent ceci en tant qu'objectif de la politique américaine à l'égard de l'Iran »[42]. En outre, ils réaffirment que l'accord sur le nucléaire « demeure le meilleur moyen de s'assurer que l'Iran n'ait pas la possibilité de développer une bombe nucléaire ». Une fois au pouvoir, Biden aura un choix crucial à opérer dans la mise en œuvre de sa politique : se reconformer aux termes de l'accord en l'état, c'est-à-dire tel qu'il était lorsque Trump s'en est retiré, ou imposer des amendements préconditionnant un retour – notamment sur les questions du programme balistique et de l'influence régionale. Le premier cas serait une aubaine pour l'administration Rouhani qui s'empresserait vraisemblablement d'adhérer. Le second aurait toutes les chances d'être vigoureusement rejeté par Téhéran qui s'emploierait alors à accroitre sa dissuasion afin de mettre la nouvelle administration sous pression et la pousser à se rabattre sur l'accord originel. En tout état de cause, Biden devra agir rapidement. Les élections présidentielles de 2021 en Iran, si un accord n'est pas formalisé d'ici là, ont toutes les chances de voir accéder un conservateur au pouvoir. Sachant que l'élan diplomatique était avant tout porté par le camp modéré, rejeté par les conservateurs et accepté avec des réserves et un pragmatisme amer par le Guide Suprême, et que l'expérience a finalement mal tournée ; un président conservateur risquerait de rendre la situation encore plus opaque, l'avenir du JCPOA incertain, et les tensions exponentielles.

Les enjeux de ces élections sont colossaux. Pour le monde en général, bien sûr, mais pour l'Iran en particulier, surtout. Le clientélisme, la mégalomanie et l'apathie chronique de l'actuel président américain ont poussé les iraniens dans un abîme de désespoir ces deux dernières années. Ils n'ont pour l'écrasante majorité cure de la question du nucléaire, des intérêts

42 *Ibid.*

antagoniques des États-Unis et de l'Iran dans la région, de l'influence de l'un et de l'autre ; ils veulent simplement vivre une vie débarrassée du fardeau de leur propre identité. Ce qui adviendra en novembre prochain reste à ce jour énigmatique. Les mois à venir laissent quoi qu'il en soit présager d'intenses tribulations. Les tentatives d'interférences extérieures sont évidemment à craindre[43], de même que, si révoltant que ce soit, la possibilité que Trump tente de reporter[44] ou refuse d'accepter les résultats des élections[45].

43 « U.S. counterspy chief warns Russia, China, Iran trying to meddle in 2020 election », Mark Hosenball et Jeff Mason (*Reuters*, août 2020).

44 « Donald Trump suggests delay to 2020 US presidential election » (*BBC*, juillet 2020).

45 « President Trump won't agree to accept 2020 election results as Biden leads in polls - "I have to see" », Will Feuer (*CNBC*, juillet 2020).

Conclusion

Si ce livre devait être résumé en quelques mots, il pourrait être dit que nous avons traité là d'une forme de réponse immunitaire engagée par une superstructure confrontée à un organe perturbant sa symbiose. L'Iran en ce sens est au système un élément particulièrement récalcitrant qui menace son équilibre et doit être corrigé. Mais corrigé vers quoi ? Étant le théâtre d'un nombre d'atteintes aux droits de l'homme particulièrement élevé, vouloir rectifier la trajectoire de l'Iran semble pertinent. Étant partie prenante du désordre qui secoue la région, contraindre le pays à renoncer à son entreprise déstabilisatrice paraît sensé. Mais alors, quelle entité serait fondée à téléguider ces changements ? Le multilatéralisme suffoquant, ce sont ses acteurs les plus puissants qui prennent les choses en mains et infusent de leur subjectivité l'intérêt global, de sorte que celui-ci n'est plus la somme d'une multitude d'individualités mais le produit de quelques-unes. Par conséquent, se pourrait-il que le but poursuivi par lesdits changements soit conforme à l'intérêt général ? Si celui-ci est précisément défini par l'influence dissymétrique qu'incarnent quelques-uns, oui. Si cependant il doit être par nature le corolaire de la consultation de l'ensemble des agents impliqués, alors non, pas dans ces conditions. Si donc il n'existe pas d'organisme en mesure d'imposer l'application de l'intérêt général tel que défini par la somme des parties, c'est la théorie symbiotique de la superstructure qui doit être questionnée.

En signant le JCPOA, l'Iran envoya un message rédempteur au monde dans lequel le pays affirmait sa volonté de le réintégrer, de bénéficier de ses avantages tout en se conformant à ses conditions. Selon les structures internationales chargées de leur supervision, lesdites conditions ont été scrupuleusement respectées par l'Iran, jusqu'à ce que la rupture du contrat par son principal signataire vienne bousculer le fragile consensus qui avait été atteint. Outre les allégations relatives au domaine du nucléaire, la raison avancée par la première puissance du monde pour justifier son rétropédalage fut notamment la menace que représente l'Iran pour la stabilité régionale. Depuis la révolution, ses dirigeants sont persuadés que les États-Unis se sont engagés dans une croisade pour parvenir à les renverser afin qu'un changement de régime puisse s'opérer. Alors, face à cette menace permanente, une stratégie de résistance basée sur un réseau d'influence régional fut mise en place et continue d'être implémentée. Ceci contribue effectivement à aggraver le problème et alimente les souffrances d'une partie du monde où la paix n'a pas régné depuis plus d'un siècle. L'Iran est donc coupable de contribuer au désordre et aux pleurs. Mais l'Iran n'intervient pas à des milliers de kilomètres de ses frontières, ne tente pas d'imposer son modèle au monde, et ne prêche pas la liberté en subtilisant celle des autres. Tout condamnables que puissent être les moyens employés, ils sont motivés par l'instinct de conservation et non par le désir de conquête.

Le refus de l'Iran de se soumettre à l'impérialisme américain a déchainé les foudres de celui-ci qui a alors déployé tout son arsenal économico-légal pour faire plier son opposant. Qu'elles soient primaires ou secondaires, les sanctions économiques déployées par Washington s'inscrivent dans le cadre d'une guerre économique aveugle, ravageant tout sur son passage, semant la détresse et distillant la colère chez une population qui n'a de tort que d'être « née au mauvais endroit »[1]. Ces interventions unilatérales sont contraires aux dispositions prévues par la Charte des Nations Unies et le droit international et font l'objet de condamnations de la part de l'écrasante majorité de la communauté internationale, des experts, et du monde académique. L'histoire montre que l'efficacité d'un régime de sanction est inversement proportionnelle à sa durée d'implémentation et il est relativement consensuel parmi les observateurs de penser que celui-ci ne mènera pas l'Iran à la table des négociations et qu'il n'est de toute façon pas prévu pour ça. Il aurait pour véritable finalité d'amener la population à se soulever contre le régime afin de le renverser. Cet objectif, s'il était avéré, témoignerait d'une profonde méconnaissance de l'Iran et de sa mécanique socio-institutionnelle. Ce n'est pas un système construit artificiellement ou imposé de l'extérieur qui n'aurait pas de liens tangibles et de racines historiques avec la population. En dépit du rejet du régime des mollahs par une fraction importante, du mécontentement ambiant et du caractère autoritaire quasi dictatorial de la République islamique, le pouvoir politique est profondément imbriqué dans la réalité sociale de l'Iran. D'autre part, l'outil répressif a été aiguisé par la pression extérieure et chaque mouvement de contestation est désormais très vite et très durement réprimé, ce qui laisse peu d'espace pour un mouvement disposant d'une taille critique de se constituer. Provoquer un changement de régime est par conséquent illusoire et voué à l'échec.

Le régime de sanctions imposé à l'Iran par les États-Unis n'obéit pas à un impératif défensif, ni à une volonté d'apaisement régionale, et surtout pas à une quête humaniste de promotion des droits de l'homme. Il s'agit de défaire un ennemi représentant un

1 Pensée qui fut confiée à l'auteur à plusieurs reprises en Iran.

obstacle à sa suprématie et à son dessein universel. L'idée sous-jacente, loin d'être subtilement dissimulée, est que tout ce qui ne peut être plié doit être rompu. Cela renvoie à une vision dichotomique et absolue du monde scindé entre alliés et ennemis où celui que n'est pas compris parmi les premiers est mécaniquement affilié aux seconds. Les appels à la paix formulés par les premières puissances de la planète – qui sont également les plus grands vendeurs d'armes – doivent interpeller et les prétentions stabilisatrices interroger. La crédibilité du désir de l'ouest de promouvoir la souveraineté et l'indépendance au Moyen-Orient est entamée par sa propre histoire, des accords de Sykes-Picot aux guerres du Golfe, qui ne témoigne finalement de rien d'autre que de l'infatigable poursuite de ses intérêts dans la région. En tout état de cause, l'histoire a aussi montré que, de la Syrie à l'Afghanistan en passant par l'Irak, l'interventionnisme est condamné à convier la désolation. Ainsi, c'est toujours au peuple souverain qu'il appartient de décider de son sort. Quand bien même une révolution serait confrontée à la plus infâme brutalité, il n'appartiendrait pas à une nation tierce d'intervenir car elle y approfondirait le chaos. Seule une force mandatée par une institution supranationale pourrait être compétente en l'espèce ; mais la constitution de cette dernière serait subordonnée à l'acceptation de la communauté internationale de renoncer à une partie de sa souveraineté pour la concéder à l'ordre multilatéral. Nul doute que ceci serait consenti par les États vulnérables, mais pas par ceux qui de leur force ont bâti leur autorité. Ce monde où l'appétit démesuré est érigé en vertu et les principes universalistes prônant l'harmonie instrumentalisés pour que s'épanouisse la domination et fleurisse l'apathie se meure sous le poids des puissants étouffant lentement le cri des misérables.

FIN.

Bibliographie sélective

« The Shah›s story », Mohammad Reza Pahlavi (M. Joseph, 1980)

« La Malédiction du religieux. La défaite de la pensée démocratique en Iran », Mahnaz Shirali (François Bourin, 2012)

« Le Rôle du clergé: tendances contradictoires du chiisme iranien contemporain », Yann Richard (Archives de sciences sociales des religions, CNRS, 1983)

« The Shia revival », Vali Nasr (W. W. Norton, 2006)

« Iran Liban : une relation stratégique ? », Bernard Hourcade (Confluence Méditerranée, 2011)

« Security and Bilateral Issues between Iran and its Arab Neighbours », Iran – Qatar Relations, Mehran Kamrava (Palgrave Macmillan, 2017)

« Iran›s Strategic Weapons Programmes: A Net Assessment », Gary Samore (International Institute for Strategic Studies, 2005)

« Aspects of Greek History, 750-323 BC: A Source-Based Approach », Terry Buckley (Routledge, 1996)

« Economic Sanctions Reconsidered », Gary Hufbauer, Jeffrey Schott, Kimberly Elliott et Barbara Oegg (Peterson Institute for International Economics, 2009)

« The Sanctions Decade: Assessing U.N. Strategies in the 1990s », David Cortright et George Lopez (Lynne Rienner, 2000)

« UN Sanctions against Iraq: Lessons Learned », Peter Wallensteen, Carina Staibano, Mikael Eriksson (Uppsala University, 2005)

« USA PATRIOT Act », Brian Duignan (Encyclopaedia Britannica, 2010)
« L'Art de la Guerre », Sun Tzu (5e siècle av. J.-C.)
« La morale dans les relations internationales », Ariel Colonomos (Odile Jacob, 2005)
« Trade Sanctions as Policy Instruments: A Re-Examination », James Lindsay (International Studies Quarterly, 1986)
« Economic Statecraft », David Allen Baldwin (Princeton University Press, 1985)
« International sanctions as international punishment », Kim Richard Nossal (International Organization, 1989)
« De l'esprit des lois », Montesquieu (Barillot & fils, 1748)
« The International Covenant on Economic, Social and Cultural Rights: Commentary, Cases, and Materials », Ben Saul, David Kinley et Jacqueline Mowbray (Oxford University Press, 2014)
« Economic Sanctions in International Law: Unilateralism, Multilateralism, Legitimacy, and Consequences », Ali Marossi et Marisa Bassett (Springer, 2015)
« Responsibility of States for Internationally Wrongful Acts » (International Law Commission, 2001)
« Economic Sanctions in the Just War Doctrine », Drew Christiansen et Gerard Powers dans « Economic Sanctions: Panacea or Peacebuilding », David Cortright (Routledge, 1995)
« Economic Sanctions reconsidered: History and Current Policy », Gary Hufbauer, Jeffrey Schott et Kimberly Elliott (Peterson Institute, 2007)
« La fabrication de l'ennemi », Pierre Conesa (Robert Laffont, 2011)
« Propaganda », Edward Bernays (Routledge, 1928)
« Cahiers de prison », Antonio Gramsci (Einaudi, 1948)

Table des matières

L'Iran aux éditions L'Harmattan

Dernières parutions

SANG ET TERREUR, LE SHAH EUNUQUE

La vie d'Agha Mohammed Khan

Tristan Chalon

Cet essai synthétique, qui tient du conte, trace le portrait d'un shah atypique. Rendu eunuque, Agha Mohammed Khan ne peut prétendre au trône impérial. Cependant il ne renonce pas et il consacre toutes ses forces, toute sa vie à cet objectif. Parviendra-t-il à l'atteindre? La lutte fut impitoyable et fournit l'occasion aux impérialismes d'exercer une forte pression. Ce siècle néanmoins comporte quelques avancées : la fondation d'une dynastie et d'une capitale promise à un avenir brillant. Plus tard des tentatives réformistes ouvrent la voie à un essai avorté de régime constitutionnel. Mais l'unité de l'Iran se déchire, des dynasties locales confisquent le pouvoir, la sécurité n'est plus assurée. Il faudrait autorité et fermeté pour rétablir les frontières et la paix civile. Le Prétendant en aura-t-il la force?

Chants patriotiques d'Iran. Traduits et présentés par Reza Afchar Naderi. Bilingue.

Partie intégrante du patrimoine de langue persane, le chant patriotique iranien prend ses racines dans l'histoire la plus ancienne de ce pays et s'appuie en premier sur l'oeuvre monumentale de Ferdowsi, jusqu'à survivre encore, aujourd'hui, dans notre siècle postmoderne. De ce long parcours, l'auteur retient la période contemporaine avec comme point de départ la Révolution constitutionnelle. Par la suite, les poèmes des plus grands noms de la poésie persane seront mis en musique par des compositeurs célèbres et interprétés par des icônes de la chanson iranienne. Le lecteur découvrira ainsi, à travers cet ouvrage, un volet essentiel du patrimoine iranien, ciment d'un patriotisme qui ne cesse de s'exprimer d'une convulsion à l'autre de son histoire millénaire.

Grandir sous la révolution iranienne.

FARHAD AHMADI

Comment vivait-on sous le régime du Shah ? Quels sont les changements apportés par la République islamique ? Comment vit-on l'appartenance à deux cultures, la française et l'iranienne, qui n'ont jamais semblé aussi divergentes ? Témoin des dernières années de la monarchie puis des premiers temps de la République islamique, l'auteur a pris le chemin de l'exil. À travers ce récit, délivré sous forme de chroniques, l'auteur nous fait vivre le quotidien de sa famille à Téhéran dans les années soixante-dix, jusqu'à l'échappée clandestine et mouvementée à travers le Pakistan en pleine guerre Iran-Irak et enfin la redécouverte du pays après plusieurs décennies d'absence. Ce récit nous immerge dans l'intimité de ce grand pays, toujours au coeur de l'actualité et pourtant méconnu par le plus grand nombre.

PARVINE E'TESSÂMI. Pionnière de la poésie des femmes iraniennes.

Traduit du persan par JALAL ALAVINIA.

La vie de Parvine E'tessâmi symbolise la réussite des femmes iraniennes au début du XXe siècle et sa poésie continue d'être une des plus appréciée dans son pays. Par son père, elle rencontre des figures importantes de la culture iranienne, dont Ali Akbar Dehkhodâ ou le poète Mohammad Taqi Bahâr. Il l'initie aussi par ses propres traductions à la poésie occidentale. Une des particularités de sa poésie est le dialogue dans lequel elle donne la parole à des animaux, des bêtes, des plantes, des objets, voire des notions pour faire éclater une vérité humaine, d'où sa réputation de « La Fontaine iranienne ». Son oeuvre demeure fidèle à la tradition de la poésie classique tout en la modernisant.

BYE BYE IRAN. Le récit de mon exil.

Mohammad OSTAD HASSAN MAJIDI.

« J'entre dans la chambre des enfants pour graver dans ma mémoire leurs jolis visages, même si notre séparation sera de courte durée. Elles dorment paisiblement. Je les embrasse doucement et les quitte sur un dernier regard tendre. À cet instant, je suis loin d'imaginer que je les reprendrai dans mes bras seulement onze ans plus tard... Maudites soient toutes les révolutions et maudits soient tous les révolutionnaires du monde. ». Dans ce récit des onze années d'exil de l'auteur, depuis Téhéran jusqu'à Bruxelles, on devine le parcours incertain et tumultueux des errants qui sont ici, aujourd'hui, dans l'enfer de l'exil globalisé.

LES FLEURS QUI POUSSENT EN ENFER, MIRZA MOHAMMAD MASSOUD (DEHATI). Traduit du persan par CHRISTOPHE BALAŸ

Les années 40 sont pour beaucoup d'intellectuels iraniens une « décennie heureuse ». Mohammad Massoud, héritier comme ceux de sa génération des idées de la révolution constitutionnelle, offre la figure du libertaire et du redresseur de torts. Les fleurs qui poussent en enfer (1942) est le premier de deux romans autobiographiques qui racontent ce « Printemps de la vie » (1945). L'exil de Reza Shah Pahlavi en 1941 lui permet de fonder le journal Mard-e Emruz qui sera le journal au plus gros tirage de ces années-là. Célébré parmi d'autres par le Premier Congrès des écrivains d'Iran en 1946, il est assassiné un an plus tard devant l'imprimerie de son journal par un activiste communiste. Son franc-parler, le ton acerbe de sa critique sociale en avaient fait l'ennemi de tous les bords.

ARYUSH ASHOURI. Un intellectuel hétérodoxe iranien.

MOHSEN MOTTAGHI, REZA ROKOEE.
PRÉFACE DE FARHAD KHOSROKHAVAR

Daryush Ashouri fait partie des intellectuels laïques qui s'appuient sur une tradition philosophique occidentale, pour éclairer quelques aspects des problèmes de la société iranienne. Ce livre se propose de mettre à la disposition des lecteurs francophones la traduction de quelques-uns de ses textes représentatifs des problématiques qui ont mobilisé les milieux intellectuels en Iran durant les cinquante dernières années. En regardant la trajectoire intellectuelle de Daryush Ashouri, on constate qu'il fait partie des quelques rares intellectuels iraniens qui ne se sont pas laissé influencer par les deux orthodoxies de leur époque que sont le marxisme et la religion musulmane.

Structures éditoriales du groupe L'Harmattan

L'Harmattan Italie
Via degli Artisti, 15
10124 Torino
harmattan.italia@gmail.com

L'Harmattan Hongrie
Kossuth l. u. 14-16.
1053 Budapest
harmattan@harmattan.hu

L'Harmattan Sénégal
10 VDN en face Mermoz
BP 45034 Dakar-Fann
senharmattan@gmail.com

L'Harmattan Cameroun
TSINGA/FECAFOOT
BP 11486 Yaoundé
inkoukam@gmail.com

L'Harmattan Burkina Faso
Achille Somé – tengnule@hotmail.fr

L'Harmattan Guinée
Almamya, rue KA 028 OKB Agency
BP 3470 Conakry
harmattanguinee@yahoo.fr

L'Harmattan RDC
185, avenue Nyangwe
Commune de Lingwala – Kinshasa
matangilamusadila@yahoo.fr

L'Harmattan Congo
67, boulevard Denis-Sassou-N'Guesso
BP 2874 Brazzaville
harmattan.congo@yahoo.fr

L'Harmattan Mali
Sirakoro-Meguetana V31
Bamako
syllaka@yahoo.fr

L'Harmattan Togo
Djidjole – Lomé
Maison Amela
face EPP BATOME
ddamela@aol.com

L'Harmattan Côte d'Ivoire
Résidence Karl – Cité des Arts
Abidjan-Cocody
03 BP 1588 Abidjan
espace_harmattan.ci@hotmail.fr

L'Harmattan Algérie
22, rue Moulay-Mohamed
31000 Oran
info2@harmattan-algerie.com

L'Harmattan Maroc
5, rue Ferrane-Kouicha, Talaâ-Elkbira
Chrableyine, Fès-Médine
30000 Fès
harmattan.maroc@gmail.com

Nos librairies en France

Librairie internationale
16, rue des Écoles – 75005 Paris
librairie.internationale@harmattan.fr
01 40 46 79 11
www.librairieharmattan.com

Lib. sciences humaines & histoire
21, rue des Écoles – 75005 Paris
librairie.sh@harmattan.fr
01 46 34 13 71
www.librairieharmattansh.com

Librairie l'Espace Harmattan
21 bis, rue des Écoles – 75005 Paris
librairie.espace@harmattan.fr
01 43 29 49 42

Lib. Méditerranée & Moyen-Orient
7, rue des Carmes – 75005 Paris
librairie.mediterranee@harmattan.fr
01 43 29 71 15

Librairie Le Lucernaire
53, rue Notre-Dame-des-Champs – 75006 Paris
librairie@lucernaire.fr
01 42 22 67 13